새로운 세상을 여는 마을교육공동체 만들기

마을교육공동체란 무엇인가?

탄생, 뿌리 그리고 나침반

새로운 세상을 여는 마을교육공동체 만들기

마을교육공동체란
무엇인가?

탄생, 뿌리 그리고 나침반

초판 1쇄 발행 2016년 3월 15일
초판 12쇄 발행 2022년 1월 11일

지은이 서용선 외
펴낸이 김승희
펴낸곳 도서출판 살림터

기획 정광일
편집 조현주·송승호
북디자인 꼬리별

인쇄·제본 (주)신화프린팅
종이 (주)명동지류

주소 서울시 양천구 목동동로 293, 2215-1호
전화 02-3141-6553
팩스 02-3141-6555
출판등록 2008년 3월 18일 제313-1990-12호
이메일 gwang80@hanmail.net
블로그 http://blog.naver.com/dkffk1020

ISBN 979-11-5930-010-3 03370

새로운 세상을 여는 마을교육공동체 만들기

마을교육공동체란 무엇인가?

탄생, 뿌리 그리고 나침반

서용선·김아영·김용련·서우철·안선영·이경석
임경수·최갑규·최탁·홍섭근·홍인기 지음

살림터

들꽃처럼 피어나라

박원순/서울특별시장

저는 2010년에 『마을이 학교다』라는 책을 펴냈습니다. 전국 각 지역에서 더 좋은 학교, 살아 있는 마을을 만들기 위해 노력하는 많은 분들을 만나고 대화하면서 쓴 책이었습니다. 그때, 저는 우리 사회 희망이 움터 올라오는 모습을 보았습니다. 희망은 언제나 우리의 생활에서, 풀뿌리에서 시민들의 실천에 있다는 것을 확인하는 기회이기도 했습니다. 지난 20여 년간 많은 분들이 뿌린 희망의 씨앗이 요즈음 전국에서 '혁신학교'로 '혁신교육지구'로 '마을교육공동체'로 피어나고 있다고 생각합니다.

이번에 경기도와 전국 여러 지역의 마을교육공동체 경험들이 책으로 묶여 나온다니 정말 반가운 일입니다. 학교를 살리고, 마을을 일구고, 아이들의 건강한 성장을 도우려는 많은 교사들과 마을 사람들, 전문가들의 열정과 땀을 느낄 수 있었습니다. 지금 우리의 현실은 비록 척박하고 어렵지만 미래를 위한 씨앗들이 이렇게 싹을 틔우고 있다면 우리의 미래가 어둡지만은 않다고 생각합니다.

서울시도 요즘 혁신교육지구 사업을 하고 있습니다. '혁신교육지구'

는 서울시와 서울시교육청, 자치구청과 시민사회가 적극적으로 소통하고 협력하면서 온 마을이 함께 우리 아이들을 키우고 가르치는 '마을교육공동체'를 만드는 사업입니다. 마을은 학교를 품고, 학교는 마을로 들어가고 있습니다. 학교는 우리 아이들을 위한 공간을 넘어서 지역 주민들의 평생학습을 위한 공간으로 문을 열고 있습니다.

'혁신교육지구'에서는 학생과 학부모, 지역 주민의 참여와 자치가 활발합니다. 학생들의 민주적인 자치활동과 참여, 동아리 활동이 활발해지고, 학부모와 학생들이 함께 참여하는 협동조합이 학교의 매점 운영을 책임지기도 합니다. 학부모가 교사가 되어 창의적 체험활동을 맡아 하기도 하고, 마을이 중심이 되어 새로운 개념의 방과 후 클럽 활동을 활성화하는 움직임도 시작되고 있습니다. 학생과 교사, 학부모, 지역 주민들이 생활 속에서 참여와 자치를 꽃피우는 학교 민주주의, 마을 민주주의 시대가 열리고 있는 것이지요.

한 아이를 기르기 위해서는 온 마을이 필요합니다. 다양한 사람들이 함께 만나고 융합할 때 새로운 미래를 위한 변화와 혁신도 가능합니다. 교실에서 교과서로만 공부하던 시대, 집과 학원만 오고가는 시대와 결별하고 아이들이 부모와 교사의 품에서 마을로 달려가는 사회를 그려봅니다. 마을이 아이들의 놀이터이자 배움터가 되고, 집단지성의 힘으로 아이들과 함께 배울 수 있을 때 우리 아이들은 건강하고 행복하게 자라날 것입니다.

이 책의 필자 여러분이 힘을 쏟았던 '마을교육공동체' 운동도 이런 과정이라고 생각합니다. 여러분이 뿌린 마을교육공동체 씨앗이 앞으로 전국 방방곡곡에서 들꽃처럼 피어나길 기대합니다.

차례

추천의 글 4

서문 | 왜 마을교육공동체가 필요한가? 10

1부 마을교육공동체의 탄생

  1. 마을교육공동체의 샘물, 마을만들기 24

  2. 마을만들기, 위기와 도전 33

  3. 마을교육공동체의 탄생 39
      마을교육을 꿈꾸다: 양평 서종의 마을학교 45

  4. 마을교육공동체의 여러 모습: 협동조합에서 마을축제까지 50

  5. 마을교육공동체의 뼈대: 협동조합 63
      아이들과 함께 마을을 일구다: 풀무학교 70

2부 마을교육공동체란 무엇인가

  1. 함께 키우고, 배움터가 되고, 주인이 되는 것 80
      나는 마을의 주인이다: 의정부 꿈이룸학교 1 85

  2. 공간과 질을 바꾸는 마을교육공동체의 '시간' 92

  3. 사람들이 만나고 머무르는 마을교육공동체의 '공간' 95
      지역단체와 학교의 만남: 덕양중학교 98

  4. 마을교육공동체는 다양한 '현상'의 어우러짐 102
      마을과 교사의 만남: 시흥ABC행복학습센터 107

  5. 마을에 관한, 마을을 통한, 마을을 위한 교육 121
      마을을 위한다는 것: 의정부 꿈이룸학교 2 125

3부 공동체, 교육공동체, 마을교육공동체

1. 교육 변화와 마을교육공동체 136
2. 마을교육공동체의 모형 141
3. 마을교육공동체는 '상식'으로부터 146
   - 방과 후 학생 배움터: 시흥 하중동 참이슬 마을학교 150
4. 마을교육공동체는 민주주의를 지향한다 154
5. 마을교육공동체의 가치를 생각한다 160
   - 마을과 학부모의 만남: 완주 고산향교육공동체 166

4부 마을교육공동체의 뿌리

1. 마을교육공동체의 뿌리 1: 교육생태학 174
   - 마을교육의 환경을 만들다: 초록우산 우리마을 의정부 180
2. 교육생태학의 핵심 원리 188
3. 마을교육공동체의 뿌리 2: 사회적 자본 194
   - 로컬에듀를 꿈꾼다: 완주 커뮤니티비즈니스센터 200
4. 마을교육공동체의 뿌리 3: 교육 거버넌스 211

5부 마을교육공동체를 위한 나침반

1. 마을교육공동체에 기대하는 것들 220
2. 마을교육공동체를 위한 나침반 1
   : 아래로부터의 교육적 요구와 실천 226
3. 마을교육공동체를 위한 나침반 2
   : 지역사회 교육력 강화 230
   - 마을교육력이란 이런 것이다: 노원 공릉청소년문화정보센터 232

4. 마을교육공동체를 위한 나침반 3

　: 협력적 교육 거버넌스 241

5. 마을교육공동체를 위한 나침반 4

　: 단기적 성과가 아닌 문화적 변화 244

　　폐교 위기를 마을교육공동체로 극복하다: 세월초등학교 247

6. 마을교육공동체를 위한 나침반 5

　: 90%를 위한 행복 교육 253

7. 마을교육공동체를 위한 나침반 6

　: 주체의 발굴과 육성 256

8. 마을교육공동체를 위한 나침반 7

　: 교육청 내 협업 체제 구축 258

6부 마을교육공동체를 위한 제안

1. 실천한 후 개념을 세우자 262

　　음악마을만들기: 김포 콩나물 마을학교 264

2. 교육청은 지원 체제를 구축하자 271

3. 가장 중요한 것은 학교공동체다 280

　　삶을 마을교육과정으로 연결하다: 의정부여자중학교 284

4. 지역사회와의 협력이 관건이다 290

　　로컬에듀 정책으로 풀다: 완주교육지원청 293

5. 학교와 마을, 이제는 만나야 한다 305

　　마을교육과정으로 성장한다: 시흥 장곡마을학교 310

더 읽기 1　일본의 마을교육공동체: 벳푸 시 커뮤니티 스쿨 331
더 읽기 2　자유학교는 마을학교이다: 자유학교에 대한 설계 341

참고 문헌 348

왜
마을교육공동체가 필요한가?

모두의 아이들을 위해 필요하다

마을교육공동체에 대한 이야기가 점점 늘어나고 있다. 그동안 '마을공동체'나 '교육공동체'에서 논의되어왔거나 현재도 진행 중인 이야기들이 '마을교육공동체'로 모아지는 형국이다. 이 이야기의 중심에 우리 아이들이 있다. 이 땅의 아동과 청소년, 그들의 삶이 '마을', '교육', '공동체'로 빚어지고 있다.

안타깝게도 우리들은 점점 더 양극화가 심각해지는 시대를 살고 있다. 무엇보다 가장 심각한 일은 실업 문제이다. 산업화 시대에 태어난 우리 부모 세대들은 고등학교나 대학 졸업 후 비교적 쉽게 직장을 구할 수 있었다. 급속한 경제 발전에 따라 일자리가 새롭게 만들어지는 시기여서 취업이 지금보다 훨씬 쉬웠다. 하지만 후기 산업사회로 접어들면서 고용 없는 경제 성장이 이어지고, 기업들은 노동시장의 유연성을 주장하며 많은 일자리를 비정규직의 형태로 유지하고 있다. 젊은이들이 안정적인 직업을 갖기 어려워지면서 사회적인 불안이 가속화되고 있다.

사실 마을공동체는 농업을 기반으로 살아온 우리 조상들의 자연스러운 삶의 방식이었다. 농경사회에서 힘겨운 농사일을 함께 하면서 '두레'라는 멋진 공동체를 만들었다. 살아남기 위해서는 반드시 함께 살아가야 한다는 것을 터득한 자연스러운 결과가 두레였고, 이를 통해 공동체가 이루어졌다.

외국에서도 이와 비슷한 모습으로 마을공동체가 시작되었다. 영국의 로치데일 공정선구조합(1844년)을 예로 들어보자. 28명의 방직공들은 적은 임금으로 좋은 생필품을 구하기 어려워지자 자신들이 필요한 생필품을 판매하는 상점을 공동 운영하였는데 이것이 협동조합의 시초였다.

협동조합으로 거대 전자회사까지 만든 스페인의 몬드라곤 협동조합은 마을공동체를 상징적으로 보여주는 대표적인 사례이다. 스페인의 바스크 지역에 있는 몬드라곤 협동조합은 스페인 내전이라는 참혹한 전쟁에 대한 성찰의 결과로 탄생하였으며, 독재자 프랑코로부터 탄압을 받았다. 또한 세계적인 축구 스타 메시가 뛰고 있는 스페인의 명문 구단 'FC 바르셀로나'도 협동조합으로 만들어진 클럽이다. FC 바르셀로나는 유니폼 광고로 한 해 400억 원(2011년 계약 금액)을 벌 수 있었지만, '클럽 그 이상의 클럽'이라는 모토에 걸맞게 유니세프 광고를 통해 전쟁과 기아로 고통을 겪는 어린이들에게 관심을 갖도록 하는 일을 지속하고 있다.

자치, 협동조합, 민주주의, 공동체는 약자의 언어이며 동시에 사회에 대한 성찰의 결과물이다. 한국 교육공동체의 맹아인 공동육아를 예로 살펴보자. 우리의 교육은 지금 '짐승적인 경쟁 구조' 속에 있다. 더욱이 남성 중심의 경쟁 사회에서 육아는 여전히 여성의 몫으로 인식되고 있다. 여성이 아이를 키운다는 것은 날마다 고통과 모순을 경험하는 일이다. 이러한 절박함에서 육아공동체가 시작되었다. 자녀들에게 어린 시절만이라도 경쟁으로부터 벗어나 행복한 경험을 선물하고 싶은 그들의 이상이 공동육아라는 협동조합으로 뭉쳐진 것이다.

학교다워지기 위해 필요하다

학교는 사회로부터 끊임없이 새로운 역할을 부여받는다. 사교육 문제가 심각해지자 '방과후학교'라는 이름으로 다양한 프로그램이 학교로 들어왔다. 초등학교에서 영어교육이 강조되고 있으며 무상급식이 일반화되었다. 고등학교에서는 저녁 식사까지 제공하고 있고, 아침을 굶고 오는 아이들 때문에 학교는 대책 마련에 분주하다. 맞벌이 가정이 많아지면서 돌봄 서비스는 학교의 몫이 되었다. 이와 같은 흐름은 박근혜 정부의 공약으로 이어진바, 정부는 모든 초등학생들에게 돌봄 서비스를 제공한다고 약속하였다.

이러한 새로운 역할 부여는 학교 조직을 지속적으로 비대하게 만들었다. 그러나 학교 조직을 끊임없이 팽창시키는 것은 바람직하지 않다. 조직의 효율성 측면에서도 그렇고 학교 조직이 방대해질수록 학부모나 지역과의 소통이 줄어들 가능성이 높기 때문이다. 조직이 커질수록 자기 내부 논리가 복잡해지고 강화되어 외부와의 소통이 어려워지는 것은 자연스러운 현상이다.

학교는 태생적으로 학부모의 권한 위임으로 발생한 조직이다. 따라서 학교가 학부모나 지역과의 소통을 줄여가는 것은 학교의 근본적인 존재를 부정하는 것이다. 자녀교육에 관한 부모의 권리는 천부적인 것이다. 계몽주의 시대를 거치면서 자녀교육의 권리를 부모가 국가에 위임하고 국가는 위임받은 권한을 가지고 학교를 설립하여 자녀교육을 대신해왔다. 하지만 한국 사회의 경우 압축된 근대화 과정을 거치면서 국가에서 실시되는 교육은 일종의 특혜로 여겨졌다. 때문에 부모가 권한을 위임하는 과정이 생략되었고 부모의 학교선택권과 교육과정에 대한 상세한 설명과 동의가 무시되었다.

또 다른 문제는 학교를 중앙집권적인 관료제 방식에 의존하여 운영해온 점이다. 관료조직은 산업화를 이끌기에 매우 효율적인 도구였지만, 내부적인 완결성으로 인해 외부와 소통하기 어렵고 끊임없이 조직 확대를 추구한다는 단점이 있다. 때문에 학교가 자신의 탄생이 가능하게 했던 사회계약의 전제를 잊어버리고, 독자성을 강조하거나 일방적 의사결정 문화에 익숙해져버린 것이다. 학부모의 '권한 위임'으로 발생한 조직이 학부모와의 소통과 점점 멀어져 일정한 임계점에 다다르면, '권한 위임 철회'라는 사태에 직면하게 되면서 학교 조직 자체가 흔들릴 위험이 있다.

학부모나 지역사회와의 소통은 선택이 아니라 필수이다. 현재 학부모, 지역사회와 협치를 이루기 위한 최소의 장치로 '학교운영위원회(이후 학운위)'를 법적 기구로 운영하고는 있다. 하지만 학운위는 그 기능에 있어서 의결기구가 아니라 심의기구일 뿐이라는 한계를 가지며 이마저도 학교장이 구성원들을 거수기로 만드는 경우도 있다.

마을교육공동체를 만들어가기 위한 기구로 거론되는 협동조합의 경우, 학운위와 달리 다수의 조합원이 함께 참여하며, 조합원 모두가 1인 1표제로 의사결정의 주체가 된다. 협동조합은 학운위와 달리 학교

안의 민주주의를 활성화하는 데에 좋은 경험을 제공할 것이다.

다음으로 학교의 교육과정에 대하여 생각해보자. 학교교육과정은 한 사회가 계승 발전한 문화를 다음 세대에 잘 전수하기 위해 교육 내용을 체계적으로 조직한 것이다. 교육의 근본적인 힘은 지식과 정보의 소통은 물론 사회의 모순과 문제점을 극복할 수 있는 힘을 길러주는 것이다. 이 점을 생각해보면 현재 우리 교육과정의 문제는 '우리'의 삶에 대한 고민이 매우 부족하다는 점이다.

'더불어 사는 평민'이라는 교훈을 가진 충남 홍성의 풀무학교는 지역의 문제를 고민하고 해결하기 위한 사람을 키우는 학교이다. 이 학교에서는 한국 농촌의 문제점들을 고민하는 과정에서 전국 최초로 유기농으로 농산물을 재배하기 시작했다. 또 지역의 문제를 해결하기 위한 다양한 조직과 협동조합을 만들어냈다. 풀무학교로 인해 홍동면은 다른 농촌지역과 달리 지속적으로 인구가 늘어나는 등 놀라운 변화가 일어나면서 한국 농촌이 나아가야 할 방향을 보여주고 있다. 풀무학교의 홍순명 교장이 입버릇처럼 말하던 '우리 지역의 문제를 해결하는 것이 세계의 문제를 해결하는 것'이라는 이야기가 지역에서 입증되고 있는 셈이다.

한국 교육의 가장 큰 문제점은 삶과 배움이 동떨어져 있다는 것이다. 학교는 남들보다 많은 지식과 정보를 소유하여 다른 사람과의 지식 경쟁에서 이기는 일을 당연히 여기고 기존 질서에 순응하는 인간을 길러낸다. 배움이란 것이 내가 속한 사회의 문제점을 개선하지 못하고 오히려 문제를 심화시키기만 한다면 그 사회는 더 이상 희망이 없다.

정보를 체계적으로 분리하고 기억하며 새로운 데이터를 생성하는 일은 컴퓨터가 사람보다 더 잘할 수 있다. 구글이나 네이버에서 검색 가능한 지식, 계산기로 계산할 수 있는 수학 문제를 열심히 암기하거나 푸는 것은 더 이상 의미가 없다. 컴퓨터는 알고리즘의 개발을 통해 인간보다 더 빨리 주식을 투자하고 심지어는 신문 기사도 쏟아낸다.

우리 아이들에게 컴퓨터가 대체하지 못하는 능력을 키워주어야 한다. 그 능력은 바로 옆에 있는 사람과 소통하고 협력하며 우리 주변의 문제를 해결할 수 있는 힘이다. 이것은 아이들의 삶의 장인 마을에서 출발해야 한다. 지역사회의 다양한 삶의 양상이 보다 적극적으로 학교교육과정 속으로 들어와야 하고 지역의 문제점들을 함께 고민하며 해결 방안을 모색하는 활동을 조직해내야 한다.

최근 체험학습이 강조되면서 학생들의 외부 활동이 늘어나고 있다. 중학교에서는 자유학기제가 도입되면서 보다 창의적인 선택 과목을 개설할 수 있게 되었다. 교육과정을 통해 지역의 삶과 연계된 다양한 학습을 할 수 있는 여건이 확대된 것이다. 이와 같이 마을교육공동체가 추구하는 배움은 교육과정 측면에서 그 필요성이 앞으로도 확대될 것이다.

풍성한 삶을 위해 필요하다

'마을교육공동체'는 '마을'이 있어야 하고 마을이 '공동체'가 되어야 한다는 전제 조건이 필요하다. 도시 생활은 마을을 만들어가기에 어려움이 많다. 도시에서는 서로 다른 직업과 맞벌이 등으로 생활의 공유나 공감대 형성이 어렵다. 그러다 보니 도시에서는 같은 아파트에 살면서도 옆집 혹은 아래, 윗집에 누가 사는지 잘 알지 못한다. 이것은 개인의 생활을 보장하는 편리함이 있지만, 서로가 서로를 소외시키면서 사회적으로 관심을 기울여야 할 대상도 남의 일처럼 여기게 되기 쉽다.

이러한 도시생활에서 마을공동체를 경험할 수 있는 가장 큰 접점은 바로 '교육'이 아닐까. 특히 자녀교육에 대한 열의가 매우 높은 한국 사회에서 교육은 생경한 이웃 주민을 하나로 묶는 좋은 매개가 된다.

특히 교육공동체를 형성해갈 때, 주변 아이들을 경쟁자로 여기지 않고 협력하면서 자라는 것이 교육에 이롭다는 관점의 전환이 매우 중요하다. OECD가 DeSeCo 프로젝트를 통해 추출한 미래 사회의 핵심 역량을 살펴보면 '사회적 상호 능력'을 매우 중요하게 꼽는다. 반면에 지금 우리의 학교교육은 '도구를 상호적으로 활용'하는 능력에 지나치게 집중되어 있다.

DeSeCo 프로젝트가 도출한 핵심 역량

핵심 역량	하위 역량
1. 도구를 상호작용적으로 활용하는 능력 (Use tools interactively)	① 언어, 상징, 텍스트 등 다양한 소통 도구 활용 능력 ② 지식과 정보를 상호작용적으로 활용하는 능력 ③ 새로운 테크놀로지 활용 능력
2. 이질적인 집단 속에서의 사회적 상호작용 능력(Interact in heterogeneous groups)	④ 협업/협동 능력 ⑤ 인간관계 능력 ⑥ 갈등 관리 및 해결 능력
3. 자신의 삶을 자주적으로 관리할 수 있는 능력(Act autonomously)	⑦ 사회/경제적 규범 등 주변 큰 환경을 고려하면서 행동하고 판단하는 능력 ⑧ 자신의 인생계획, 프로젝트를 구상·실행하는 능력 ⑨ 자신의 권리, 필요 등을 옹호·주장하는 능력

(http://www.oecd.org/pisa/35070367.pdf)

마을교육공동체는 자녀교육뿐만 아니라 학부모의 삶도 풍요로워져야 한다고 생각한다. 이웃과의 소통은 자연스럽게 삶의 풍요를 가져온다. 서로가 가진 음식들을 조금씩 나누기만 해도 식탁이 훨씬 풍요로워지는 것처럼, 내 아이를 여럿이 모여 함께 돌보는 경험은 학부모의 교육적 경험과 안목을 훨씬 더 풍성하게 만들어갈 수 있다.

마을교육공동체가 잘 이루어진 마을에서는 주민들이 함께 커피숍과 도서관을 운영하기도 하는데, 이처럼 마을이 함께할 수 있는 공간이 생기면 그 공간에는 다양한 필요들이 채워진다. 인문학 독서모임이 생기기도 하고, 악기를 배우는 모임이 만들어지며, 운동과 건강에 관한 강좌들이 개설된다. 가정에 쌓아두었던 책들을 모아 도서관을 만들기도 하고, 어떤 이들은 자신의 서재를 마을 도서관으로 개방하기도 한다. 우리가 생각하지 못했던 창의적인 방식으로 소통이 일어나는 것이다.

대문을 나서는 순간 만나는 이웃들이 서로 반갑게 인사하며 따뜻한 대화가 오고가는 마을. 개인이나 가정이 생각하지 못했던 새로운 성장과 자아실현의 기회를 통해 보다 행복한 삶을 살게 되는 것이다.

마을교육공동체라는 청사진(blueprint)

마을교육공동체가 보여주는 청사진은 냉정한 교육 현실을 성찰하면서 다양한 미래 비전을 담고 있다. 우선 마을교육공동체는 6년 이상 시도된 혁신교육의 미래 방향이다. 현재 혁신학교가 1,000여 개 수준으로 확대되고 전국화되고 있지만 '혁신학교의 목표'나 '혁신학교 이후'의 이야기는 부족한 상태이다. 현재 타 지역들은 경기도 혁신학교 초기 모델을 이어받고 있는 중이다. 이런 상황에서 마을교육공동체는 혁신학교의 지속가능성과 투명성을 보다 분명하게 하는 '보약' 역할을 하면서, 전국의 혁신학교 방향에 있어 핵심적인 끌개 역할을 할 것이다. 마을교육공동체는 이러한 의문을 더욱 뚜렷하게 해소해나갈 수 있는 실천 의제이다. 혁신교육이 진보라는 틀에 갇혀 이념화되는 현상을 극복하고, 학생과 학부모와 지역사회를 실질적으로 엮어낼 수 있는 미래 교육의 지향점이 될 수 있다.

전북 완주의 방과후협동조합, 충남 홍성의 풀무학교, 서울 성미산마을의 공동육아와 대안학교와 같은 타 지역 사례는 물론, 경기의 월문초, 두창초, 죽백초, 운산초, 광수중, 의정부여중, 장곡중 등의 마을교육과정, 경기 시흥이나 의정부의 혁신교육지구 사업 등의 마을교육공동체 사례는 이미 알 만한 사람들은 알고 있다. 잘 알려진 서울의 성미산마을 하나가 보여준 교육 활동의 확산과 심화는 새로운 교육의 미래 방향으로서 손색이 없다.

두 번째 청사진은 마을교육공동체가 학교에서 핵심적으로 이루어나갈 교육과정, 수업, 평가혁신의 통합적인 변화를 지속적으로 추진해낼 수 있다는 점이다. '교육과정 재구성'의 내실화, '배움중심수업'의 심화, 실질적인 '평가혁신'을 의미 있게 이어나갈 수 있는 모종의 잠재적인 틀과 내용을 제공한다. 현재 많은 학교가 교사에 의한 역량 중심의 교육과정 재구성의 필요성을 느끼면서 진행 중이다. 수업 디자인과 자기 생각 만들기 중심의 배움중심수업에 대해서는 기본적으로 호감을 가지고 있다. 논·서술형 35% 이상과 정의적 영역 평가에 대해 혁신에 대한 체감을 가지고 있다. 자유학기제는 전면화를 앞두고 있다. 정

성미산마을의 교육 활동

설립 연도	단체	교육 영역
1994	공동육아협동조합 우리어린이집	부모교육, 공동육아
1996	도토리 방과후어린이집	방과후 돌봄
2001~2002	참나무체험단(우리마을 꿈터로 통합)	초등 고학년 방학
2002	마포 두레생협(현 울림 두레생협) 열린 강좌	조합원 교육, 먹을거리, 육아
2002	생협 부설 마을학교 우리마을 꿈터	택견 등 몸놀이, 자기성찰, 생태
2002	성미산 숲속학교(~2006)	생태학습
2002	마을공동교육(~2008)	마을만들기
2004	성미산 학교	대안학교
2004	성미산 마을배움터	교육 네트워크
2004	생태마을 프로젝트: '멋진 지렁이'	도시 속 생태마을만들기
2006	생협 어린이농촌캠프	농촌체험, 생태
2006	생협 노동공부모임: 일공동체 '두레'	새로운 노동, 일공동체
2007	성미산마을 안내팀	성미산마을 소개
2009	성미산 마을극장	연극
2010	성미산 어린이합창단	합창

(김영선·이경란, 2014: 261)

규 과정에 의미 있게 몰입해가는 '마을교육과정'으로 편안하게 옷을 입는다면, 기존의 낡은 틀을 벗을 수 있을 것으로 예상한다.

세 번째 청사진은 마을교육공동체가 지방자치단체와의 교육적인 연계가 심화된다는 점이다. 혁신교육지구 사업은 여러 어려움에도 불구하고 그 가능성은 무궁무진한 상태이다. 현재도 많은 지방자치단체가 여러 이유로 교육 사업에 열의를 보이고 있다. 마을교육공동체 사업은 지방자치단체 입장에서 재정이나 인력을 투입하여 의미 있게 성과를 내고 실질적인 마을공동체를 구축할 수 있는 결정적인 계기로 파악할 가능성이 높다. 시흥, 의정부, 고양, 양평, 김포 등의 지방자치단체는 그 모습의 단면을 보여준다. 서울시에서 추진하고 있는 '혁신교육지구사업'은 민관학 교육 거버넌스의 흐름을 대대적으로 보여준다.

마을교육공동체는 교육적인 의미를 넘어 정치·사회적 의미도 크다. 경쟁과 효율 중심의 신자유주의를 통해서 개별화된 주민의 삶을 공동체로 복원하는 데 크게 일조할 것이다. 주민에는 교사, 학생, 학부모가 모두 포함된다. 마을교육공동체를 통해서 마을과 주민의 곁에서 생활 밀착형 실사구시 중심의 교육운동이 전개될 수 있다.

마을교육공동체는 교육을 중심으로 학교와 마을이 역할을 분담하고 교육이라는 공동의 목표를 실현하기 위한 '상생공동체'라는 의미가 있다. 그러기 때문에, 교육과 정치가 주민들의 시선에서 움직일 수 있는 기제를 내포하고 있다. 다시 말해, 그동안 교육 의제 선정과 교육 변화를 정치권에 외치던 입장에서 마을교육공동체 내에서 지역사회의 좋은 정치 흐름을 직접 만들고 교육적으로 살아 있는 활동을 직접 만들 수 있다. 6·4 교육자치선거에서 혁신 교육감의 대거 당선은 새로운 교육에 대한 국민의 열망을 적극적으로 표현한 결과이다. 앞으로 수년 내 혁신학교를 넘어서는 교육의 새로운 패러다임을 구축하지 못한다면 주민들의 냉혹한 선택에 직면할 것이다. 새로운 실천과 정책과 담론을 담고 있는 마을교육공동체는 그 대안이 될 수 있다.

평범한 시민들은 교육에서 진보와 보수의 구분 없이 오로지 아동·청소년들이 행복한 학교와 교육을 원한다. 마을교육공동체는 교육을 중심에 놓고 공동체성을 회복하면서 행복한 학교와 교육을 실제로 구현할 수 있는 사회 변화 운동이 될 가능성이 높다. 박원순 서울시장의 『마을이 학교다』(2010)와 『마을, 생태가 답이다』(2011)의 방향과 정책이 서울시민들에게 호응을 불러일으키는 이유가 여기에 있다. 주민들은 마을교육공동체 운영을 통해서 학교와 연계한 다양한 교육 프로그램을 기획하고 운영해, 학부모로서 교육 만족을 느끼고 경제적으로는 양질의 일자리와 생산적인 경제구조도 창출할 수 있다.

이제 마을교육공동체 운영을 통해 마을이 서로 돕는 공동체성을 회복하고, 자체 생산구조를 통해 일자리 창출은 물론, 한정된 사회적 자원을 효율적으로 사용하여 이해관계자 모두에게 만족을 주는 자치 행정을 실현할 때다. 이런 정치와 교육 흐름을 마다할 이유가 없다. 실천이 이미 진행 중이라면 정책이 이를 뒷받침해주어야 한다.

이 책은 마을교육공동체가 무엇이고 왜 필요한지를 물으며 고민한 11명의 저자들이 함께 썼다. 어떤 이는 혁신학교 교사나 교육청의 장학사로서, 어떤 이는 지역운동가나 마을 교사로서, 어떤 이는 대학 연구자나 전문연구원으로서 책 집필에 참여하였다. 서로 다른 지점에서 다양한 모습으로 활동해왔지만, 마을교육공동체에 대한 고민을 공유했고, 네트워킹과 문화운동의 관점에서 의기투합하여 책을 내게 되었다. 이런 시간의 흐름 때문에 책을 준비하고 내는 데 꼬박 3년이 걸렸다.

책의 큰 틀거리는 마을교육공동체에 대한 '탄생', '뿌리', '나침반'으로 하여 부제목을 달았다. 마을교육공동체에 조금 더 근접해나가기 위해, 그동안 있었던 여러 흐름 속에 마을교육공동체 탄생의 흐름을 살폈고, 마을교육공동체라는 생각의 기반을 이론적으로 검토하고 정리하였다. 마을교육공동체의 의미 있는 실천과 정책과 담론이 형성되기 위한 유기적인 흐름을 위해 나침반을 만들고자 하였다. 실제 이 세 가지 틀거리는 혁신학교나 꿈의학교의 실천은 물론 교육청의 정책과 연구원의 연구물 등이 화학적으로 섞여서 등장한 것이다.

세상에 책을 내놓으면서 부족한 면이 여전히 많이 보이고 앞으로도 할 일이 많다는 것을 느낀다. 그래서 책 속에 등장하는 여러 문제나 오류가 있다면 전적으로 저자들의 몫으로 생각한다. 반면에 이 책으로 마을교육공동체에 대한 생각과 실천의 지평을 넓혀가고, 우리 교육이 나아가야 할 진실된 방향에 미력이나마 일조한다면 마음으로부터 보람과 감사의 마음을 새길 수 있을 것 같다. 이 책을 만들어준 살림터 출판사는 지난한 시간과 어려운 상황을 온몸으로 견뎌내며 출판에 임해주었다. 저자들은 출판사에게 두 손 모아 감사한 마음을 전하고 싶다. 시간이 지날수록 점점 마을교육공동체에 관심과 실천을 갖는 사람들이 늘고 있다. 앞으로도 이런 분들과 함께 다양하고 속 깊은 실천과 기록으로 만나 또 다른 마을교육공동체를 함께 가꾸어가길 기대해본다.

1부

마을교육공동체의 탄생

1. 마을교육공동체의 샘물,
   마을만들기

마을만들기운동

마을교육공동체의 출발에는 '마을공동체'가 자리하고 있다. 그동안 진행된 우리나라 마을공동체는 '마을만들기운동', '생태마을운동', '새마을운동', '지역공동체운동' 등 여러 모습으로 나타났다.

먼저 마을만들기운동을 살펴보자. 마을만들기운동에 대한 정의를 누구든 정확하게 내리긴 어렵다. 일본의 마을만들기운동을 국내에 소개하여 마을만들기운동을 촉발한 김찬호(2000)는 일본의 마을만들기(마찌쯔구리)에 대해 "지역 공간을 주민들이 스스로 디자인해나가는 과정"이라 정의한다. 김찬호 박사는 일본의 마을만들기운동을 소개한 『이런 마을에서 살고 싶다: 주민들이 직접 나서는 마을만들기』(1997)라는 책을 번역·출간하였다. 마침 사회적인 민주화 물결에 따라 다양한 분야로 분화·확대되던 시민운동의 발전과 맞물리면서, 이 책을 읽은 많은 시민활동가들이 마을과 지역에서 다양한 활동을 도모하기 시작했다.

현재 우리나라의 마을만들기운동은 마을만들기, 마을디자인, 마을 가꾸기, 마을진흥사업, 생태마을운동, 공동체운동, 주민자치운동, 마을의제 운동 등으로 다양하게 불린다. 그 내용 또한 정치, 문화, 예술, 건축, 농업, 관광 등 다양한 분야를 망라한다. 마을교육공동체 운동 또한 이 흐름에 맞닿아 있다.

이렇게 다양한 분야에서 마을만들기를 시도하는 이유는 우선 마을이라는 특성 때문이다. 마을은 물리적으로 한정된 작은 공간이므로 계획이나 설계가 편리하며, 비교적 동질적인 환경을 공유하기 때문에 생태에 미치는 영향을 보다 쉽게 예측할 수 있다.

두 번째로 마을은 심리적 측면에서 주민참여를 이끌어내기 좋은 공간이다. 마을은 길든 짧든 같은 역사적 경험을 공유한 주민들이 서로 친밀한 관계를 맺으며 살아가는 곳이다. 말하자면 한 사람의 활동은 빠르게 다른 사람에게 영향을 미치고, 이를 예측하거나 파악하기 쉽다. 충분한 소통을 기반으로 한 민주적인 의사결정이 일어날 가능성이 높은 이유다.

세 번째로 정서적인 측면에서 '마을'에 대한 특별한 애착과 향수를 들 수 있다. 식당 이름이 '○○ 마을'인 간판을 자주 보게 되는데, 이는 우리나라 사람들이 마을에 대한 특별한 감정을 가지고 있기 때문이다. 실제로 "마을을 위해서라면", "마을이 잘 된다면" 하는 말은 개인적이고 사사로운 이익을 포기할 수 있다는 것을 의미한다. 마을에 대한 특별한 정서는 외부적으로 마을을 홍보하는 데, 내부적으로 마을 주민의 단합을 유도하는 데 전략적으로 활용할 수 있다.

그런데 2000년도 후반 우리나라의 마을만들기운동은 새로운 국면을 맞게 된다. 주민참여형 지역개발 전략의 필요성이 제기되고 정치적으로 '지방분권'과 '균형발전'이라는 과제가 설정되면서, 민간 차원의 마을만들기운동은 정부의 정책적 수단으로 변질되기 시작했다. 마을만들기운동에 있어 정부의 참여는 마을만들기운동을 확대, 보급하는 긍정적인 측면도 분명 있다. 다만 마을만들기의 본질을 외면한 채, 성과에 집착하여 이름만 마을만들기라는 부정적인 측면도 있었다. 이를 도시에서의 마을만들기운동과 농촌에서의 마을만들기운동으로 나눠서 살펴보자.

도시에서의 마을만들기운동

도시에서의 마을만들기운동은 서울 인사동에서 시작되었고 '전통'이라는 지역의 정체성을 찾기 위한 다양한 활동을 벌이면서 북촌 한옥마을로 이어졌다. 이후 여러 도시에서 차 없는 골목 만들기, 쌈지 공원 만들기, 어린이 통학로 확보 운동 등으로 번져나갔다.

도시의 마을만들기 사례 중에서는 대구의 삼덕동이 주목할 만하다. 삼덕동에 사는 한 시민활동가가 자신의 담장을 헐면서 시작된 '골목가꾸기' 사업은 주민들의 자발적인 참여를 이끌어내어 담장을 허물거나 예쁘게 꾸미는 마을만들기 사업으로 이어졌다. 이는 주민자치센터와 같은 행정기관이 스스로 담장을 허물게 하는 주요한 계기가 되었다.

주목할 점은 삼덕동의 마을만들기운동이 단순히 골목을 꾸미는 일에만 그쳤던 것이 아니라, 삼덕동 내에 청소년 쉼터, 마을 미술관, 마을회관 등을 만들고, 마을축제를 운영하는 등 삼덕동의 마을공동체를 형성하는 활동으로 꾸준히 이어졌다는 것이다. 이후 삼덕동에 불어닥친 재개발의 광풍에도 마을 주민들은 재개발을 거부하고 마을공동체를 지켜냈다.

또 하나 사례는 서대문구 창천동, 서교동 일대 소위 홍대 앞 클럽을 중심으로 한 거리문화 운동이다. 도시 마을만들기운동에 앞장섰던 문화활동가에 의해 2001년부터 시작된 홍대 앞 거리문화운동은 '클럽'이라는 독특하면서도 젊고 생산적인 문화활동을 통해 지역의 정체성을 찾기 위한 노력이었다.

주목할 점은 골목을 정비하거나 아름답게 만드는 디자인 운동이나 단순한 거리문화 축제에서 벗어났다는 점이다. 한 달에 한 번씩 열리는 클럽데이와 일 년에 한 번씩 열리는 로드 페스티벌을 통해 홍대 앞 거리의 클럽들이 경제공동체를 형성하였고, 이것이 지역 문화의 기반이 되었다. 마포구의 마을만들기운동은 성미산의 나무를 지키기 위해 시작되었다. 이후 대안학교, 동네부엌, 생협, 지역방송국 등을 만들어 내면서 도시에서의 마을만들기의 모범 사례가 되었다.

농촌에서의 마을만들기운동

농촌의 경우는 오래전부터 농촌 지도자들에 의해 자연마을을 중심으로 다양한 활동들이 이어졌다. 본격적으로 전문가들과 농촌마을이 결합하여 마을만들기운동을 시도한 사례는 1990년대 후반 녹색연합의 금산 건천리 생태마을사업이다. 이 사업 결과는 전문가와 마을 주민들 간의 간극으로 그다지 성공적이지 않았다. 그럼에도 녹색연합은 강화도 장화리, 무주 진도리, 홍성 문당리 등에 생태마을사업을 추진하면서 농촌에서의 마을만들기운동을 주도하였다. 특히 홍성 문당리

부산 감천마을

의 마을 지도자 주형로와 녹색연합의 대학교수 등 전문가가 결합하면서 농촌 마을만들기운동의 전형을 제시하게 된다. 이를 계기로 농촌 살리기, 그린투어리즘 차원의 농촌 마을가꾸기 사업들이 중앙정부의 지원을 받으며 활발하게 벌어졌다.

농촌에서의 마을만들기운동은 도시와는 달리 관련 비즈니스 그룹들이 등장하고 정부의 정책적 지원이 결합하면서 시민운동의 영역에서 사업 영역으로 발전하게 되었다. 정부의 참여, 사업적 영역으로서 전문가 참여, 마을 지도자들의 적극적인 활동으로 인해 일부 농촌마을에서 가시적인 성과가 나타났다. 화천 토고미마을, 양평 부래미마을, 남해 다랭이마을 등 소위 스타 마을을 탄생시키기도 했다. 그런데 농촌마을만들기에 있어서 경제적 관점 중심의 정책 지원은 빠른 사업 추진을 요구하면서 기존의 마을공동체 정신을 훼손하기도 했다.

생태마을운동

우리나라의 생태마을운동은 새마을운동의 확산과 생태마을운동의 근원인 공동체운동을 공산주의와 연결하는 군사정권의 정치적 분위기 때문에 활발하게 일어나지 못했다. 만약 지속가능성과 공동체 특성을 담보하고 있는 전통마을에서 생태마을운동의 원형을 찾았다면 좀 더 빨리 발전할 수 있었을 것이다.

그러한 가운데에서도 종교와 사상을 공유하는 사람들이 함께 사는 마을을 만들고 공동체적인 삶을 시작한 것이 경북 울진의 돌나라한 농북구회, 경기 화성의 야마기시마을 등이다. 하지만 이는 외국의 생태마을운동 사례와 달리 폐쇄적이었거나 지속적이지 못하였기 때문에 생태공동체 운동의 범주에 포함시키기는 어려워 보인다.

세계적으로 유명한 생태공동체 사례는 영국 북부의 모레이만에 있는 핀드혼 마을이다. 1962년 피터 캐디와 에일린 캐디 부부를 비롯한 6명이 삭막한 모래밭에서 공동체를 일구어가기 시작했다. 지금은 200여 명이 중심지에서 공동체 생활하고 있으며, 인근 지역에 많은 사람들이 서로 영향을 주고받으며 함께 살아가고 있다. 정착 당시 모래밭이었던 이 마을의 불모지는 4만m²의 대규모 농장으로 변모하였다. 이 농장에서는 유기농업으로 농산물을 생산하여 공동체 구성원에게 공급하거나 CSA(Community Supported Agriculture) 방식으로 소비자와 직거래를 하고 있다.

우리나라에 가장 잘 알려진 사례는 호주의 크리스탈 워터스 마을이다. 이곳은 1965년 일단의 전문가들이 퀸즐랜드 주 북동 해안 선샤인 코스트 인근 259ha(약 80만 평)에 조성한 생태마을이다. 원래 이곳은 목축을 위해 삼림을 없애고 초지를 조성했다가 생태계가 파괴된 광활한 구릉지였다. 주민들은 땅을 구입한 후 적절한 토지이용계획을 구상하였는데, 0.5ha(약 1,500평, 전체 면적의 14%) 규모의 83개로 나뉜 대

크리스탈 워터스 마을 커뮤니티 센터와 마을 아이들

지와 회합, 교육, 생태관광 사업, 방문자 숙소, 가내수공업 등에 이용하는 공동체 공간 15ha(4만 5,000평)을 제외하고는 대부분 토지를 농경지, 삼림, 소하천으로 보전하였다.

이 마을에 살려면 몇 가지 원칙을 지켜야 한다. 우선 자신의 주거환경을 퍼머컬처permaculture[1]에 의거하여 조성해야 하고, 마을 내 야생동물과 생태계를 보호해야 한다. 이러한 새로운 형태의 주거방식과 공동체적 생활양식은 전 지구적인 생태환경의 위기를 헤쳐 나갈 수 있는 대안으로 자리 잡았다. 이러한 선구자적 업적으로 이 마을은 1995년 UN 세계주거단지상World Habitat Award을 받기도 했다.

우리나라에서는 1990년대 후반 녹색연합과 불교환경교육원 등의 환경운동단체를 통해 이러한 외국의 생태공동체 마을 사례가 소개되었고, 비로소 생태공동체라고 부를 수 있는 사례들이 나타나기 시작했다. 가장 앞선 곳은 경남 산청의 간디마을이다. 간디마을은 경남 산청 외송리에 1999년에 개교한 간디학교와 열아홉 세대가 함께 살아가기

---

1. 퍼머컬처(permaculture)라는 말은 영속적이라는 뜻의 'permanent'와 농업 'agriculture'를 합성한 말로, 1970년대 호주의 빌 몰리슨(Bill Mollison)에 의해 창안되었다. 이 말은 생태마을과 지속가능한 지역사회를 계획하고 설계하는 디자인 체계라는 뜻을 담고 있다.

위해 계획한 마을로 간디학교 인근의 준농림지 약 4만 5,000평을 이용하였다. 참여 입주자는 40대 전·후반의 비교적 젊은 층으로 구성되었는데, 간디학교 학부모와 교사 그리고 은퇴자들이 대부분이었다. 학부모 입주자들은 이전에 양계, 한의사, 건축가, 대학 강사 등 대부분 전문 직업을 가진 사람들이었다. 이들은 초기부터 마을만들기 계획에 함께 참여하였다. 1999년 토지 매입을 시작으로 입주자 모집, 수차례에 걸친 주민간담회 등을 통해 2001년 2월 첫 번째 가구의 공사가 완료되었고, 순차적으로 주택이 조성되었다. 간디마을은 자연과 조화를 이루어 살아가면서 지속가능한 지역사회 공동체 모델을 창조하고자 하였다.

한편 전북 장수군은 농촌발전기획단을 두어 농어촌을 활성화하기 위한 다양한 사업을 추진하면서, 귀농인을 대상으로 하는 순환농업 시범단지를 조성하였다. 장수군 계남면 호덕리에 자리 잡은 하늘소마을은 2003년 도시민 귀농자를 대상으로 6개월간 농촌교육, 마을만들기, 농촌 활성화 문제에 대해 깊은 고민과 토론을 통해 공감대를 형성하며 마을을 조성하였다. 가구당 150~200평 택지를 매입하고 마을을 스스로 계획하게 하였으며, 창고, 작업장, 인터넷 등의 마을 공동 시설은 장수군으로부터 10억을 지원받아 설치하였다. 현재 30~40대의 열두 가구, 40여 명이 입주하여 살고 있으며, 주택의 형태, 작목 규모, 품목 등은 모두 다르다.

하늘소마을은 지자체의 적극적인 지원으로 마을의 생활환경 기반을 조성하고 영농을 중심으로 한 소득 대책을 지원하여 조성한 마을이다. 이러한 바탕 위에서 입주한 주민이 스스로 공부방을 만드는 등 자발적으로 삶의 질 향상을 도모하였다. 이후 경남 함양의 청미래마

을, 전북 진안의 새울터, 충남 서천의 산너울 등이 생태마을로 발전하
였고, 최근에는 명상공동체를 지향하며 활동하고 있는 선애마을도 주
목할 만하다.

2. 마을만들기, 위기와 도전

또 다른 위기, 새마을운동

함께하는 공동체를 기반으로 한 마을만들기운동에도 위기와 도전이 있었다. 위기는 '새마을운동'이었고, 도전은 '지역공동체운동'이었다. 1970년대 우리나라의 농촌마을을 획기적으로 변화시킨 새마을운동이 일어났다. 새마을운동은 산업화, 도시화 중심의 경제개발정책에서 소외된 농촌을 재건하기 위한 운동이었다. 하지만 새마을운동의 성과는 농촌에 머무르지 않고 도시로 확산되었고, 전 국민 의식개혁운동으로 발전하였다. 새마을운동은 근대화적 측면에서 가시적인 성과를 거두었지만 부작용도 적지 않았다.

1961년 군사 쿠데타로 집권한 박정희 대통령은 외국 차관을 재원으로 산업화 중심의 경제개발정책을 강력하게 추진하였다. 이러한 경제개발정책에서 농촌지역에 대한 관심은 적을 수밖에 없었다. 1970년 겨울, 한파 대책을 협의하기 위한 지방장관과의 회의에서 경제개발정책에 소외된 농촌지역의 재건을 위한 국가적 사업이 필요하다는 이유로 본격적인 새마을 사업을 추진했다.

전국의 3만여 개 마을에 시멘트 335포를 균일하게 무상 지원해 마을에서 자율적으로 이용하도록 하였다. 그 결과 지원한 시멘트를 바탕으로 주민들이 자발적으로 노력하고 더 나아가 자체 자금을 투입하여 주민들의 숙원 사업을 해결하는 마을이 나타났다. 정부는 이렇게 성과를 낸 전국의 1만 6,000여 개 마을에 다시 시멘트 500포대와 철근 1톤씩을 무상 공급하며 자발적 협동과 자주적 노력을 강조하였다.

이러한 경쟁적·선별적 방식으로 시작된 새마을운동은 정부의 절대적인 지원과 홍보를 바탕으로 농촌마을뿐 아니라 도시로까지 확대되어 한국 사회 전체의 근대화 운동을 대표하는 사업으로 발전하였다. 또한 근면, 자조, 협동을 강조하는 새마을운동의 정신은 근대화를 통해 경제적인 자립을 이루고, 선진국 대열에 합류하자는 의식개혁운동으로까지 발전하게 되었다. 현재에도 각 마을에는 새마을 지도자가 있고 각 지역에는 새마을운동본부가 있다. 한국의 새마을운동을 배우기 위해 중국, 동남아시아, 아프리카 등에서 연수를 오기도 한다. 하지만 새마을운동은 주민 주도적 방식이 아닌 국가 주도의 행정에 의한 하향식 운동이었고, 시멘트가 상징하듯이 근대화라는 목표 속에서 생태적이고 공동체적인 마을의 전통은 무시되었다.

의미 있는 도전, 지역공동체운동

마을만들기운동에 참여한 한국의 사회운동가들은 다른 나라의 생태마을운동을 접하면서, 한국 사회에 맞는 새로운 마을만들기운동을 시도하였다. 이러한 시도는 IMF 구제금융과 금융위기를 겪으면서 시민 주도의 새로운 경제 시스템을 만들고자 하는 대안 경제 운동과 맞물려 다양한 창의성을 발휘하고 있다.

특히 이들은 마을만들기운동을 해왔지만 정작 마을은 해체되고 있다는 사실에 직면하였다. 마을이라는 특별한 공간은 도시의 경우 아파트라는 무의미한 공간으로 대체되고, 농촌은 인구의 감소로 낙후된 채 버려지고 있었다. 이러한 공간의 해체는 자신이 사는 마을의 이름을 잊은 채 무심히 행정구역상의 명칭으로만 부르거나 심지어 아파트 건설사 브랜드로 부르는 등 정서적인 해체를 가져왔다. 마을의 공간적, 정서적 해체는 마을에서 이어졌던 인간적인 고리마저 단절시키고 있다.

또 하나의 문제는 이러한 마을의 해체가 경제적인 영향을 미치고 있다는 점이다. 과거에는 도시거나 농촌이거나 간에 마을 내부에 어느 정도 순환적인 경제가 형성되어 있었다. 즉 마을에서 한 개인의 소비는 일정 부분 마을 주민들의 소득으로 돌아갔고, 그렇게 얻어진 소득은 다시 마을 주민들의 소득으로 재분배되는 선순환이 일어났다. 하지만 지금은 마을로 들어온 돈과 마을에서 창출된 가치가 끊임없이 외부로 유출된다. 마을의 경제구조가 해체되고 소비 경향이 바뀌면서 마을 주민들을 대상으로 하던 소규모 사업은 다른 마을, 더 나아가 다른 지역과 경쟁해야 한다. 심지어 거대자본이 경영하는 대형 유통매장과도 경쟁해야 한다.

실제로 중소도시의 상점들은 끊임없이 업종을 바꾸면서 작은 점포로 분화하고 있다. 농촌 읍·면 지역의 소규모 상업은 침체의 늪에서 벗어나지 못하고 있다. 결국 어느 누구든 거대자본과 경쟁해야 하지만 거대자본이 마련한 소비시장에서 소비할 수밖에 없는 이중적인 착취

구조가 만들어지고 있다. 이는 마을을 해체하는 악순환으로 이어지고 거대자본의 힘은 '세계화'로 미화된다.

이러한 관점에서 마을만들기는 '외형적 만들기'가 아니라 '내용적 만들기'라는 사고의 전환이 필요해졌다. 우리가 만들려고 하는 대상이 마을이라는 물리적인 공간에 머물러서는 안 된다는 깨달음을 얻게 된 것이다. 과거 마을은 주민들의 자치, 문화, 경제활동을 규정하는 외연적인 틀이었다. 물질의 자유로운 이동이 어렵고, 다른 지역에서 에너지의 유입이 어려운 상황에서 마을은 삶을 꾸려가기 위한 가장 작고 효율적인 물리적 공간이었다. 그러나 물질과 에너지가 자유롭게 유입·유출되고, 수많은 정보가 쏟아지는 현대에는 그런 외연적 틀은 더 이상 많은 의미를 가지기 어렵다. 결국 우리가 추구하는 마을만들기의 대상은 물리적 공간만이 아니라 실천적 활동을 담고 있는 주민의 자발적 활동이어야 한다.

마을만들기의 구체적인 내용은 풀뿌리 자치운동이자, 다양성을 담보하는 주민참여 문화운동이고, 계층이나 소득과 상관없이 지역사회가 지역 주민의 삶을 경제적으로 지탱시키는 경제공동체 운동이다. 이는 '세계화'를 막을 수 있는 방법으로 공동체적 '지역화'라는 『오래된 미래: 라다크로부터 배운다』(2007, 양희승 옮김)의 저자 헬레나 노르베르호지의 주장과 맞닿아 있다.

우리나라의 마을만들기운동은 마을이라는 작은 공간을 넘어 보다 넓은 범위의 공동체운동으로의 발전을 모색하고 있다. 모범적인 사례가 충남 홍성군에서 일어났다. 홍성군 홍동면 일대는 1958년 개교한 풀무농업고등기술학교의 설립을 계기로 주민 중심의 생협 활동, 문화 활동, 교육 환경 조성 등 지역공동체운동이 활발한 농촌의 변화를 이끌었다. 풀무농업고등기술학교는 1970년대 유기농업을 도입하여 농촌에서 일할 수 있는 농촌 지도자와 농촌지역 일꾼을 양성하면서 지역사회운동의 확대를 도모하였다. 많은 풀무학교 졸업생들이 다시 이 지역에 남아 신협, 생협, 주민주도형 어린이집, 여성농업인 센터 등 다양한 풀뿌리식 농촌 자치 조직을 만들어냈다. 이러한 지역 역량에 의해 홍동면은 많은 귀농인이 정착하여 살아가는 귀농인의 선호 지역이 되었다.

풀무농업고등기술학교는 '진리에 겸손하고 인간을 존중하며 생명을 사랑하는 것'을 기본으로 하는 전인교육을 지향한다. 2년제 전문대학 과정에서는 바른 가치관, 깊은 교양교육, 현장학습을 통해 실제적 능력을 갖춘 젊은 농부이자 환경농업을 발전시키고 소규모 가족 복합농업을 실현하는 자립적 지역 일꾼을 양성하고 있다. 풀무생협은 농약과 화학 비료를 거부하고 유기농업을 고수해온 생산 농민들의 생활협동조합으로, 1980년 창립하였다. 초기부터 도농 직거래를 통해 판로를 확보했고, 지금은 우리나라 최고 최대의 친환경 농산물 생산지로 자리매김하고 있다. 특히 여기서는 100여 명의 채소류 생산자와 250여 명의 쌀 생산자가 한국생협연대, 수도권사업연합회, 한국여성민우회생협 등을 통해 50여 곳의 3만 가정 도시 소비자에게 농산물을 공급하여, 연매출 50억에 육박하는 사업 성과를 거두고 있다. 1970년 창립된 풀무신용협동조합은 현재 주민 조합원 2,800여 명, 자산 180억 원으로 농촌지역 서민금고 역할을 담당한다. 이 밖에 주민 주도로 건립한 갓골어린이집, 여성 농민의 권익 신장과 지역 활동을 위한 홍성여성농업인센터, 홍동면 문당리를 중심으로 한 환경농업단지와 부대시설인 홍성환경농업교육관이 있으며, 지역신문이나 출판 사업도 활발히 이루어지고 있다. 홍동지역은 풀무학교를 중심으로 지역 주민 스스로 다양한 풀뿌리식 농촌 자치 조직을 만들었다. 이러한 풀뿌리 조직은 농촌의 생활환경을 개선하고 삶의 질을 높이고 있으며, 도시민의 이주가 증가하는 선순환적 지역공동체를 형성하고 있다.

이 외에도 지역공동체와 관련된 사례로 도시에서는 서울 마포구 성미산, 성북구 삼각산 지역을 들 수 있고, 농촌지역에서는 남원 실상사 지역을 꼽을 수 있다. 또한 지방정부도 이러한 방식의 지역 개발을 지원하기 시작하여 전북 진안과 완주, 서울시와 광주 등에서 활발한 활동이 일어나고 있다.

지역공동체운동으로 발전한 우리나라의 마을만들기운동은 최근 사회적경제와 만나고 있다. 초기의 마을만들기운동은 도시의 경우 주민들의 삶의 질을 높이는 것에 집중하고, 농촌은 소득 문제에 집중했다. 그러나 두 번의 경제위기를 겪으면서 도시와 농촌 모두 지역 주민의 경제적 존립과 일자리 창출 문제를 고민하기 시작했다. 기존의 지역개발 방식을 답습한 전주의 한옥마을이나 농촌관광마을의 사례는 자본의 영향력으로 인해 오히려 마을공동체가 훼손되고 지속가능한 발전 기반마저 해체될 수 있음을 말해준다. 이에 대한 반성과 대안으로 일자리 창출을 위해 추진된 사회적기업 사례는 자본주의 시장경제에 대한 근본적인 물음을 던지게 했다. 이렇게 오늘날 마을공동체 운동은 지역사회의 새로운 경제 모델인 사회적경제와 자연스럽게 융합하고 있다.

3. 마을교육공동체의
   탄생

마을만들기 흐름 속에 마을교육공동체가 탄생했다. 가까운 지역 안에서 공동육아와 보육을 하면서, 그리고 5년 이상의 혁신학교 움직임 속에서 마을학교, 마을교육의 분위기가 무르익더니 '마을교육공동체'라는 말이 사람들의 입에서 회자되기 시작했다.

IMF 이후 돌봄이 사회적 과제로 나타나면서 학교의 역할도 점차 커지고 있다. 하지만 진정한 돌봄은 학교라는 울타리를 넘어 마을과 만나야 완성될 수 있다. 수많은 마을공동체 사업이 돈 먹는 하마가 되고 있는 현실에서, 아이들을 마을의 주인으로 함께 키울 수 있는 마을교육공동체는 어떤 모습이어야 할까? 우리가 그리는 마을교육공동체는 학교를 중심으로 마을을 만들어가는 것인 만큼 지역이 처한 현실과 실정, 준비된 정도, 필요에 맞추어 시작하면 된다. 우리 주위의 마을교육공동체의 모습을 작은 실천부터 하나씩 살펴보자.

아래의 그림은 지금까지 실천해온 마을교육공동체의 모습을 그려본 것이다. 마을이 돌봄의 장이 되고, 마을이 배움터이며 방과후학교의 장이 될 수도 있다. 여기 학교와 아이, 어른들이 만나는 사례를 소개하고자 한다.

우리 주위의 마을교육공동체

마을교육공동체

마을학교
- 지역아동센터(안산 선부동, 와동)
- 느티나무도서관(신능중)
- 영주산마을협동조합(대곡초)
- 조현마을협동조합(조현초)
- 장곡마을학교 '너도'
- 의정부교육복지 '마을학교, 열린교실'
- 성대골

협동조합 — 방과 후, 돌봄
- 조현마을협동조합
- 영주산마을협동조합
- 모해교육

협동조합 — 덕양중 — 학부모

협동조합 — 학교매점 — 경기시범학교
- 홍덕고
- 복정고
- 기흥고
- 덕이고
- 한국도예고
- 한국문화영상고

서울
- 영림중
- 독산고
- 삼각산고

마을교육과정
- 의정부여중 '우리 마실 가자~'
- 홍동중 '통합 교육과정'
- 월문초 '전설 따라, 세월 따라'
- 덕양중 '씨드 스쿨'
- 태봉고 'LTI(지역자원활용 인턴십)'
- 세월초 '마을축제와 교육과정의 연결'
- 광수중 '이야기 있는 마을지도'

교육 플랫폼
- 혁신교육지구
- 시흥 ABC센터

지역사회학교
- 성미산 마을학교
- 풀무학교

마을이 놀이터 (학교 밖 배움터)
- 의정부 '꿈이룸배움터'
- 공릉청소년정보문화센터
- 강북구 '품'

마을축제
- 영등포 '달시장'
- 세월 마을축제
- 강북구 마을축제 '추락'

■ 공장들이 밀집해 있는 공업도시 안산의 와동과 선부동 지역아동센터에서는 지역에서 소외된 아이들이 먼저 마을 어른들에게 손을 내밀면서 인정도 받고 자긍심도 느끼고 있다. 아이들은 동네 정원을 대신 가꾸어주기도 하고, 공원을 찾는 어른들에게 차를 대접하면서 먼저 소통의 물꼬를 트는 역할을 하고 있는 셈이다. 또 본받을 만한 어른들과 지역의 문화재를 찾아서 '동네 문화재'로 선정해 책자로 만들고 있는데 그 결과 주민들의 칭찬이 자자하다.

■ 서울의 마포 성미산마을, 우이동의 삼각산 재미난 마을, 상도동의 성대골 마을같이 대도시에서도 아이들을 매개로 마을이 살아나는 곳들이 적지 않다. 상도동의 성대골어린이도서관은 주민들이 아이들을

위해 만든 민간 도서관이다. 동작구의 풀뿌리 단체인 희망나눔동작
네트워크와 상도동 주민들이 2년 넘게 모금 활동을 벌여 2010년 10월
에 개관했다. 마을카페 '사이시옷'도 비슷한 시기인 2010년 겨울, 지역
주민 20명이 300만 원씩 출자해 만들었다. 목수는 탁자, 실내장식업
자는 블라인드를 기증하고, 미술학원 교사는 벽화를 그리고 꽃집 가
게에서는 화분을 지원했다. 카페에서 조금 떨어진 곳에 있는 목공방
'성대골별난공작소' 역시 주민참여로 만들어진 협동조합으로, 목공과
관련된 다양한 교육 활동을 하고 있다. 카페나 목공소의 수익금은 저
소득층과 지역발전기금으로 쓰인다.

■ 공동육아어린이집과 그 연장선인 대안학교를 연결 고리로 해서 만들
어지는 마을의 경우 부모들과 기존 지역 주민들이 어우러지기 어려운
단점이 있다. 그런 점에서 성대골의 경우는 좀 더 열려 있는 마을이
라고 볼 수 있다. 도서관을 만든 주축 멤버들은 이제 대안적인 방과
후학교인 성대골 마을학교를 만들어 운영하고 있다. 지역에 하나뿐인
초등학교인 상도초등학교는 전에만 해도 2부제 수업을 해야 할 만큼
과밀 학교였는데, 학교를 신축하면서 환경이 많이 좋아졌다. 아이들
을 살리려는 엄마들의 노력이 어른들과 마을까지도 살리고 있는 좋
은 사례이다.

위의 사례들을 보면 학교나 학교 밖 배움터가 교육의 가치를 공유
하고 이를 마을 속에서 풀어가는 노력을 하고 있다. 이와 같이 마을교
육공동체란 교육을 통해서 마을이 함께 꿈을 꾸면서 서로 연결되어
가는 것이다. 공동육아나 대안학교처럼 학교, 교육을 중심으로 마을

을 만들어가는 것이다.

마을교육공동체를 실천하는 다양한 학교, 지역사회, 센터 등을 탐방하고 연구하면서 마을교육공동체를 유형화할 수 있는 두 가지 준거를 도출할 수 있었다. 그것은 마을교육공동체의 규모와 이를 주도하는 중심 주체의 문제였다.

먼저, 마을교육공동체의 규모는 작은 마을, 중간 마을, 큰 마을로 나누어볼 수 있다. 작은 마을이란 행정구역상 '동'이나 '리'와 같이 비교적 작은 규모로 운영되는 사례들이다. 양평의 세월초등학교나 서울 마포구의 성미산학교(대안학교), 의정부 가능동 등이 해당된다. 그들의 교육적 실천이나 프로그램은 주로 근접 지역에 거주하는 학생, 주민, 학교 등을 대상으로 운영된다.

중간 마을 규모란 '읍·면·구' 단위에서 이루어지는 마을교육공동체의 사례들이다. 경기도 양평군 서종면의 수입초, 정배초, 서종초, 서종중학교가 지역사회를 기반으로 하나의 교육공동체를 형성하고 있고 경기도 고양시 덕양구에서는 백양초와 덕양중이 학교급 간의 연계성을 갖고 마을교육공동체를 실현하고, 공릉청소년문화정보센터가 있는 서울 노원의 공릉동 일대도 마찬가지다.

큰 마을 규모의 마을교육공동체는 주로 '시'나 '군' 단위에서 다양한 공동체 교육을 실천하는 경우이다. 예를 들어 전라북도 완주군은 커뮤니티비즈니스(CB) 센터가 주축이 되어 마을공동체 구축을 위한 사회적·경제적 실천들을 일궈가고 있다. 삼우초나 고산중과 같은 혁신학교를 근거로 다양한 학부모, 교육 재능 기부자, 지역사회 인사들의 모임과 실천이 활성화된 사례도 있다. 경기도 의정부여자중학교는 통합교육과정을 통해 마을교육을 실천할 수 있는 다양한 활동과 프로그램을 운영하고 있다. 공교육지원센터에서 시 전체에 대한 밑그림을 그리고 있는 시흥시의 경우도 큰 마을 규모로 분류할 수 있다.

둘째, 마을교육공동체 실천의 주체에 따라 학교 주도형, 마을 주도형, 센터 주도형으로 나눌 수 있다. 학교가 주도하는 경우는 학교가 마을교육을 위한 통합 교육과정을 운영하고 다양한 프로그램을 통해 마을 속에서, 마을을 위하여, 그리고 마을 주민들과 함께 실천하는 사례들이다. 세월초, 의정부여중, 덕양중 같은 경우 학교교육 프로그램에 마을 주민들을 적극적으로 참가시키고 있다. 학생들이 마을 속(시장, 자연, 문화 공간, 공공기관, 주민 등)에서 그들의 배움을 심화시키는 대표적인 사례다.

다음은 마을 주도형 실천 사례들을 살펴볼 수 있다. 이러한 유형은 주로 학부모 모임이나 지역사회에서 교육적 선의를 갖고 있는 사람들이 마을교육공동체 구축을 위하여 학교뿐만 아니라 지역사회에서 교육 활동을 주도하는 경우이다. 예를 들어 고양 화전동 학부모회는 덕양중과 덕은초 학부모들이 주축이 되어 마을교육공동체 활동을 진행하고 있다. 완주의 고산향교육공동체도 삼우초 학부모들이 핵심이 되어 학교에서 이루어지는 공동체 교육, 방과 후 활동, 그리고 지역사회에서 이루어지는 마을만들기 사업에 적극적으로 참여하고 있다.

마지막 유형은 각종 센터나 기관이 중심이 되어 마을교육공동체 만들기를 실천하는 사례들이다. 이러한 센터나 기관으로는 교육청 산하의 교육지원청, 지자체 운영의 청소년 센터, 민간단체가 운영하는 소규모 센터나 교육 프로그램 등을 포함할 수 있다. 예를 들어 서울시 노원구 공릉청소년문화정보센터, 경기도 시흥시 행복교육지원센터, 의정부 초록우산 등과 같은 기관과 단체들은 지역 학생들을 위한 다

마을교육공동체 유형 구분과 실천 사례

주체 규모	학교 주도형	마을 주도형 (학부모 및 지역 포함)	센터 주도형 (지자체·교육청·지역 운영)
작은 마을 (동·리)	세월초등학교(세월리) 덕양중학교(고양 화전동) 조현초등학교(조현리) 두창초등학교(두창리) 남양주월문초등학교(월문리) 완주삼우초등학교	시흥 하중동 참이슬 마을학교 (하중초등학교 학부모) 고양 화전동 학부모회 (덕양중, 덕은초 학부모회) 삼각산 재미난 마을	가능동 초록우산 우리마을 의정부 (의정부여자중학교)
중간 마을 (읍· 면·구)	풀무학교(홍성 홍동면) 서종중학교(서종면) 광수중학교(퇴촌면)	서종면 교육포럼 (서종중, 정배초, 수입초, 서종초) 완주 고산향교육공동체 (삼우초, 고산중)	공릉청소년문화정보센터 (노원구)
큰 마을 (시·군)	의정부여중(의정부)		시흥 행복교육지원센터 (ABC 행복학습타운) 완주 커뮤니티비즈니스센터 (완주군) 완주군 교육지원청 일본 커뮤니티 스쿨

양한 공동체 교육 프로그램 운영 및 학교 지원을 실천하고 있는 곳들이다.

　위에서 제시된 두 가지 마을교육공동체 분류를 위한 준거들을 바탕으로 마을교육공동체 사례들을 유목화해보면 아래의 표와 같다. 대체로 교육공동체 규모가 작을수록 내실 있는 결과와 실천을 만들어가는 사례들이 많았으며, 마을과 학교가 긴밀할수록 교육적 효과와 만족도가 높았다. 또한 마을교육공동체를 누가 주도적으로 운영하고 있는가의 문제는 각 지역 및 학교의 특성에 따른 차이였다. 따라서 어떠한 규모의 마을교육공동체를 운영할 것인지, 그리고 누가 주체가 될 것인지는 해당 지역의 특성과 교육 인프라 구축의 정도와 상황에 따라 다르게 적용할 수 있다.

마을교육을 꿈꾸다
: 양평 서종의 마을학교

양평군 서종면에는 3개의 초등학교와 1개의 중학교가 있는데 모두 혁신학교이다. 이 마을은 문화예술인들이 많이 살면서 생겨난 자연스러운 문화적 인프라를 기반으로 마을만들기운동이 활발히 진행되고 있다. 최근에는 교육에 대한 관심이 집중되면서 마을교육공동체를 구축하는 데 좋은 여건이 갖춰지고 있다.

마을의 움직임

서종면에는 크고 작은 마을공동체들이 많이 있다. 북한강변을 끼고 있는 서종면은 경제적으로 여유가 있는 문화예술인들이 많이 내려와 살고 있다. 특히 경쟁과 양적 학습에 매달리는 교육에서 벗어나 삶의 질과 가치를 생각하는 교육을 추구하는 학부모들이 많이 사는 지역이다. 비슷한 생각과 직업을 지닌 사람들이 모여 아이들의 교육적인 경험과 환경을 제공하기 위해 새로운 시도를 하다 보니, 크고 작은 마을공동체가 많이 생겨난 것이다.

우리동네음악회는 13년째 진행 중이며 150회를 넘겼다. 이 음악회는 서종면에 살고 있는 예술인으로 구성된 '서종사람들'이 추진하고 있는

사업이다. 초등학교 식당을 빌려 시작한 우리동네음악회는 후에 지역
주민과 지자체의 지지를 받으며, 주민자치센터 강당에서 정기적으로
공연하게 되는 등 점차 역할과 위상이 높아지고 있다.

아이들 삶의 질을 위해 마을 주민들은 지역에 고등학교를 설립하기
위한 서종교육포럼을 조직하여 활동 중이다. 리버마켓 운영, 지역 주민
들의 자원봉사로 운영되는 직업박람회, 서종면 작은도서관 등이 주민
들의 노력으로 만들어져 자치적으로 운영되고 있다.

주민들로부터 시작된 교육과 삶의 질을 높이기 위한 다양한 시도와
노력은 점차 학교와 연계를 강화하고 있다. 마을 주민들은 학교운영위
원회와 학부모회를 통해 마을의 콘텐츠를 소개하고 학교교육과 연계
를 시도하고 있다. 일부 교사들, 교장들과 소통하고 연대하며 학교교
육이 마을로, 마을이 학교로 섞이기를 시도하고 있는 것이다. 여기에
마을교육공동체라는 새로운 시도가 생기면서 학교 간의 연계, 마을과
학교의 연대가 더욱 강화되고 있다.

학교의 움직임

서종의 마을공동체와 학교는 어떻게 결합하고 있을까? 서종중학교
와 정배초등학교를 보자. 서종중학교는 사립학교이면서 혁신학교이다.
시골 작은 학교의 한계를 극복하기 위해 우선 지역의 풍부한 인적 자
원을 활용한 문화예술교육 및 진로교육을 실시하는 마을학교를 운영
하고 있다. 아이들이 소설, 시, 동화, 유화, 음악, 비즈미술, 목공예, 공
연 등을 마을 주민들과 더불어 배우고 잔아박물관, 비즈미술관, 서종
갤러리, 서종사람들, 양평미술관 서종디자인운동본부와 함께 학교교
육과정을 운영한다. 또한 지역의 문화행사를 학교에서 개최하거나 학

부모와 지역 주민과 함께 공연이나 축제를 열고, 중앙현관에 작은 갤러리를 운영하기도 한다. 또한 학교는 마을 주민에게 체육관을 상시 개방하고, 공연장을 제공하거나, 학부모교육과 학부모 동아리, 학부모 모니터링을 운영하고, 지역사회 봉사 단체와 함께 봉사활동을 추진하고 있다.

> 이 학교에 공모로 왔는데 내가 꽂혔던 건 마을이었어요. 이 지역의 3개 초등학교 아이들이 우리 학교에 와요. 올해부터 서종중도 혁신학교가 되었어요. 면 전체가 혁신학교인 셈이죠. 주민들에게 9년 교육과정이라는 말을 해요. 마을 아이들의 이탈이 거의 없어요. 처음부터 9년 교육과정으로 해보자는 생각을 했습니다. 초등학교 교장 선생님들과 함께 교육과정을 고민해보자고 제안했어요. 방과 후 활동부터 한두 개씩 시도해보자는 거죠. 록밴드 동아리가 초등학교에 있는데 이 아이들이 중학교에 오면 끊겨서 올해 서종중에서도 이어지도록 했어요.
>
> _서종중학교 C교장

마을학교를 추진하면서 학생들의 교육적 경험과 질은 매우 높아지고 있다. 학생들은 수준 높은 작품과 공연, 사람과 직업을 만난다. 다양한 경제적 시도들도 직접 보고 듣고 참여하면서 진로의식과 능력이 높아지고 있다. 마을과 별개로 살아가던 교사들의 삶도 조금씩 달라지고 있다. 수업이 열리고, 행사를 함께 하며, 교육적인 고민을 함께 해결하는 과정에서 학교와 마을이 점차 가까워지고 있다.

작은 초등학교 마을교육과정

전형적인 시골마을 안에 자리 잡고 있는 서종의 정배초등학교는 폐교 위기의 학교를 학부모와 교사들이 함께 지켜낸 학교로 유명하다. 이후 좋은 학교로 입소문이 나면서 학생 수가 급증하여 2014년에는 분교에서 본교로 승격되었다. 이 학교에는 수도권에서 살다가 자녀의 교육을 위해 이주해온 가정의 학생들이 많이 다닌다. 맞벌이 가정이 거의 없어 아이들도 가정에서 충분한 돌봄을 받고 있으며 학부모들의 커뮤니티가 활발하여 자녀들의 돌봄, 교육적인 경험, 놀이, 취미활동을 위한 자생적인 노력이 지속적으로 이루어지고 있다. 학교와 마을의 땅을 기증받아 지은 마을도서관, 교회에 있는 아버지 동호회, 학부모 동아리모임, 책읽어주기 활동 등이 꾸준히 이루어지고, 학부모들은 마을 행사 중 풍물이나 대보름 행사 등에 적극 참여한다.

특히 학교 행사는 온 동네의 잔치가 되었다. 그중 은행나무축제는 이 학교 학부모들이 학교를 살리려고 노력하던 시기에 은행을 함께 추수하면서 식사와 놀이를 즐기는 과정에서 시작되었다. 이 축제는 온 마을의 어른, 아이, 지역 주민이 함께하는 흥겨운 한마당으로 지금까지도 학부모가 주도하여 추진하고 있다.

혁신학교, 마을학교를 꿈꾸다

혁신학교의 중요한 성공 요소 중 하나는 교사들의 자발성이다. 마을교육공동체를 만들어가려면 교사들의 자발성이 매우 중요하다. 그런 면에서 서종면은 모든 학교가 혁신학교로 벨트화되어 있기에 마을교육공동체를 만들기에 아주 좋은 조건을 가지고 있다. 게다가 마을에 잘 갖춰진 마을공동체가 존재하기에 학교와 결합된다면, 면 단위 마을교육공동체의 좋은 사례가 될 것이다.

이 마을에서 주목할 만한 점은 혁신학교의 벨트화이다. 혁신학교의 기본 방향 중 하나가 지역사회와 함께하는 것이다. 그러다 보니 지역 내 혁신학교들이 자연스럽게 함께 협의하여 학생들의 초·중학교 9년간의 교육과정을 고민할 수 있게 되었다. 그동안 학교가 내부의 공동체 형성에 집중했다면, 이제 학교 밖으로 적극적으로 나와 지역성을 키워야 한다. 이러한 점을 감안할 때 혁신학교의 벨트화는 마을교육공동체를 구축하는 데에도 주춧돌이 될 것이다.

4. 마을교육공동체의 여러 모습
: 협동조합에서 마을축제까지

마을교육공동체의 실천은 매우 다양한 모습을 띤다. 협동조합으로 나타나기도 하고 교육복지 형태를 갖기도 한다. 마을축제가 중심이 되기도 하고, 마을교육과정을 운영하기도 한다. 대안학교는 그 자체가 마을학교가 되는 곳도 있다. 마을공동체에서 교육 플랫폼을 만드는 곳도 있다.

학부모가 만드는 협동조합

지역의 인적, 물적 자원을 학교교육과정에 녹여내는 것은 학교가 풀어야 할 또 하나의 숙제이다. 학교에서 마을로 나아가는 것도 중요하지만 무엇보다 마을의 자원을 최대한 학교의 교육과정에 담아내어 공교육을 풍성하게 해야 한다.

그렇다면 가장 가까운 마을 주민은 누구일까? 바로 학부모이다. 가깝다 못해 아이를 학교에 맡기고 있는 가장 밀접한 이해 당사자이다. 반면에 교사들은 학부모를 가장 어려워한다. 교사들이 교실의 문을 열지 않듯, 학교 또한 학부모들에게 개방적이지 않다. 그러면서 학부모들은 조금은 방관자적인 입장이 된다. 학교가 못 미더워도 혹은 학교에 참여하고 싶어도 선뜻 나서지 못한다. 이런 점에서 평택의 죽백초의 사례는 눈여겨볼 만하다.

> 저희 학교의 경우 마을교육공동체에서 마을 개념을 학교 주변뿐만 아니라 지역사회에까지 범위를 넓혀서 생각할 수 있어요. 왜냐하면 학교 주변에 집이 없어요. 막상 들어와서 살려고 해도 집이 없어서 못 사는 형편이거든요. 그래서 저희 학교 관사를 학부모들에게 내놓았죠. 학부모님들 중심으로 말씀을 드릴게요. 학부모님들이 속해 있는 각 지역 사회단체가 있잖아요. 학부모들이 그 지역 사회단체를 학교로 끌고 들어와서 교육과정에 연계를 시키는 거예요. 그런 면에서 수업도 지역에서, 평택지역의 역사에 대해서 잘 알고 있는 역사연구회가 있잖아요. 그럼 그 지역 사회단체 분을 끌어들여서 저희 학교 교육과정 안에 마을 역사 교육을 도와주시면 저희가 그것을 가지고 나름대로 단순하게 교육과정으로 짜서 마을 역사를 공부하고, 또 어머님들도 마찬가지고 그 공부 모임을 시작으로 체험 프로그램을 마련해서 아이들과 함께 다니고. 마을에 계신 학부모님들 중에서는 각자 가지고 있는 재능들이 있으시고 그 재능과 관련한 일에 종사하고 계신 분들이 계시잖아요. 예를 들어 목공에 종사하시는 분이 계시면 그분이 오셔서 계절 학교나 이런 수업을 하세요.
>
> __K교사

또한 이 학교는 협동조합의 필요성에 대해 다음과 같이 이야기하고 있다.

　아이들이 뭘 사 먹을 만한 공간이 없으니까 관사를 중심으로 매점을
운영하시고 싶어 했는데 협동조합에서도 '안 돼요'라고 하고 위생문제
도 있다고 하고…… 사실 이런 것들에 대해서 오히려 교사가 반대를 하
고 있는 거예요. 그래서 실시는 못 하고 있는데 협동조합 제도가 마련이
되는 대로 그런 것들을 하려고 하고 계세요. 그리고 저희 학교는 텃밭의
수확물이 좋아요. 그러면 지금은 그 텃밭에서 나오는 것들을 가정으로
조금씩 보내고 있거든요. 그런데 협동조합이 꾸려지고 제도가 뒷받침된
다면 학교의 급식으로 사용할 수 있는 그런 것까지. 김장을 담가도 많이
담가요. 몇백 포기를 담그는데 그것들을 한두 포기씩 다 가정으로 보내
고 마을에 계시는 조금 못사시는 분들이나 독거노인들한테 기부하는
식으로 다 소진을 하고 있거든요. 그런 것들…… 또 만약에 협동조합이
꾸려지면 방과 후를 학부모님들이 3분의 1은 감당할 수 있을 정도의 재
능과 열의가 있으세요. 그런데 사실 방과 후에 학부모들이 들어오는 것
은 만만치 않더라고요. 학교는 굉장히 그런 것들이 까다롭잖아요. 그런
데 협동조합이 만들어지면 정말 인수위에서 내다보는 것처럼 방과 후를
학부모와 마을…… 지역 사회단체에 맡기고 우리는 정말 본연의 수업에
만 집중할 수 있는 그런 그림들이 그려지더라고요. 저희는 사실 지금 막
산발적으로 학부모들이 주체가 되어서 열심히들 하고 있는데 그 열의들
을 제도화해서 묶어내지 못하고 있었어요.

_K 교사

　현재 경기도에서는 복정고, 홍덕고 등 6개의 고등학교에 매점 중심

의 협동조합을 시범적으로 운영하고 있다. 학부모와 지역 주민 중심의 방과후협동조합, 학생뿐만 아니라 낙후 지역에서는 생협의 역할까지 담보할 수 있는 사회적협동조합, 각종 체험학습을 위한 운송협동조합 등 다양한 형태의 협동조합을 준비하는 학교가 늘어나고 있다. 앞으로 이에 대한 제도적 보완을 거쳐서 학부모와 학교, 지역사회를 연결하는 중요한 매개 고리로 협동조합 사업을 적극적으로 운영할 수 있을 것이다.

교육복지와 마을축제로 나타난 마을교육공동체

의정부시의 의정부여자중학교를 비롯한 의정부 교육복지 사례는 그 시사하는 바가 크다. 의정부 가능동 일대는 세입자가 많고 결손가정이 많은 곳이다. 이 때문에 A중학교를 비롯하여 주변의 초·중학교가 교육복지우선사업교로 지정을 받았다. 처음에는 각 학교별로 아이들에게 시혜를 주는 형태로 학교복지사업이 진행되었다. 하지만 주변의 학교들도 교육복지우선사업교로 지정을 받음에 따라 해당 학교에 근무하는 교육복지사들이 연대하여 마을 속에서 아이들의 복지를 해결하고자 하였다.

그 결과 학교 주변에 있는 도예공방, 상담센터, 복지재단, 만화가, 카페 등에서 도움을 받아 희망하는 아이들 중심으로 방과 후 수업을 하고 있다. 처음에는 가게 운영에 조금 도움이 될 것이라 생각하고 시작한 분들이 아이들과 만나 보람을 느끼면서 이제는 아이들에게 더욱 많은 문을 열고 있다.

과거 운동회나 학교 행사는 온 마을의 잔치였다. 그러나 안타깝게도 오늘날 학교 축제는 일부 업무 담당 교사들의 몫이 되고 말았다. 아예 기획사에 축제의 기획과 운영을 위탁하는 학교들도 많다.

세월초등학교는 학교 축제를 마을과 함께 하는데 이날만큼은 양평의 세월리가 온통 축제의 장이 되어 아이들의 웃음소리로 가득하다. 6학년 아이들이 국어(이야기 쓰기), 미술(소품 만들기), 창체(촬영), 실과(편집) 시간에 교과 재구성을 통해 만든 영화를 마을회관에서 상영하는 등 아이들이 학교를 벗어나 마을 골목 곳곳에서 축제를 펼친다. 마을 곳곳에 학생들의 손길이 닿은 마을을 소개하는 명패가 걸린다. 마을 전체가 축제의 무대가 되는 것이다. 이와 같이 세월초등학교의 학교 축제는 문화예술을 중심으로 학교와 마을을 엮어내는 연결 고리가 되고 있다.

마을 수업으로 하는 마을교육공동체

남양주의 월문초등학교는 마을의 자원을 활용한 3학년 사회과 교육과정을 재구성하여 '길 따라 전설 따라 우리 동네 한 바퀴' 마을 프로젝트를 운영하고 있다. 이 프로젝트는 '산길 따라 한 바퀴', '물길 따라 한 바퀴', '전설 따라 한 바퀴'의 세 가지 주제로 나뉜다. 그중 '전설 따라 한 바퀴'는 그 지역의 어르신을 모시고 마을 이야기를 들어보는 활동을 한다. 어르신들이 왜 말등배 마을인지, 젊은 시절 소 강도를 만난 일, 왜 이 지역에 공장이 늘어나고 논이 줄어들고 있는지 등에 대해 이야기를 풀어놓으면 아이들은 신기한 듯 듣고 질문을 한다.

월문초등학교 3학년 '우리 마을' 학습 계획표

(대주제) 길 따라 전설 따라 우리 동네 한 바퀴

(실행 1) 산길 따라 한 바퀴　(실행 2) 물길 따라 한 바퀴　(실행 3) 전설 따라 한 바퀴

단계		소주제	차시	주요 활동 및 일시		방법	장소
	계획	마을 탐사 계획 세우기 개별 탐구 주제 설정	2	•우리 마을 학습 안내 •개인별 주제 탐구 계획 수립(묘적사, 미술관, 농원, 음식점, 가축)		강의 토의	교실
프로젝트 학습	실행 1	1. 산길 따라 미술관으로	4	•학교 → 월문 4리 → 문이산 → 아우름미술관 → 학교	5월 9일 (목) 09:00 ~12:00	답사 관람	문이산 미술관
		2. 산길 따라 묘적사로	4	•학교 → 묘적사 → 월이산 → 학교 / 묘적사 템플스테이	5월 24일 (목) 09:00 ~12:00	답사 해설	묘적사
	실행 2	1. 물길 따라 한 바퀴	2	•학교→ 월문 4리→ 월문천→ 월문2리→ 학교	5월 14일 (화) 08:30 ~09:40	답사 관찰	월문천
	실행 3	1. 할아버지가 들려주는 우리 동네 이야기 우리 학교 이야기	2	•월문 2리 노인회장님이 들려주는 우리 동네 이야기	4월 25일 (목) 08:30 ~09:40	이야기 질의 응답	교실
				•이윤한 어르신이 들려주는 우리 학교 이야기	6월 4일 (목) 08:30 ~09:40		
		2. 전설 따라 한 바퀴…	2	•〈말등바위의 전설을 찾아서…〉, 〈소무덤의 전설을 찾아서…〉, 〈문이못 이야기〉		우리 마을 전설 쓰기	월문 4리 문이산
	결과 보고	마을 탐사 보고회	3	•〈묘적사〉, 〈농원〉, 〈아우름 미술관〉, 〈음식점〉, 〈우리 마을 가축〉 등 탐구 조사 발표회 및 학급 '우리 마을' 지식시장		발표	교실
		'우리 마을' 지식시장	2	•전교생 대상 지식시장 참여 •모둠별 지식상품 판매		전시 판매	교실

(2014 마을교육공동체토론회자료집, 새로운학교네트워크)

이날만큼은 아이들과 마을 어른들이 소통하는 즐거운 시간이 된다.

의정부여중은 매년 학기마다 1회씩 연간 2회 주제 중심 프로젝트를 실행한다. 2014년에는 1학년은 2학기에 '마을'을 주제로 '우리 마실 가자~'라는 프로젝트를 진행하였다. 1학년 사회과에 '도시' 단원을 재구성하여 아이들이 살고 있는 마을에 대한 이야기, 마을이 무엇이고 공동체를 꿈꾸는 것들이란 어떤 것을 의미하는가에 대한 프로젝트 수업을 진행하였다.

사전에 학생들에게 제시한 프로젝트 주제별 활동 예시

주제	프로젝트 1 처음 만나는 마을	프로젝트 2 다시 만나는 마을	프로젝트 3 함께 만드는 마을
내용	우리가 미처 알지 못했던 우리 지역에 마을공동체를 만들기 위해 노력하고 있는 단체, 사람들을 만나기	우리 지역에 있는 내가 알던 공간들의 좋은 점들을 새롭게 살펴보고 이곳이 마을공동체를 위해 어떤 노력을 하고 있으며 좀 더 행복한 마을을 위해 바뀌었으면 하는 것을 제안해보기	우리 지역을 행복한 마을로 만들기 위한 작은 실천을 해보기
예	대안학교, 생활협동조합, 마을카페, 사회적 기업 등	시장, 청소년회관, 도서관, 관공서, 지역 가게 등	1. 마실의 의미를 살려 이웃에 놀러 가서 재능 기부, 봉사활동 2. 행복한 마을만들기 캠페인 활동 3. 안전하고 깨끗한 마을을 위해 시청에 건의할 내용 만들기 등
구체적 예시	〈탐구 주제 가설 설정〉 1. 대안학교에서의 배움은 아이들의 행복한 삶과 연결된다. 2. 생활협동조합의 유기농 농산물은 농촌도 살리고 우리 지역경제도 활성화시킨다. 3. 사회적 기업은 지역 사람들의 일자리를 창출한다. 4. 마을카페는 마을을 행복하게 만드는 다리 역할을 한다.	〈탐구 주제 가설 설정〉 1. 청소년회관은 청소년이면 누구나 자유롭게 이용할 수 있다. 2. 제일시장에서는 주민들이 필요한 모든 것을 판다. 3. 제일시장은 대형 마트보다 좋은 게 있다. 4. 시청에는 주민들의 의견을 반영하기 위한 제도가 있다.	1. 마실의 의미를 살려 이웃에 놀러 가서 재능 기부, 봉사활동 -실팔찌 만들어 어린이집, 초등 돌봄교실 가서 아이들에게 나눠주기 2. 행복한 마을만들기 캠페인 활동 -지역 신호등 옆 나무 혹은 버스 정류장에 '행복' 스티커 붙이기('당신은 오늘 하늘을 본 적이 있나요?'('당신이 어릴 적 좋아하던 놀이는 무엇이었나요?') -학교 주변 가게 어른들과 친해지기

이 프로젝트 수업을 기획하였던 전 의정부여중 김○○ 교사의 소감을 들어보자.

아이들과 이야기를 해보면 평소 내가 무언가를 사기 위해 방문했던 생협과 배우기 위해 갔던 생협은 너무나 다르다는 것을 느꼈지요. 그러니까 마을 사람들이 너무 따뜻하더라는 거죠. 우리 마을에 이렇게 좋은 사람들이 많구나, 찾아가서 배우려고 하니까 마을 사람들이 아이들에게 마을을 열어주는 겁니다. 물론 그런 좋은 단체들을 만나게 한 것이 좋은 시도이기도 했지만 그러면서 이 아이들이 마을에 있는 어른들을 다시 보기 시작한 거죠. 아이들이 하는 이야기가 마을에 나갔더니 어른들이 정말 좋더라, 편안하다, 그리고 우리 마을에도 이런 게 있구나, 서울에 있는 삼각산마을 이런 거 배울 때 아이들이 제일 많이 얘기한 게 이런 데 가서 살고 싶다, 부럽다 이런 이야기들을 많이 했거든요. 우리 마을에서 직접 찾아보고 실천해보면서 우리 마을에도 이런 걸 고민하고 실천하는 사람들도 있고 의외로 따뜻한 사람들이 많다 이런 것들을 느끼더라고요.

프로젝트를 기획하는 데 있어서 기본적으로 배우는 아이들의 지식이나 경험들 이런 것들도 있었지만 그게 주제가 마을이라서 사람을 만나게 되는 거예요. 그러면서 관계 맺음을 어떻게 해야 하고 그다음에는 내 주변에 이런 사람들이 있었고 이렇게 공동체를 꿈꾸는 사람들도 있었다. 그리고 탈북 학교를 방문하여 탈북 학교에 대한 이미지들이 깨어지는 경험을 하게 되었다. 장애인단체도 마찬가지. 이후에 나누고 발표했는데 이 1학년 아이들이 뿌듯해하더라는 거예요. 자기들이 무언가를 할 수 있었고 마을에 나가보니까 교과서에서 배웠던 것들을 자기들이 나가서 직접 할 수 있어서 너무 좋았다는 거죠.

이런 방문했던 단체나 만난 사람들과의 관계가 매우 소중하다는 생각이 들거든요. 떡볶이 한 번 얻어먹은 그 집에는 그다음에는 그 집을 바라보는 눈이 달라질 거라는 생각이 들어요. 그래서 이 과정을 통해서 자존감을 아이들이 많이 찾은 거예요. 어린이집을 방문하여 봉숭아물도 들여주고 아이들 동화책을 읽어줬는데 그 아이들이 자기네들을 바라보면서 자기네들이 했던 이런 경험들이, 자존감이 낮은 아이들이 많으니까 그런 걸 하고 와서 매우 뿌듯해하면서 자존감이 매우 높아지는 거예요.

공동체 교육에서는 관계 맺음이 매우 중요하다. 소비자와 판매자로 만나는 것과 배우는 자와 가르치는 자로 만나는 관계는 질적으로 다르다. 문제는 이 관계를 얼마나 지속적인 관계로 만들어나갈 것이냐에 있다. 사실 교사가 이 관계를 만들어준다고 해도 지역이 함께하지 않으면 지속성을 갖기란 불가능하다. 따라서 마을 어른들이 학생들의 멘토가 되어주어야 한다. 마을 사람들과 아이들 모두가 가르치고 배우는 관계로 만나는 이 경험을 통해 아이들의 배움은 더욱 깊어지고 지역사회도 새로운 변화를 맞게 될 수 있다.

마을교육과정에 나타난 마을교육공동체

많은 대안학교는 지역화 교육과정, 마을학교를 지향한다. 특히나 공립형 대안학교가 곳곳에 세워질 조짐을 보인다. 2010년에 경상남도 마산에 세워진 태봉고등학교는 공립형 대안학교로서 나름대로 공교육으로서의 대안적 모델을 만들기 위해 노력하고 있다. 공립형 대안학교의 여러 교육 활동 중 LTI(Learning Through Internship)에 대하여 살펴보자.

LTI는 우리말로 하면 '인턴십을 통한 배움'으로 해석할 수 있다. 학생들은 학교 주변을 탐방하며 매주 두 차례씩 본인이 배우고 싶은 것을 직업 체험해보고 멘토를 통해 프로젝트를 진행한다. 멘토는 지역의 주민들이나 전문가들이다. 학교 밖이 배움터가 되는 것이다. 12월 말이 되면 2~3일 동안 아이들이 인턴십 프로젝트 보고서를 발표하는 시

LTI 순환 체계도

단계	분류	항목	목표	내용	일정	세부 내용	비고
준비단계	교사	사전준비	•인턴십 프로젝트 어드바이저가 될 수 있도록 준비한다.	연수참가	3월	•LTI의 개념과 방향 •직업세계의 변동과 전망 •진로 관련 검사 및 결과 해석 •진로 탐색 프로그램 활용 •진로 정보의 수집과 활동 •진로 지도 사례 연구 •어드바이저 역할과 기능 알기	교내연수
	학생		•인턴십 프로젝트 학습을 위해 준비한다.	연수참가	3월	•사전 과제: 진로 관련 검사 실시 •프로그램 　-나의 관심 직업 영역 소개 　-나의 아르바이트, 자원봉사, •취업 등의 경험 나누기 　-인턴십 프로젝트 계획서 제출	사전교육
실행단계	학생	인턴십	•학생들 관심 분야를 조사한다. •인턴십 현장 및 멘토를 섭외한다.	섭외	연중	•관심 분야 희망 조사 •인턴십 현장 및 멘토 명단 조사 •인터뷰 질문 목록 만들기 •인턴십 현장 및 멘토 섭외	
			•관심 있는 직업의 현장 경험을 통한 직업세계 이해 •인내, 조화, 문제 해결 등 삶의 기술 익히기 •실제 문제에 대한 현실감각 키우기, 학습 동기 유발 •가치 있는 일에 대한 실질적 책임감을 가져본다.	활동	9월 - 11월	•인턴십 프로젝트 협조 공문 발송 •인턴십 협약식 및 위촉장 수여 　-'멘토의 날' 행사 개최 •학교 홈페이지 개인 블로그에 활동 상황 기록 　-학생: 성찰일지/인턴십 진행 　-교사: 어드바이저 상담일지	개인 블로그에 성찰 일지 기록

| 성찰단계 | 교사 학생 멘토 | 발표 | • 학습과 성장 경험을 공유한다.
• 향후 운영계획을 검토한다. | 발표 | 7
월
12
월 | • 연2회 학기 말 PT Day에 프로젝트 학습 내용과 성장 경험을 공유한다.
-발표 원고(보고서) 및 시각 자료
-결과물
-발표
-평가서(본인, 멘토, 어드바이저 등) |
| | | | | 결과발표 | 11
월 | • 자료집 제작 및 결과 발표 |

(강원 현천고등학교 교육계획서)

간을 갖는다. 현천고등학교의 LTI 프로그램은 공교육 내에서 이것이 가능하다는 것을 보여주는 좋은 사례다.

이와 같이 마을교육공동체는 학교 안과 삶 속에서 그리고 그 삶에 연관된 여러 사람들의 공간과 만남 속에서 시작되는 배움을 추구한다.

교육 플랫폼 형태의 마을교육공동체

경기도의 혁신교육지구는 교육 플랫폼의 초기 단계 모델로 많은 성과를 냈다. 하지만 아직도 각 주체들 간에 유기적 협력이 부족한 상태이다. 마을교육공동체를 가꿔가려면 교사의 노력이 필요하다. 하지만 교사는 수업을 중심에 놓고 고민해야 한다. 수업을 준비해야 할 시간을 할애하여 외부 인사와 지역 주민 등을 만나야 하니 그 부담이 크다. 따라서 지방자치단체, 지역 시민사회단체, 교육지원청, 교사, 학부모 등이 모이는 교육 플랫폼이 절실히 필요하다. 여기저기 산재해 있는 각종의 교육 자원 등을 일원화하고 발굴하여 이를 단위 학교에 소개하며 지역 실정에 맞는 교육 인프라를 만들어야 한다.

마을의 자원을 활용하여, 마을에 대해 알아가는 목적은 무엇일까? 가까운 미래에 아이들은 마을의 어른으로 성장한다. 아이들은 마을에서 자라서 마을을 만들며 이웃과 소통하며 살아가는 삶을 영위할 수 있어야 한다.

제천 간디학교의 양희창 교장 선생님의 고민을 들어보자.

> 제천 간디학교가 몇 년 전에 고등과정을 작업장 학교로 바꿨는데 처음엔 논란이 많았어요. 대학 안 가도 잘 살 수 있다고 말해왔는데 실제로 그 길을 열어주고 싶었어요. 농사짓고 목공하면서 그냥 마을에서 살면 된다는 거예요. 간디가 말한 자치마을 같은 건 누가 안 만들어줘요. 작게라도 스스로 해야죠. 아이들이 장래에 대해 전망을 갖게 하고 동력을 만들어주는 그런 마을이 필요하죠.

마을에서 성장하여 마을의 주체가 되는 아이들을 키워내는 것은 학교나 교사의 몫만이 아니라 지역의 몫이기도 하다. 즉 지자체나 교육지원청, 지역 시민사회단체들이 함께해야 한다.

도봉구에 위치한 청소년문화공동체 '품'은 1988년 세 청년이 10대들과 행복한 사회를 만들기 위해 마을의 청소년들과 함께 만든 청소년문화공동체이다. 그 아이들이 이제 커서 다시 도봉구, 강북구의 지역 청소년문화를 이끌고 있다. 이야기는 박원순의 『마을이 학교다』에 자세히 소개되어 있다.

청년과 청소년들의 이러한 자발적 모임들이 곳곳에서 만들어지고 있다. 의정부에서는 청년들이 주축이 되어 학교 밖 아이들을 포함한 청소년들이 결합해 가칭 '마을배움터준비위'를 꾸려가고 있다. 2014년 8월에 모임을 시작해서 11월에는 200명의 청소년들이 모여서 '행복한 마을만들기'를 주제로 토론회를 열었다. 이 아이들에게 필요한 것은 무엇이었을까? 청소년들이 상시적으로 모일 수 있는 공간, 자신의 소소한 바람을 전달할 수 있는 통로가 아닐까. 교육청이나 지방자치단체에서 이와 같은 청소년 모임을 제도권 내로 편입시키려 하기보다는 그들의 이야기를 듣고 마음을 열고 지지하고 지원해줄 수 있어야 한다.

아이들이 미래에 대한 전망을 갖고 졸업 후 마을에서 살아갈 수 있는 힘을 키우는 마을교육과정을 만들어가도록 우리 어른들의 노력이 절실하다.

5. 마을교육공동체의 뼈대
: 협동조합

마을교육공동체와 협동조합

지난 2014년 지방선거에서 당선된 많은 교육감들의 주요 공약 중 하나는 '마을교육공동체'에 관한 것이었다. 교육감들의 공약에 나타난 마을교육공동체의 논의는 일종의 '박원순 효과'로 볼 수 있다. 박원순 현 서울시장은 과거 시민운동가 시절 '희망제작소'라는 시민운동단체를 설립하고 농촌 문제, 교육 문제, 거대기업 중심의 소비 문제 등 다양한 사회적 문제와 자본주의의 모순을 극복하는 방안으로 지역 중심의 마을공동체를 제시하였다.

지역의 요구를 해소할 수 있는 다양한 협동조합의 건설을 통해 지역의 자금이 외부로 빠져나가지 않고 지역의 필요를 채우는 동시에 지역경제를 활성화시키는 것은 홍성의 홍동지역과 완주지역의 사례를 통해 이미 현실화되어 있었다. 박원순 시장은 시장 당선 후 대대적인 마을공동체 사업을 실시했다. 그런데 초기에는 이 사업도 기존의 다른 사업들과 유사하게 예산을 세우고 지역별 안배를 하여 사업을 공모하는 방식으로 전개되었다.

하지만 예산을 받기 위해 사람들이 몰리면서 오히려 기존의 좋은 프로그램이 사장되는 경험을 하게 되었다. 이후 서울시는 마을공동체 사업과 관련하여 기존의 마을공동체를 이룰 수 있는 가능성이 있는 자원을 조사 발굴 지원하고 관련 인력을 키우는 방식으로 전환하게 된다.

그런데 왜 마을공동체는 협동조합을 주목하게 되었을까? 협동조합은 기존의 글로벌 기업을 정점으로 하는 자본주의의 문제점을 극복할 대안의 가능성을 가지고 있기 때문이다. 2012년 만들어진 협동조합 기본법에서는 협동조합을 "재화 또는 용역의 구매 생산 판매 제공 등을 협동으로 운영함으로써 조합원의 권익을 향상하고 지역사회에 공헌하고자 하는 사업조직"(기본법 제2조)으로 규정하고 있다. 국제적으로 가장 많이 사용되는 협동조합에 대한 정의는 국제협동조합연맹이 1995년에 선포한 것으로 "협동조합이란 공동으로 소유되고 민주적으로 운영되는 사업체를 통하여 공통의 경제적·사회적·문화적 필요와 욕구를 충족시키고자 하는 사람들이 자발적으로 결성한 자율적인 조직"이다.

주식회사의 경우 주식을 많이 보유한 사람이 보다 많은 의결권을 가지고 있기 때문에 자본이 회사 경영에서 가장 중요하다. 하지만 협동조합의 경우 '1인 1표'제를 기본 원리로 하여 출자금이 아무리 많아도 이윤 추구라는 단순한 목적을 넘어 민주적으로 운영될 가능성이 높다.

학교협동조합의 가능성

마을교육공동체의 모델로 주목받고 있는 성미산마을의 경우 주로 공동육아를 경험한 그룹들이 함께 모여 살고 있다. 그들은 아이를 함께 키우는 즐거움과 보람을 알게 되면서 마을 안에 다양한 필요를 스스로 채우고 나아가 학교를 만들어가는 것으로 발전했다.

마을교육공동체는 성공한 혁신학교의 자연스러운 발전 방향이다. 덕양중학교에는 학부모들의 자발적인 다양한 소그룹이 있다. 그중에는 매점을 운영하는 그룹도 있고 텃밭을 운영하는 그룹도 있다. 물론 학부모들의 다양한 욕구를 채우기 위한 운동이나 독서 그룹도 있다. 이 학교는 마을교육공동체가 공립학교에서 어떻게 자리 잡을 수 있는지 잘 보여준다. 신능중의 경우 주민참여예산으로 지역의 느티나무 도서관과 함께 공부방을 운영하고 있다. 학교가 공부방을 직접 운영하기보다는 도서관을 통해 지역의 네트워크를 효과적으로 이용한다. 대곡초의 경우 지역의 학부모로 구성된 '영주산마을협동조합'과 함께 주민참여예산으로 마을협동조합인 두근두근 도서관에서 방과 후 프로그램을 운영한다. 운동회 날은 협동조합에서 주민들에게 무료로 차를 제공하면서 마을축제와 학교 운동회가 만나고 있다.

말레이시아의 경우 협동조합연합회인 앙카사가 중심이 되어 각 지역별로 다양한 프로그램과 교육 내용을 지원한다. 지역의 학교협동조합에서는 수학여행, 세탁소, 농업, 기념품 제작 등의 사업을 운영하고 있다. 그 가운데 협동조합에서 운영하는 수학여행은 주목할 만하다. 말레이시아의 수학여행은 우리와 달리 다른 지역의 학교를 방문하여 그 지역의 문화를 배우고 서로를 이해하는 시간을 가진다. 학교협동조합이 운영하기 때문에 여행 경비가 저렴하고, 학생들은 여행을 통해 경제활동을 체험을 할 수 있다는 장점이 있다(주수원 외, 2015).

방과후학교협동조합

초등학교에서 방과 후 활동에 협동조합이 들어설 자리는 많지 않다. 부모들이 협동조합을 만들어 운영하지 않아도 학교는 사교육비 경감을 위해, 학교 평가를 위해 열심히 방과후학교를 실시하고 있다. 하지만 학교가 운영하는 방과후학교는 학생들의 필요를 모두 충족하기에는 어려움이 따른다.

예를 들면 학교생활에 부적응하거나 학업 성적이 떨어지면서 마음의 상처를 입은 아이들이 다양한 체험활동을 하면서 친구를 사귀고 자신감을 찾아갈 수 있도록 하는 활동이나 생태와 평화와 같이 매우 가치 지향적인 방과 후 활동은 학교가 제공하기 어렵다. 또한 여행과 같은 프로그램은 비용과 사고 우려 등으로 학교가 담당하기가 쉽지 않다. 방과후협동조합은 이런 점에서 유리하다.

영주산마을협동조합의 경우 조합의 두근두근 도서관에서 교육연극과 뮤지컬을 운영하고 있다. 시청의 마을공동체 사업 예산 지원을 이용하기 때문에 학생들은 한 학기에 3만 원 정도의 저렴한 수강료를 내고 있다. 지자체가 지역의 협동조합을 통해 좋은 프로그램을 아이들에게 제공하는 사례이다. 학교가 이런 사업에 대해 장소를 제공하는 방식의 협력도 고려해볼 수 있다.

부모들이 모여 운영하는 방과후학교의 대표적인 사례는 강서구 가양 2동에 있는 '모해교육'이다. 모해교육의 최정희 대표는 원래 워킹맘이었다. 주경야독으로 MBA 과정까지 마쳤지만 자녀의 뒤처지는 학업 성적 문제로 직장을 그만둬야 했다. 최씨는 누구보다 맞벌이 부부의 고충을 잘 알고 있다. '능력 있는 주부들이 육아 문제로 직장을 포기하지 않았으면 좋겠다'는 그의 바람은 모해교육의 창업 정신이 됐다. 수학 강사로 활동했던 J씨와 음식 솜씨가 빼어난 D씨를 비롯해 마을기업 선정 과정에 큰 역할을 한 K씨, 식품학을 전공한 H씨 등 마음 맞고 실력 갖춘 주부들이 모여 2년이 넘는 스터디 모임 끝에 방과 후 생태교육 프로그램을 운영하는 모해교육을 탄생시켰다. 모해교육은 2012년 11월 서울시 마을기업으로 선정되어 현재까지 서울시의 예산 지원을 받고 있다.

생태 체험 위주로 꾸며진 '방과 후 돌봄교실'은 모해교육의 주요 프로그램이다. 학교 수업을 마친 아이들이 안전한 공간에서 또래 아이들과 함께 즐겁게 배울 수 있도록 구성되어 있다. 유치원생과 초등학생을 대상으로 고전 읽기, 텃밭 가꾸기, 박물관 견학 등의 프로그램과 공교육 진도에 맞춰 영어, 수학, 한자 수업도 매일 진행한다. 아울러 신선한 재료로 만든 음식을 함께 나눠 먹으며 밥상머리 예절도 가르친다. 가족이 함께 참여하는 프로그램인 '뚜벅이 오감 체험'도 준비 중이라고 한다.

돌봄교실 협동조합

초등학교에서 협동조합으로 접근하기에 가장 좋은 영역의 하나가

흥덕고등학교 매점 협동조합 흥덕쿱

돌봄교실이다. 아이들에 대한 돌봄은 학교만으로는 부족하다. 가정에
서 돌봄이 어려운 아이들은 지역사회가 함께 보살펴야 한다.

　박근혜 정부는 희망하는 모든 아이들에게 방과 후 돌봄교실을 제공
하겠다고 공약했다. 처음에는 부모들의 관심이 뜨거웠지만, 정부는 예
산 문제로 학교 리모델링도 제대로 하지 못했고, 공약과 달리 다양한
무료 프로그램을 제공하지 못하고 있다. 인건비와 식비 예산도 줄어들
면서 아이들에게 식사를 직접 조리해서 제공하던 방식에서 도시락으
로 바뀌었고 이마저도 100% 무료로 제공하지 못하고 있다. 희망 학생
들이 몰려 돌봄교실이 모자라던 초기 상황과 달리 학생들이 제대로
된 돌봄을 받지 못하는 것을 알게 되자 신청자가 줄어 돌봄교실 부족
문제는 자연스럽게 해결되는 이상한 상황이 벌어지고 있다. 부모들이
제대로 된 돌봄 서비스를 받지 못하고 있음을 알게 된 것이다. 모해교
육의 사례처럼, 이젠 협동조합을 통해 부모들이 함께 아이들을 돌보는
방식에 대하여 적극 검토할 때가 왔다.

매점(학교가게) 협동조합

매점(학교가게) 중심의 학교협동조합은 시작하기 가장 좋은 사업체
이다. 이미 경기도의 경우 복정고, 흥덕고, 기흥고, 덕이고, 한국도예
고, 한국문화영상고 등이 운영하고 있으며, 의정부여중의 경우 학교가
자체적으로 학교협동조합을 설립하여 운영하고 있다.

학생들에게 좋은 먹거리를 제공할 수 있을 뿐 아니라, 중·고등학교
의 경우 학생들이 조합원으로 참여하면서 다양한 교육의 기회를 제공
할 수 있다. 작은 학교의 경우 굳이 협동조합을 만들지 않고도 학부모
중심으로도 운영할 수 있다.

아이들과 함께 마을을 일구다
: 풀무학교

충남 홍성군 홍동면에 위치한 풀무학교는 오랜 역사를 가진 만큼 마을공동체가 탄탄하게 갖춰진 곳이다. 홍동면 주민 대부분이 학교에서 시작된 풀무신협의 조합원이다. 이처럼 풀무학교와 마을은 서로 영향을 주고받으며 살아간다.

풀무학교는 교육 목표의 하나로 '더불어 사는 지역과 학교'를 강조한다. 학교는 지역의 교육 환경을 선용하고 지역과 함께 더불어 사는 사회 실현에 협력해야 한다. 앞으로 국가의 중앙관리는 생태, 경제, 자치, 문화 등 협동적 공동체에 바탕을 둔 지역사회로 분산되어야 한다. 이는 학생들이 지역사회 속에서 배우고 자라야 한다는 뜻이다. 이것이 바로 풀무학교가 마을과 함께 가고 있는 이유이다.

풀무학교를 둘러싼 마을

풀무학교는 역사적으로 지역사회와의 관계가 특별하다. 풀무학교는 홍동지역에 처음 유기농업이 들어오는 데 큰 역할을 하였다. 또한 홍동지역에 신용협동조합, 갓골어린이집 등 중요한 여러 단체를 협동조합으로 만들고 꾸려가는 데 풀무학교와 졸업생들이 중요한 역할을 하

풀무학교 게시판에 붙은 홍보지들

고 있다. 요즘 대부분의 학교는 지역사회와 동떨어진 섬처럼 도시로 나가기 위해 잠시 거쳐 가는 정거장 역할을 하고 있다. 그러나 홍동지역은 다른 농촌지역과 달리 여러 연구소, 다양한 문화기관, 농업교육단체, 생산자단체가 학교와 함께하고 있다.

이는 지역사회의 자원들을 학교교육과 연계하여 지역에서 자아실현을 모색하고 자신의 진로를 찾는 구체적인 진로 지도의 장으로 활용할 수 있는 장점이 있다.

마을의 범위와 공동체의 비율

교육농촌연구소의 P씨는 홍동지역에서 한 마을의 범위를 일반적으로 17~18가구, 큰 마을은 35가구 정도로 보고 있다. 홍동면 단위는 지역이라 부르고, 마을은 이렇게 작은 단위를 일컫는다. 공동체에 대한 외부의 인식 역시 경계해야 할 지점이 있다고 말하는데, 공동체란 모두가 다 한 가지 생각을 가지고 움직이는 결사체가 아니라, 다양성을 존중하며 그물망처럼 관계를 맺고 살아가고 있다는 것이다.

이에 대해서 젊은협업농장의 J씨 역시 비슷한 생각을 하고 있다. 공동체를 개념적으로 접근하다 보면 지역과 공동체를 일치시키기 쉬운데, 지역이라는 곳은 우리가 머릿속에 그리는 완벽한 공동체가 될 수

지역사회 현황표

분야	단체 이름	단체 소개
역사적으로 풀무학교에서 태동한 단체	갓골 어린이집	유아교육의 불모지였던 농촌에 지역 주민들의 자발적인 참여로 1979년에 설립했다. 자연과 놀이, 다양한 경험을 통해, 생명을 소중히 여기며 공동체를 경험하는 교육과정을 지향한다.
	풀무신용 협동조합	1969년 풀무학교의 교사가 주축이 되어 졸업생 등 18명이 시작해서 40년 동안 동네의 알짜 은행이 되었다.
	풀무생활 협동조합	1980년 5월 풀무학교 안에서 지역 주민 27명과 함께 풀무소비자협동조합을 창립하고 임원 중 일부를 교사가 담당했다. 그해 7월에 홍동면 운월리에 점포를 마련하여 이전했다. 1999년 풀무소비자협동조합으로 명칭을 변경하여 오늘에 이르고 있다. 2000년대 초 유기농업을 하는 농민을 도시 소비자와 연결하는 역할을 하며, 풀무생산자협동조합을 발족하여 지역의 친환경농업의 견인차 역할을 하고 있다.
교육 단체	꿈이 자라는 뜰	지역 내 홍동초등학교, 홍동중학교, 풀무농업고등기술학교의 지적장애 학생들을 위해 '꿈뜰원예교실'을 운영한다. 학생들이 생태적인 환경에서 꽃과 채소를 돌보는 농업 활동을 통해 정서적인 안정과 고른 신체 발달, 원만한 대인관계를 키워가고 있다.
	교육농 연구소	지역에서 논학교, 밭학교, 마실이학교 등에 교육 일을 지원하고 도우면서, 농촌과 농업 교육에 관련된 전문 연구와 공부를 한다.
	논배미	지역의 어린이집에서 고등학생까지, 또한 도시 학생들을 대상으로 유기농 재배에서 벼농사 과정, 논둑식물 조사, 논생물 조사를 포함한 다양한 생태교육을 한다. 특히나 생태나 문화에서 소외되어왔던 지역 학생들이 농촌에 대한 애정을 키우는 데 중요한 역할을 할 것으로 기대된다.
문화 단체 기관	갓골 목공소	2007년 지역 분들이 함께 일부분 출자하는 방식으로 만들어진 목공소이다. 그동안 지역 단체의 여러 공간들을 꾸미고, 지역 농민들의 집수리, 가구 제작, 지역 학생들의 목공교실을 하며 지역 목공실로 자리 잡고 있다.
	밝맑도서관	홍동밝맑도서관은 마을과 학교의 담을 허는 밝맑정신에 공감해 200명이 넘는 기부자의 성의가 모여, 5년의 준비 끝에 지역 학생과 주민이 이용하는 공간을 민주적으로 운영하는 평생학습 공간이다.
	갓골빵가게 (풀무학교 생활협동 조합)	믿음직한 먹을거리를 이웃 식구들과 나눈다는 정신 아래, 풀무학교 전공부에서 농사지은 밀과 농산물로 건강한 통밀빵을 만들며, 지역에서 유기 재배로 재배된 농산물과, 식품가공품을 판매하는 곳으로 협동조합으로 운영된다.
	느티나무 헌책방, 그물코 출판사	그물코출판사는 더 크게, 더 빨리, 더 많이 모든 것은 성장해야만 한다는 사회 논리를 뒤로하고 규모와 분수에 맞는 출판을 하고자 2004년에 홍동으로 옮겼다. 마을 사람들이 언제든 편히 찾아와 책을 만날 수 있는 공간인 느티나무헌책방도 함께 운영하고 있다.
복지	하늘공동체	혼자 살아가기 힘든 장애인이 신앙생활을 바탕으로 함께 모여서 살고 있는 가족공동체이다.

출처: 풀무학교 누리집(http://poolmoo.cnehs.kr)

없다. 예를 들어 홍동면 인구 3,500명이 모두 하나의 동일한 가치를 가지고 움직인다면, 그건 독재 사회일 수 있다. 누군가 마치 그런 것처럼 이야기한다면 그건 보여주기 위한 것에 불과하다는 것이다. 실제 유럽에 있는 유명한 마을공동체도 소규모로 이루어지고 있고, 지역민의 3% 정도밖에 움직이지 않고 있다는 것이다. 그와 비교하면 홍동면은 훨씬 높은 비율의 구성원이 적극적으로 활동하고 있다.

J씨는 더 중요한 점으로, 다른 지역은 활동의 결과가 담벼락으로 갇혀 있다면 풀무학교의 활동 결과는 지역 내에서 적극적으로 공유되고 있다는 점을 들었다. 각 단체들 사이에 기득권을 통째로 넘겨주는 일까지 가능할 정도로 개방적이다. 예를 들어 풀무신협이 학교에서 시작해서 지역으로 나갔는데, 지금은 풀무학교가 신협에 아무런 영향력을 행사할 수 없다. 이사장부터 이사까지 다 지역 사람들이다. 만들어진 지 30~40년이 되었지만 완전히 지역의 것이 된 것이다.

홍동의 생태적 움직임

홍동지역은 화려한 자연경관이나 내세울 만한 문화재와 유적 등은 없지만, 전국적으로 유기농업이 차지하는 비율이 높아 유기농업 특구 1호로 지정되었다. 풀무학교의 교장을 지낸 H씨는 지역이 소비가 아닌 생산성을 기반으로 한다는 것은 무엇보다도 큰 자산이라고 말한다. 또한 요즘 대부분의 농촌 인구가 고령화되고, 줄어들고 있는데, 홍동은 연령대가 정상 분포다. 어린이집에서 초등학교, 중학교, 고등학교, '전공부'라고 하는 대학 2년 과정, 평생교육 도서관, 홈스쿨링 등까지 유기적으로 연계되어 있다. 귀농자들은 진로를 고민하는 사람들과 함께 농사를 짓는다. 농장에서는 일과 동시에 교육과정을 자주적으로 편성해서 운영하기도 한다. 형식과 비형식을 막론하고 지역 안에서 교육기관이 움직이고 있다는 것은 지속가능한 지역공동체를 위해 중요한 요소이다.

H씨는 지역 주민 통합의 기둥으로 협동조합을 꼽았다. 겉으로 보기에는 평범한 마을이지만, 모두 협동조합 조직으로 주민들의 의사를 수용하고 여러 사람의 의견이 반영되는 구조로 지역이 운영되고 있다고 한다. 예를 들어, 아이쿱 생협의 연간 매출 중 10%가 여기서 나온다. 지역에서 농민들이 일단 유기농으로 생산만 해놓으면 아이쿱에서 그것을 다 가져다가 수매, 정미, 포장, 가공, 유통 과정을 거쳐 통장에 시가보다 30~40% 비싸게 넣어준다. 이렇게 시스템이 되어 있어 농민들이 안정된 농업을 할 수 있다고 한다. 또한 신용조합은 지역이 약 1,500가구인데 회원이 2,700명이다. 한 가구당 두 명 정도가 가입한 꼴이다. 보통은 도시에 본부가 있고 지역에 지점이 있지만 여기에 신용조합이 있고 지점은 홍성에 나가 있는 형태다. 그 외에도 홍성에는 다양한 협동조합들이 존재한다.

풀무학교의 변화

풀무학교는 1958년에 오산학교를 만들었던 사람들에 의해 시작된 작은 학교다. 더불어 사는 위대한 평민을 기르기 위하여 시작한 풀무학교는 사람과 자연, 모두의 위대함을 인정하고 존중하는 생태적 삶을 살아갈 수 있는 사람을 기르고자 하였다. 처음에는 중학교로 시작하였으나 지역에 규모가 큰 중학교가 들어와야 하는 상황을 맞아 고등학교가 되었다.

사립중학교를 할 때는 한 학년에 두 학급을 해야 한다고 했어요. 그러나 우리는 처음부터 작은 학교를 지향했어요. 그래야 서로 대화도 하고, 개인도 잘 파악하고, 가정 사정과 성격도 알 수 있기 때문이죠. 두 학급만 되어도 어렵겠다고 판단하여 중학교는 공립으로 양보하고 우리가 고등학교를 운영하게 되었죠.

_풀무학교 J교사

고등학교를 운영한 이후에도 인문학교나 실업고등학교, 농업고등학교 등 다양한 제안과 요구가 있었지만, 전통적인 교육철학과 교육과정을 지키고 앎과 실천이 함께하는 교육을 위해 현재의 풀무학교 형태로 운영하고 있다.

풀무학교 졸업생들의 삶의 터전과 지속가능한 홍동지역공동체 형성을 위해 협동조합을 만들고, 이를 다시 졸업생들이 운영하게 된다. 학교는 유기농을 연구해서 보급하고, 지역에서는 이를 실천하여 유기적으로 역할을 나누었다. 지역 주민이 교사가 되고, 지역이 교실이 되며 학교에서의 공부가 현장에서의 실천과 의미를 확인하게 되는 지역학교로 나아가고 있다. 지역과 함께 지속가능한 홍동지역공동체를 위해 지역 내에 경제, 교육, 복지, 의료, 에너지, 교통, 금융, 문화를 구비하고자 노력하고 있다. 졸업생들의 젊음과 창의성, 열정이 새로운 시도를 하고, 그 시도를 통해 새로운 일자리와 소득이 창출되어야 지속가능성을 가질 수 있기 때문이다.

풀무학교의 위대한 평민을 위한 교육은 지역의 유·초·중학교를 연결하고, 지역 주민을 연결하여 교육의 장을 무한히 확대하고 있다. 지역의 발전을 위한 연구소, 노동력, 일자리 창출 등 생산적 원동력을 계

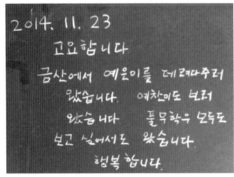

속해서 키워가고 있다. 풀무학교는 교육기관에서 소통과 상상, 연대와 공동체, 열정과 결실을 키워내는 살아 있는 교육의 실제를 보여주는 모델로서, 지역 생태계의 구심점 역할을 하면서 변화·발전하고 있다.

마을학교를 상상한다

마을만들기 전문가들은 우리나라의 대표적인 마을공동체로 홍동지역을 꼽는다. 역사가 오래되기도 했지만 풀무학교로부터 시작된 다양한 활동들이 지역 곳곳에서 여전히 진행 중이기 때문이다. 홍동지역 관계자들은 지역 주민의 약 10% 정도만 마을공동체 활동을 하고 있지만, 중요한 점은 마을공동체의 지속성을 의미 있게 바라봐야 한다고 말한다. 마을교육공동체를 추구함에 있어 참여율에 대한 강박관념을 가져서는 안 된다. 그러한 강박관념은 무리한 정책을 가져오게 할 수도 있다.

앞서 살펴봤듯이 풀무학교의 교육계획서에는 지역 단체들의 현황이 자세히 담겨 있다. 학교가 지역과 함께하기 위해서는 학교 구성원이 지역사회에 대한 최소한의 이해가 있어야 한다.

풀무학교의 교육 목표 중 하나는 '작은 학교'이다. 한 사람 한 사람을 소중히 여기고, 다양한 소질과 능력을 통해 스스로 배울 수 있게 도우며, 창조적 힘을 발휘하여 생활 속에서 인격적 만남을 할 수 있도록 하려면 학교의 규모가 작아야 한다. 학교의 규모뿐만 아니라 마을 또한 일상적인 생활이 이루어지는 작은 규모로 출발해야 한다. 작은 마을들이 점점 다른 마을로 연결되면서 마을공동체는 섬세하고 깊게 뿌리내린다. 풀무학교에서 협동조합이 밖으로 확장되는 과정은 이러한 좋은 사례다.

여성농업인센터가 방과 후 활동을 학교 이상으로 잘 운영했던 사례 또한 눈여겨볼 지점이다. 방과후학교 업무로 인한 학교현장의 부작용은 잘 알려진 사실이다. 홍동의 사례처럼 방과 후가 마을과 만난다면 학생들이 마을에서 공동체를 경험할 수 있는 좋은 배움의 기회도 갖게 될 것이다.

젊은협업농장의 농촌방송 및 20~30대 홍동 청년 모집 홍보지

2부

마을교육공동체란 무엇인가

1. 함께 키우고,
   배움터가 되고,
   주인이 되는 것

마을이 아이들을 함께 키우는 것

서울시 노원구에서는 '마을이 학교다'라는 캐치프레이즈가 걸려 있는 대형 현수막을 어렵지 않게 볼 수 있다. '마을이 학교다'라는 문구는 그 지역의 아이들을 키우는 역할과 책임이 더 이상 학교에만 부과될 수 없다는 현실적인 변화를 잘 표현해준다. 지역의 아이들을 올바르게 키우려면 지역사회 전체가 나서야 한다. 지역의 모든 주민이 아이들을 위한 교사가 되고, 친구가 되고, 부모가 되어서 공교육에 대한 공동의 권한과 책임을 져야 한다. 지역 주민만이 아니다. 지역의 공공기관, 사회단체, 기업, 작은 공동체 등이 교육의 공동 책임자로서 역할을 해야 한다.

마을이 아이들을 키운다는 의미는 사람들의 참여와 실천을 전제하는 것이다. 다시 말해서 교육에 대한 공동의 권한과 책임을 실천하기 위해서는 광범위한 교육에의 참여가 바탕이 되어야 한다. 교육적 참여는 기부, 협력, 의사결정 등 여러 가지 방식으로 나타날 수 있다.

첫째, 요즘 부각되고 있는 재능 기부는 일반 주민이나 학부모가 자신들의 다양한 직업적, 문화적, 예술적 재능을 학교나 학교 밖 시설에서 아이들에게 나누어주는 교육적 활동이다. 이러한 활동을 통해 지역 주민이 아이들을 위한 교육자로서의 역할을 수행할 수 있다.

둘째, 지역사회에서 아이들이 안전하고 편안하게 배울 수 있도록 어른들의 관심과 배려를 실천하는 소극적 협력에서부터 교육협동조합을 만들어 아이들의 교육, 복지, 생활 등에 관련된 적극적인 협력까지를 실천할 수 있다. 최근 들어 방과 후 교육, 교복, 매점, 통학, 수학여행 등과 관련된 학교 안팎에서 진행되는 학생들의 교육적 활동과 준비를 좀 더 저렴하고, 효율적이며, 안전하게 제공하기 위한 다각적인 노력과 협력이 이루어지고 있다.

셋째, 의사결정에의 참여이다. 지금까지 지역 주민과 학부모가 교육적 의사결정 과정에 참여할 수 있는 기회는 학교운영위원회의 위원이 되는 정도에 불과했다. 하지만 이제는 지역 주민, 학부모, 학생, 지자체, 시민단체 등의 교육 주체들이 좀 더 다양한 경로와 방법으로 교육적 의사결정 과정에 참여할 수 있어야 한다. 지역이 교육적 의사결정에 적극적으로 참여할 수 있는 실천적 노력을 한 좋은 사례가 있다. 경기도는 2011년부터 시작한 '혁신교육지구 사업'에서 사업의 운영과 예산에 관한 중대한 사항을 결정하기 위하여 교육협의체를 구성하였다. 이 교육협의체는 교육청, 학교, 지자체, 시민단체, 학부모 대표들로 구성되어 해당 지구의 사업과 관련한 중대 사항을 결정하는 의사결정 기구로서 역할을 하였다. 이러한 사례는 지역 주민이 교육의 주체가 되기 위한 중요한 요소인 의사결정 과정에의 참여를 어떻게 실천해야 하는지 그 방법을 제시하고 있는 것이다.

마을이 아이들의 배움터가 되는 것

교육공동체를 구축하려면 지역사회가 아이들을 위한 하나의 배움터가 되어야 한다. 마을이 아이들의 배움터가 된다는 의미는 그 지역사회가 가지고 있는 교육 자원과 인프라를 적극적으로 활용하는 것을 말한다. 진정한 교육공동체는 아이들이 학교뿐만 아니라 마을의 자연, 사회, 삶 속에서 살아 있는 배움을 실천할 수 있는 교육적 기회와 공간을 제공하는 것이다. 오늘날 우리 사회가 지향하는 구성주의와 생태주의적인 교육관에 따르면 아이들의 배움은 단순한 지식의 암기가 아니라 사람들과의 상호작용과 공감, 자연과 사회적 맥락에서 이루어지는 지식의 실천적 구성, 종합적 역량을 바탕으로 한 문제 해결 등의 과정을 통해 실현된다.

이러한 관점에서 보자면, 지역사회에 산재한 문화적·역사적 공간, 자연 생태계, 농장, 시장, 공공기관, 기업 등 많은 기관과 장소들이 매우 훌륭한 아이들을 위한 배움터가 될 수 있다. 그런데 마을을 배움터로 조성하려면 두 가지 단계의 노력이 필요하다.

첫째는 교육 자원과 인프라의 발굴이다. 우리는 종종 마을의 의미 있는 공간, 이야기, 사람, 시설 등이 유효한 교육 자원이자 인프라가 될 수 있다는 점을 간과하곤 한다. 주위를 좀 더 면밀히 살펴보면 아이들을 위한 훌륭한 교육이 이루어질 있는 수많은 자원들이 있다. 이러한 자원들을 발굴해내고 의미를 찾아, 하나의 교육적 프로그램으로 발전시키는 과정이 필요하다.

둘째는 교육 자원과 인프라 사이에서 이뤄지는 네트워킹이다. 지역사회에는 이미 교육적 역할을 하고 있는 유사한 기관이나 자원이 존재한다. 그럼에도 이들은 서로를 잘 모르는 경향이 있다. 또한 교육 자원이 중복적으로 지원되어 소외된 아이들이 여전히 외면당하는 일도 비일비재하다. 문제는 이러한 교육 자원과 인프라가 네트워킹이 되어 있지 않다 보니, 그 활용과 적용에 있어서 비효율적인 구조가 발생하는 것이다. 따라서 마을을 아이들을 위한 배움터로 조성하려면 이러한 교육 자원과 인프라를 찾아 이들을 연대시키는 노력을 해야 한다.

아이들이 마을의 주인이 되는 것

앞서 말한 바와 같이, 교육에 대해 같은 신념과 비전을 갖고 공동의 실천을 이룬다고 해서 모든 모임을 교육공동체라고 부를 수는 없다. 오히려 이러한 모임 중에는 자기중심적인 동호회나 친목 결사체와 유사한 경우도 많다. 진정한 교육공동체는 자신들의 교육적 신념과 실천이 가지고 있는 긍정적 에너지를 다른 공동체에 확산함으로써 지속가능성을 담보할 수 있어야 한다. 지속가능성이란 그 안에서 교육받은 아이들의 학습 결과로 검증받을 수 있으며, 그 학습의 결과는 아이들이 그 지역사회에서 민주 시민으로 성장하고 정주하는 것으로 나타나야 한다.

마을을 기반으로 하는 교육공동체의 목표는 학생들에게 그 지역에 대한 다양한 내용을 실천적 방법으로 학습시키고, 그들의 학습 역량과 정의적 발달을 도모하여, 그러한 학습과 성장의 결과가 다시 지역사회로 환원되는 선순환적 구조의 지역공동체를 구성하는 것에 있다. 이때 학습의 결과가 지역사회로 환원된다는 의미는 그 지역사회에서 교육받은 아이들이 지역의 발전을 위한 주인의식을 발휘하는 시민 혹은 주민으로 성장하는 것을 말한다. 결국 마을교육공동체의 궁극적인 목표는 지역의 아이들을 그 지역의 민주적인 시민으로 성장시키는 것이다.

공동체적 배움과 실천을 통해 지역이나 마을을 하나의 생태적 공동체로 발전시키려면 학생들의 배움이 기초학력의 신장은 물론이고, 그 지역사회의 공동체적 가치와 문화, 민주적 시민의식 등에 관련한 역량을 키우는 종합적인 측면을 포함하여야 한다. 이러한 종합적 역량을 강화하기 위해서는 마을을 기반으로 하는 공동체 교육을 일반화해야 한다. 마을을 기반으로 하는 공동체 교육은 '마을을 통한 교육, 마을에 관한 교육, 마을을 위한 교육'이라는 세 가지 유형에 입각해 학교 안과 밖에서 실천될 수 있다.

나는 마을의 주인이다
: 의정부 꿈이룸학교 1

마을교육공동체…… 그 낯선 이름

작년 하반기부터 새롭게 불어닥친 마을교육공동체 정책은 많은 사람을 혼란에 빠뜨렸다. 별의별 이야기가 다 쏟아져 나왔다. '학교도 제대로 안되는데 무슨 마을이야?' '혁신학교는 이젠 찬밥이네', '학교 줄 돈도 없다면서 어디다 돈을 퍼주는 거야', '왜 이렇게 학교를 못 살게 구는 거야, 학부모도 힘들어 죽겠는데 마을까지 어떻게 상대하냐' 등등.

반면 혁신학교 실천가들은 줄기차게 마을교육공동체의 필요성을 제기했다. 이미 시흥, 가평, 의정부를 비롯한 지역에서 꾸준한 연구와 구체적인 실천이 부러움을 불러일으키며 진행되었다. 하지만 극소수 정책 입안자 외에는 교육청 장학사들도 무엇을 어떻게 해야 할지 헤매고 있었다. 나는 혁신학교에서 잔뼈가 굵은 입장으로 학부모와의 거버넌스를 경험하며 어렴풋이 공동체의 필요성을 느꼈기에 여기도 저기도 아닌 중간에서 어리둥절하였다.

마을교육공동체를 둘러싸고 이렇게 다양한 견해와 속도 차이가 발생하는 상황이기 때문에 갈등은 이미 예고된 것이었다. 3월 이후 마을교육공동체 기획단이 발족하고 구체적인 정책을 생산하기 전까지 교육지원청별로 극심한 혼란을 겪고 있었다. 한 번도 해보지 않은 사업의 두려움 때문에 한 발을 내딛기가 힘들 지경이었다. 학교에서는 또 어떤 업무 폭탄이 내려질까 두려움에 떨었다.

이상한 배움터? 꿈이룸배움터!

2월 말 경기 마을교육공동체 밴드에 의정부 청소년들이 모여서 토론회를 한다는 소식이 올라왔다. 의정부에 아는 바가 없었기 때문에 그 소식은 상당히 흥미로웠다. 3월 정식 발령이 나고 첫 주 토요일에 청소년들이 모여 있는 구 북부청사를 방문했는데 그곳에서 학생들이 활동하는 모습을 볼 수 있었다. 청소년들이 자기들끼리 존댓말을 하면서 진지하게 토론하는 모습은 상당히 신선하고 충격적이었다. 선생님들은 옆에서 가만히 듣고 있다가 조언이 필요한 경우에만 적절하게 반응했다.

학생들이 토론을 통해 스스로 의사결정을 하고 몰입하는 것은 그동안 학교에서 보기 힘든 모습이었다. 누가 학생이고 선생님인지 구분이 되지 않을 정도였다. 책걸상도 하나 없는 바닥에 그대로 둘러앉아 무언가를 고민하는 것을 보면서 '왜 학교에서는 저런 모습을 볼 수 없었을까?' 하는 생각이 들었다.

이곳에서 아이들은 기존 학교의 패러다임을 벗어나 있었다. 학교는 교육과정과 교과서를 가지고 학생들에게 접근하고 교사는 가르치는 존재이며 전달하는 존재였지만 여기에서는 교과서가 없고 교육과정은 학생들이 스스로 제안하고 만들어가는 그야말로 프로젝트였다. 교사가 진행하는 수업이 아니라 학생들이 방향을 토론하고 결정하고 진행

꿈이룸학교 학생들의 토론 모습

하는 방식이었다. 교사는 그걸 잘할 수 있게 촉진하는 역할을 하였다.

예전에 핀란드 교육 영상이나 프레네 교육 영상에서 봤던 학생 주도의 교육현장이 눈앞에 펼쳐졌다. 두 눈으로 보면서도 '어떻게 이게 가능하지?' 하는 생각이 들 정도로 신기했다. 2월까지 학교 교사였던 입장에서 이해할 수 없는 현상들이었다. 어떻게 이렇게 많은 학생들이 모였는지도 신기할 따름이었다. 서로 욕하거나 싸우는 학생들도 없었다. 그동안 혁신학교에서 교육과정 재구성을 실천하면서 배움이 있는 수업을 위해 노력했고 교육과정 전공 박사과정에 있으면서 교육과정과 수업에 대해 많이 고민해왔다고 자부했지만 그걸 뛰어넘는 청소년들의 자발성을 보면서 전율을 느꼈다. 정말 이상한 배움터였다.

혁신교육지구와 꿈이룸배움터

꿈이룸배움터에서 활동하는 청소년들을 보면서 이 많은 학생들이 어떻게 모였는지, 학생들은 어떻게 프로젝트에 몰입할 수 있는지, 지도하는 선생님들은 어떤 존재인지 매우 궁금했다. 이런 궁금증을 풀기 위해 꿈이룸학교를 이끌고 있는 의정부여중 김현주 선생님을 만났다.

꿈이룸배움터가 이런 형태를 띨 수 있게 된 가장 큰 바탕은 지난 5년 동안의 혁신교육지구 사업의 영향이 컸다. 다양한 혁신교육지구 사업 중에 드림하이 프로젝트 동아리 지원 사업이 있는데, 의정부 지역 중·고등학교의 학생 동아리 약 250여 개를 선정하여 100만 원씩 지원하고 있었다. 이 사업을 통해 지원받는 동아리 학생들이 '행복동네 네트워크'라는 연합체를 만들어 학생들이 모여서 캠프도 하고 다양한 프로젝트도 진행하였다. 그러다 보니 자연스럽게 청소년들이 모이게 되었다. 지난 2014년 하반기에 마을교육공동체와 마을학교에 관심이 많은 선생님들과 활동가들이 모여서 학생들이 원하는 것이 무엇인지를 알아보기 위해 토론회를 조직했다.

이 토론회가 제대로 사고를 친 것이었다. 한 30여 명이나 모일까 했는데 무려 250여 명의 학생이 모였고 '나에게 일 년간의 시간이 주어진다면'이란 주제로 즐거운 참여가 이루어졌다. 그동안 행복동네 네트워크 활동으로 다져진 청소년들의 자발적인 움직임이 바탕이 되어 다른 청소년들을 이끌어냈다. 청소년들이 얼마나 이런 자리를 원했는지를 스스로 입증해낸 것이다.

이 토론회를 하고 나서 청소년들은 지속적으로 프로젝트 활동을 하기를 원했고, 2015년 1월부터 모여서 마을이라는 주제로 공간, 길, 사람이라는 세 가지 소주제로 프로젝트 활동을 함께 기획하고 활동하기 시작했다. 이 모든 것은 이런 활동이 가능할 수 있게 열정과 시간을 아낌없이 쏟아부었던 선생님들이 계셨기 때문에 가능했다. 또한 드림하이 프로젝트를 할 수 있게 혁신교육지구 예산이 투입되었기에 가능했다. 그리고 무엇보다 북부청사 이전으로 비어 있는 구 북부청사를 임시적이나마 청소년 활동 공간으로 쓸 수 있도록 백방으로 뛰어다녔던 노력이 청소년들이 편하게 모일 수 있는 계기가 되었다.

청소년들은 스스로 계획한 프로젝트를 하나씩 펼쳐 보이기 시작했다. 공간, 길, 사람 등 소주제별로 23개의 프로젝트를 제안했고 구체적 계획을 수립해나갔다.

꿈이룸학교 프로젝트 내용

팀명	프로젝트명	프로젝트 내용
공간	안락한 공간 만들기	우리가 사용하고 있는 공간을 가구 제작과 소품공예 등을 통해 의미 있고 안락한 공간으로 만든다.
	청소년 영화관	기자단과 함께 청소년들이 영화를 선정하여 상영, 영화와 삶에 대한 이야기를 나누며 배운다.
	우리 공간 운영하기	청소년 동아리 댄스, 밴드팀 등을 위한 연습실, 쉼터, 노래방, 파티룸 등 공간을 대여, 운영한다.
	꿈이룸배움터 카페	카페를 기획하고 만들고 운영하며 사회적 경제를 배우고 청소년들의 공간을 만든다.
	예술의 전당 음악회	의정부 예술의 전당을 활용, 청소년 동아리가 함께 음악회를 기획하고 개최한다.
	공간 방음시설 실험	우리 공간의 층간 소음 문제를 해결하기 위한 방음시설을 연구하고 설치한다.
길	다 같이 돌자 동네 한 바퀴	가장 가까이 있지만 잘 알지 못하는 우리 지역인 의정부에 대해 공부하고 탐방한다.
	스케치+약+도보여행	공정 여행을 바탕으로 길과 배움을 접목하여 청소년의 새로운 배움의 길을 모색한다.
	템플스테이	의정부에 있는 절을 탐방하여 마음수련을 쌓고 마음을 치유하는 템플스테이.
	행복로 북카페	행복로의 길을 활용하여 전통 양식의 북카페를 운영하며 의정부를 알리고 배운다.
	길거리 버스킹 음악회	길거리에서 청소년 음악회를 개최하며 가고 싶은 길, 행복한 길을 만든다.
사람	마을책 만들기	우리 마을의 형성 과정, 주민, 공간, 모임 등을 취재하고 의정부가 꼭 기억했으면 하는 사람들을 만나 인생사를 기록하며 주민들과 소통한다.
	울 할매 이야기	홀로 계시는 할머니, 할아버지 댁이나 노인복지관 등을 방문하여 인생을 배운다.
	익명 우체국	내 이야기, 내 고민을 주변 사람들과 나누고 들어주면서 서로에게 치유와 나눔이 된다.
	도시락 전달 프로젝트	의정부의 외국인 노동자들 위해 도시락을 직접 만들고 전달하며 그들을 만나며 외로움을 치유한다.

팀명	프로젝트명	프로젝트 내용
사람	무료 멘토링	의정부의 청소년을 만나 그들의 고민을 듣고 이야기도 나누면서 그들에 대한 기사를 쓴다.
	진로카페 프로젝트	진로를 찾지 못한 청소년들을 만나며 상담도 하고 심리검사도 할 수 있는 카페를 운영한다.
기자단	소식지 발간	꿈이룸배움터의 활동을 기록으로 남기고 내부와 외부로 나누어 소식지를 발간한다.
	팟캐스트	청소년들이 말하고 싶은 것, 의견과 주장을 팟캐스트로 만들어 방송한다.
	꿈을 담는 카메라	방송, 영상, 편집기술 등을 배워 꿈터 활동 등을 다큐멘터리로 제작, 상영한다.
행복동네	올해의 뉴스	올해 의정부에서 벌어지는 다양한 일과 사건들을 조사하고, 그것을 뉴스로 발간하여 전한다.
	맛집을 소개합니다	의정부에 있는 맛집을 탐방하고, 조사하여, 그것을 소개하는 영상을 제작한다.
	타마 프로젝트	동아리원들의 재능을 살려 달력을 제작한다.

청소년들은 한마디로 신명이 나 있었다. 자기들이 제안한 프로젝트를 함께 모여서 할 수 있는 것도 좋고, 그걸 마음껏 할 수 있게 지원해주는 것도 좋았다. 예를 들어 3월 22일 공간팀의 '안락한 공간 만들기' 프로젝트를 진행하는 청소년들이 청사 이전으로 아무것도 남아 있지 않은 휑한 구 북부청사를 안락하고 포근한 공간으로 만들 수 없을까 고민하다가 나온 아이디어가 벽화 그리기였다. 그래서 벽화 그리기 활동을 진행하기 위해 마을의 예술가를 섭외하여 재능 기부를 받고 혁신교육지구팀에서는 그림 재료와 간식을 제공하였다.

청소년들은 3일 동안 무엇을 그릴 것인가 토론 끝에 휴일을 잡아 종일 함께 힘을 합쳐서 그림을 그리고 완성하였다. 학생들은 이후에 공방에 가서 앉을 수 있는 벤치까지 만들어 왔다. 누가 시켰다면 이것이

가능했을까?

　이런 활동은 의정부에 있는 여러 학교에 삽시간에 퍼졌고 꿈이룸배움터 오리엔테이션을 통해 프로젝트 활동 지원 학생을 모았더니 의정부와 경기 북부 청소년들을 중심으로 무려 362명이 신청하였다. 여기에는 초등학교 5학년부터 고등학교 3학년까지 모였는데, 일반학교 학생 332명, 대안학교 학생 24명, 홈스쿨러 6명으로 구성되었다. 청소년들이 이렇게 모였다는 것은 청소년들에게 공간과 배움이 얼마나 절실했는지를 말해준다.

꿈이룸학교 학생들의 벽화 프로젝트

2. 공간과 질을 바꾸는
마을교육공동체의 '시간'

마을교육공동체는 시간, 공간, 현상의 결합체이다. 일정하고도 지속 가능한 시간 속에서 정해진 공간을 오가며 활동하고 그 속에서 다양한 현상들이 벌어진다. 마을교육공동체가 형성되기 위해서는 먼저 일정한 시간이 필요하다. 더불어 교육공동체를 유지하고 마을을 유지하려면 지속가능한 시간이 요구된다. 생태주의적 관점에서 교육의 핵심은 바로 시간이다. 교육 주체들이 시간의 주체가 되면서 학교와 마을 사이에서 교육공동체가 되기 때문이다.

'교육 백년대계'라는 조상들의 통찰은 마을교육공동체에도 그대로 적용된다. 학교와 마을은 일정한 사회적 관계를 맺고, 이를 지속적으로 유지해야 비로소 교육공동체가 된다. 또한 학교와 학교를 둘러싼 여러 기관 사이에 관계가 맺어지고 역할의 층위가 생겨나는 것에도 일정한 진화의 속도가 있다. 우리는 예전에 살던 곳을 '그 시절 마을'이나 '그때 그 사건이 있었던 마을'로 떠올린다. 마을에는 이렇게 우리들의 개별적인 시간은 물론 집합적인 시간이 그대로 담겨 있다. 친구들이 동시대의 마을을 고향으로 기억하는 이유도 여기에 있다.

시간으로서의 마을은 기계적인 움직임이 아니다. 마을교육공동체를 움직이는 것은 '우리'라는 집단 생명체의 시간이다. 땅속에 그물망 같은 정교한 집을 짓는 개미 떼나 충돌 없이 군무를 추는 새의 무리들처럼 마을의 시간에도 의미 있는 집단 동역학이 있기 마련이다. 대표적인 예로 지역사회 교사나 학부모들과 함께 배우는 학생 관찰 중심의 공개수업을 보면, 마을교육공동체의 이런 의미 있는 '시간'이 등장한다. 마을을 만들려면 상호작용을 해야 하는데 여기에도 반드시 시간이 필요하다. 다른 학교 교사와의 협의나 지역에서의 학습 모임 등 다양한 형태의 긴밀한 상호작용을 위해서도 적절한 관계와 의미 교환을 위한 시간이 요구된다.

마을을 이루려면 개별성과 집단성이 조화를 이루어야 한다. 이를 위해서는 마을교육공동체의 주체들이 독립적이고 주체적인 존재로서 자신의 시간을 쓸 수 있어야 한다. 학생, 학부모, 교사, 지역 주민 모두 제도적·문화적으로 독립성을 보장받아야 한다. 이들의 시간이 일방적으로 동원되거나, 피동적인 상태에 놓이면 마을교육공동체 형성에 어려움을 겪게 된다. 더불어 중요한 점이 모든 주체들이 관료주의나 관행에 따라 경직되어 있거나 폐쇄적인 태도를 갖지 않는 것이다. 시간으로서의 마을은 마을교육공동체의 주체들이 장·단기적으로 함께 변화하는 시간이기 때문에 적극적인 어우러짐이 중요하다. 마을 수업이나 마을교육과정에서도 마찬가지이다.

마을교육공동체의 주체들에게는 또한 주변의 구성 인자나 환경에 따른 네트워킹의 시간이 필요하다. 마을교육공동체를 만들어가는 주체 개개인이 네트워킹에 충분한 시간을 갖고 서로의 독특함 속으로 자연스럽게 물들어가는 '접힘folding'과 자신들의 개성과 전문성을 표출하고 확장하는 '펼침unfolding'의 과정을 거쳐 교육생태계로서 마을교육공동체가 되어야 한다.

마을교육공동체의 집단적인 학습 도약은 자기 조직화의 과정으로 주체들의 시간이 질적인 향상을 보이는 과정이다. 나무들이 자라 하나의 숲이 되려면 일정한 시간이 필요한 것처럼, 마을교육공동체가 살아나기 위해서는 마을 주체들의 내적 집단성은 물론 외부 환경과의 관계 속에서 학습생태계를 이루기 위한 일정한 시간이 필요하다. 이는 물리적인 시간의 변화가 아니라 공간과 질을 바꾸는 관점에서의 시간이다.

교사와 학생 사이의 지식 구성의 시간도 마을교육공동체에서 중요하다. 교사의 시간이 교육과정, 수업, 평가 속에서 학생이 머무는 교실에서의 집단성과 주관적 이해까지 파고들어가는 시간이어야 진정한 교육공동체의 기초를 세울 수 있다. 마을교육과정이라는 구조 수준의 시간은 지식은 물론 이를 실행하는 학교 단위의 변화를 가능케 하는 시간이다.

3. 사람들이 만나고 머무르는 마을교육공동체의 '공간'

마을을 기억할 때 흔히 사람들은 공간을 떠올린다. 놀았던 곳, 쉬었던 곳, 공부했던 곳, 어울렸던 곳 등. 이 모두가 공간 개념이다. 나의 공간과 너의 공간이 연결되면 우리의 공간이 되고 마을이 된다. 아이들이 생활하는 마을은 배움의 공간이다. 학교와 마을에서 일어나는 모든 일을 지적·심리적으로 '마을의 일'이라고 생각하도록 하는 것은 공간으로서의 마을이 이룩되었을 때이다.

혁신학교가 마을학교라는 생각 역시 공간 개념이 강하게 들어 있다. 한 지역에서 활동을 하는 학교의 모습은 모두 공간으로 나타난다. 지역에 함께 살면서 학교를 새롭게 바꾸려고 노력하는 교사들이 모이는 공간, 학생들과 학교 안팎으로 그리고 마을 여기저기를 오가며 배우는 모습 모두 공간으로서의 마을을 상정한다. 예를 들어 학생들의 흥미와 관심을 바탕으로 주제를 정하여 마을을 탐사하는 프로젝트 활동을 생각해보자. 마을에 숨어 있는 전설, 장소, 유물 등 보물을 찾아내고 탐구하는 학습은 마을의 생태, 환경, 역사, 문화 등을 공간 개념에서 익히는 과정이 된다. 학생들이 마을에 사는 이웃을 만나고 그들의 삶의 방식을 받아들이는 학습 또한 공간이 주는 인지적 과정이다. 마을에서 진행되는 프로젝트 수업을 보면, 공간 개념이 근거리가 아님을 알 수 있다. 이는 듀이가 문제 해결 중심의 프로젝트 수업을 제시할 때도 한 말이다.

> 인간은 공통의 이념과 이상을 지닌 지역사회 속에서 살고 있으며 '커뮤니케이션'을 통해 공통의 이상을 추구해나간다. 하나의 지역사회를 이루기 위해서는 모든 구성원이 목표, 열망, 지식, 관습 등에 대해 공통적인 요소를 반드시 지녀야 한다. 사람들이 신체적으로 근접한 곳에 산다고 해서 하나의 사회를 이루는 것도 아니며, 멀리 떨어져 있다고 해서 사회적 관계가 없어지는 것도 아니다. 책이나 편지에 의한 '커뮤니케이션'을 통해서도 오히려 같은 지붕 밑에 사는 사람보다 수천 마일 이상 떨어진 곳에 사는 사람끼리 더 친숙해질 수 있다. 또한 공동의 목표를 위해 이루는 것은 아니다. 그러나 만일 그 사람들이 모두 공동의 목표를 달성시키려고 어떤 특수한 활동을 전개할 만큼 상호 관계를 맺고 있다면 그들은 한 지역사회를 이루고 있는 것이다(Dewey, 1916).

마을에서 교육공동체 주체들이 대화를 통해 공동의 지향점을 갖고 함께할 때 비로소 마을이 만들어진다. 그래서 듀이는 지역사회와 학교가 상호작용을 해야 한다고 말한다. 더 나아가 학교 자체가 하나의 지역사회 구조를 가져야 한다. 학교를 지역사회에 부합하도록 만들고 지역 주민들이 편안하게 학교를 이용할 수 있는 것이 그것이다.

마을은 학생들로 하여금 세계를 만나게 한다. '교육의 세계성'은 자기의 삶이 이뤄지는 공간으로부터 시작된다. 마을 어딘가에는 가난한 사람과 부유한 사람이 있고, 어린이와 노인이 있으며, 남자와 여자가 있다. 정치하는 사람과 경제하는 사람도 있다. 시장에서 수업을 하기도 하고 골목에서 봉사를 할 수도 있다면, 수업을 통해 마을 사람과 만나 대화하고 생각을 나눌 수 있다면 공간으로서의 마을에서 교육의 세계성을 익히게 된다.

결국 공간으로서의 마을 개념을 마을교육공동체에서 구현한다면 '수업과 학교와 지역사회의 경계'가 열리게 된다. 학생들은 수업 속에서 학교와 마을의 경계를 만나는 것이다. 그 경계를 넘어 마을로 나가면 그때부터 학생들의 삶이 마을에 투영된다.

지역단체와 학교의 만남
: 덕양중학교

덕양중학교 교사들은 혁신학교 초창기 새로운 학교 운영을 꿈꾸면서 학교가 가진 자원의 한계를 극복하기 위해 학교 밖으로 시선을 돌렸다. 마을에는 이미 학교가 문을 열고 손짓을 하면 들어올 준비가 되어 있는 단체들이 있었기 때문에 이러한 시도가 손쉬웠다.

먼저, 지역의 한국항공대와 MOU를 맺어 학생들과 멘토링 사업을 진행했다. 한국항공대학교는 덕양중학교와 지리적으로도 가까울 뿐만 아니라 학생들과 함께할 적절한 멘토를 확보하고자 하는 학교의 요구와 봉사활동이 필요한 대학의 요구가 적절히 만나 양쪽 모두 적극적인 태도로 좋은 성과를 내고 있다.

멘토링은 아이들과 동행하면서 내실 있게 진행되는 프로그램이기 때문에 적극적으로 학교를 개방해서 하도록 하였고, 아이들이 가장 선호하는 방과 후 스쿨 중 하나가 되었다.

_덕양중학교 K교사

이어서 대한민국교육봉사단의 도움으로 '씨드 스쿨'이라는 방과후학교를 운영했다. 멘토링이 1:1 학습 지원의 형태라면 '씨드 스쿨'은 여러 명이 함께 협력하면서 다양한 활동을 진행했다.

덕양중학교 씨드 스쿨 교육과정

주	놀이터(놀면서 이루는 공부 터전)	꿈 프로젝트
1	학습 코칭 개강식 '두근두근'	
2	자존감과 실험	나를 광고하기 – 콘티 짜기
3	공부감성 꼴라주	나를 광고하기 – 촬영하기
4	소중한 것을 먼저 하라	나를 광고하기 – 발표하기
5	토론대회 준비	토론대회 공부
4	놀토 문화체험행사	대학 탐방
6	포트폴리오의 달인을 만나다	미래꿈 프로젝트 기획하기
7	공부의 기술 1	미래꿈 프로젝트 기획안 발표하기
8	공부의 기술 2	미래꿈 프로젝트 진행 1
9	무한도전 코스미션	미래꿈 프로젝트 진행 2
10		미래꿈 프로젝트 진행 3(현장학습)
11	미래꿈 프로젝트 결과 보고서 작성	결과 보고서 만들기 2, 리허설
12	지식포럼 '씨드 꽃피우다' / 졸업식	

덕양중학교 혁신학교 운영 계획서, 2013

교사가 프로그램에 대해서 크게 신경을 쓰지 않아도 학생들은 '씨드 스쿨'을 통해 자존감과 꿈을 찾고, 역할 모델을 찾아 직접 인터뷰도 하며, 발표회까지 스스로 만들었다. 그 과정에서 학생들이 크게 성장했음을 느꼈다고 덕양중학교 K교사는 말했다.

학부모들이 달아준 날개

덕양중학교는 지속적인 학교혁신을 위해서 학부모들의 적극적인 참여를 일궈냈다. 성미산 등에서 마을공동체 운동을 경험한 몇몇의 학부모들은 자신들의 경험을 살려 덕양중이 위치한 화전동에서 다양한 활동들을 펼쳐나갔다. 또한 평소 '마을이 학교다'라고 생각하던 학부모들은 주민자치센터에 찾아가서 예산을 확보하는가 하면, 마을사람들과 접촉해서 마을학교가 만들어지는 데 공헌했다.

마을학교 프로그램으로는 목공, 텃밭, 맵시운동, 망월산 소풍, 골목축제 등이 있다. 목공의 경우, 학교의 부담을 줄이기 위해 지역사회에서 예산을 확보하여 공구를 사고 학교에서는 강사비만 부담하는 형태였다. 텃밭은 버려진 땅을 일궈 학부모와 학생들이 함께 가꾸었다. 마을골목에서 다양한 놀이도 하며 추억을 만드는 골목축제는 마을공동체의 분위기를 느낄 수 있는 장이 되었다. 이런 것들의 일부는 방과후학교와도 연계되는데, 방과후학교 희망을 받을 때 이러한 마을 프로그램에도 원하는 아이들이 참여할 수 있다.

마을지도에 새겨진 교육공동체

학교에는 학부모들이 직접 마을교육 자원과 관련된 기관 등을 손으로 예쁘게 그린 '화전동 마을지도'가 있다. 학부모들의 활동은 앞서 살펴본 마을학교 운영뿐만이 아니었다. 학부모들은 매일 학생들의 건강을 위해 인근 생협 물건을 가지고 들어와 반짝 매점을 열고 있다. 또 전국적으로 이름이 난 화전동 벽화 페스티벌도 학생, 교사, 학부모들의 힘으로 시작한 것이다.

이렇게 덕양중학교는 초창기 학교의 적극적인 노력에 더하여 이제는 학부모들이 중심이 되어 마을학교를 만드는 형태로 발전해가고 있다.

지역사회와 학부모에게 문턱을 낮춘 학교와 마을공동체의 경험을 가진 학부모의 적극적인 참여가 함께 만나면서, 덕양중학교는 마을교육공동체의 모습을 갖춰가고 있다. 결국 마을공동체를 형성하려면 다양한 경험과 철학을 가진 사람이 필요하다는 것을 확인할 수 있었다.

덕양중학교는 아직도 고민이 많다. 교육과정에 마을이 깊숙이 들어와 있지 않다는 판단이 그것인데, 교사들이 마을에 살지 않는다는 것이 중요한 이유가 된다고 성찰하고 최근 마을로 이사를 온 교사가 있다. 마을 사람들과 함께 소통하면서 펼쳐질 그림이 기대된다.

덕양중학교 학부모와 학생들이 함께 그린 화전동 마을지도

4. 마을교육공동체는
다양한 '현상'의 어우러짐

시간과 공간의 결합은 다양한 마을 현상으로 나타난다. 마을교육공동체의 핵심은 교육공동체 현상이 마을이라는 시공간에서 나타난다는 것이다. 마을 주민들은 지리적인 차원의 '마을'에 살고 있을 뿐만 아니라 공동의 이해관계로 성립된 '사회'에서 살고 있다. 이는 학생들도 마찬가지다. 학교가 마을학교가 되어야 하는 이유도 학교가 하나의 작은 사회이기 때문이고, 이들이 시민이 되어야 하는 이유도 마을이 사회이기 때문이다.

다양한 마을 현상은 역동이다. '마을이 학교다'라는 말 속에는 다양하고도 적극적인 마을교육공동체 현상이 들어 있다. 학생들이 자신이 사는 마을에 대해 토론하고 조사하며, 마을을 만들어간다. 학생들이 마을에서 교육 활동을 펼쳐가는 것 자체가 마을교육공동체가 되는 길이다.

마을교육과정과 마을 수업으로서 프로젝트 수업을 보자. 프로젝트 수업이 이루지는 것은 '설계하는 세계'가 가능하다는 말이다. 프로젝트 수업에서 마을은 주어진 사회가 아닌 '설계해가는 사회'다. 마을의 현상을 일방적으로 쫓아가는 것이 아니라 마을을 만들어가는 일이다. 이를 통해 학생들은 마을 주민들이 학교에 대해 공동 책임을 지고 있다는 사실을 인식하게 된다. 또한 학교의 정책 결정에도 참여하면서 마을 주인으로서의 정체성을 인식한다. 마을 수업 프로젝트는 그 자체로 훌륭한 사회를 만들어가는 길이다.

마을교육공동체 현상은 자연스럽게 '뜻있는 학습'으로 이어진다. 마을은 수업을 통해 학생들의 욕구와 필요를 만족시키면서 여러 종류의 학습을 하도록 한다. 학교가 마을학교가 되고 학생들에게 마을 속 욕구를 충족시키면서 다양한 학습 경험의 기회를 갖는다.

교사가 열정적으로 활동하는 일은 마을교육공동체의 마중물이 되는 가장 중요한 현상이다. 현재 학교만 지역사회나 학부모에게 문턱이 높은 것이 아니라, 지역사회나 학부모 역시 학교에 대해 비협조적이거나 심지어는 적대적인 경우도 있다. 이러한 관계를 개선하려면 우선 신뢰가 쌓여야 하고, 이를 위해서는 교사의 노력과 열정이 필요하다. 학부모와 잦은 만남을 통해 수용적인 태도로 대화하고 소통하며 수평적 관계와 문화가 만들어지도록 노력하는 것이야말로 현상으로서의 마을에서 가장 중요한 일이다. 학부모와의 관계가 회복되고 돈독해지면 마을 주민과도 자연스럽게 유대 관계가 이루어지고 나아가 유기적 관계도 기대할 수 있다.

교사가 그 마을에 정주할 경우 생활공간과 교육의 공간이 같아지면서 마을 주민과도 쉽게 친해지고 주민과 하나 된 마을교육과정을 만들 수 있다. 이를 통해 마을교육공동체를 만들기도 수월해진다. 이것은 마을교육공동체가 교육 현상으로 나타나는 가장 극적인 모습이다. 교사가 우리 사회에서 아이들과 함께 행복해지려면 삶의 철학적 정립이 필요하고 세상을 넓게 보는 안목을 키워야 하는 이유다.

마을 현상은 학교를 매개로 한 공동체 문화 형성에 맞닿아 있다. 현재 조손 가정과 노년층이 많은 시골마을이나, 익명성을 선호하는 도시도 공동체를 이루며 살고 있지 않다. 공동체 문화는 마을교육공동체가 지향해야 할 가장 중요한 현상이다. 이를 위해서는 마을 안의 다양한 교육 주체 간의 이해와 연대가 이루어져야 한다.

학부모가 학교교육과정에 적극 참여하고 마을교육과정을 확장시키면서 학부모가 지역 단체와 연대하고 학생의 질 좋은 삶을 위해 생태, 환경, 유기농 먹거리 등에 관심을 가지면서, 학교를 통해 아이들뿐 아니라 마을 주민도 함께 학습하는 기회를 만들어갈 수 있다. 즉, 학교를 매개로 학부모, 지역단체가 가치를 공유하면서 마을의 공동체 문화를 형성해갈 수 있다. 폐교 위기에 있는 시골의 소규모 학교들이 혁신학교가 되고 일부러 이 학교를 찾아오는 학부모들이 학교와 마을을 일구는 사례에서 이런 면모를 엿볼 수 있다.

마을공동체의 현상에서 무엇보다 중요한 것은 학생들이 마을에서 배우고 미래 지향적인 마을 주민이 되는 일이다. 아이들은 마을을 탐사하고 다양한 체험을 하면서 마을에 사는 어른들을 만나게 된다. 마을 주민들은 아이들에게 마을에 얽힌 이야기도 해주고 본인이 가지고 있는 전문적 기술을 이용하여 체험을 돕는다. 마을 주민들은 학교 안팎에서 또 다른 교사가 되고, 학생들은 마을에서 미래의 꿈을 꾼다.

마을교육공동체 현상은 학교와 마을 현장의 역동적이고 일상적인 '실천'이 우선해야 한다. 그래서 실천이 충분치 않은 상황에서 마을교육공동체를 정책적으로만 추진하는 일은 허상의 현상이 될 수 있다. 현상을 제대로 본다면, 실천이 충분히 이뤄지고 이로부터 다양성이 구축되면서 실제 정책이 구안되는 것이 필요하다.

마을에서의 다양한 교육 현상과 네트워킹
(야콥 헥트, 광주 마을교육공동체에 대한 상상 포럼, 2015)

　실천과 정책의 전개 과정 모두가 의미 있게 진행된다면, 마을교육공
동체 담론이 현상에서 만들어진다. 현재 혁신학교, 경기마을교육공동
체모임, 마을학교 열린교실, 커뮤니티 스쿨과 같은 모임에서 많은 실천
사례가 정책의 흐름과 함께 이뤄지고 있다. 이는 결국 마을교육공동체
현상 가운데 담론을 만드는 일이다.

　마을교육공동체 현상은 마을 속에서 교육과 민주주의를 구현하도
록 한다. 수업과 학교와 마을의 발전은 모든 학생과 시민들로 하여금
공교육에 새로운 차원의 자유를 불어넣는다. 마을 학습 속에 민주주
의 이념을 실현시키는 실천에 대한 계속적이고 명확한 통찰력이 제시
된다. 자유와 정의가 실현되는 사회의 필수 요건인 개인적·사회적 임
무와 더불어 봉사하고 헌신하는 정신이 마을 속에서 깃든다. 마을 안
에서 자유에 대한 위협을 막아내면서 새로운 형태의 집단적인 활력을
이룬다. 학교가 하나의 통합된 생명을 지니고, 그 자체가 하나의 마을
이 되고 세계가 되는 것이 마을교육공동체가 보이는 현상이다. 듀이는
다음과 같이 말했다.

학교가 그 자체의 지역사회로 학생들을 끌어들여 봉사정신을 가르치고 자신의 생활에 대한 가치만을 갖도록 지도할 때 우리는 가치 있고 조화를 이루는 커다란 지역사회 건설을 할 수 있을 것임에 틀림없다 (Dewey, 1916).

마을과 교사의 만남
: 시흥ABC행복학습센터

경기도 시흥시장의 '행복교육지원센터' 정책 공약으로 '시흥ABC행복학습센터'가 설립·운영 중에 있다. 여기에 기존의 혁신교육지구 사업에 참여했던 혁신학교연구회 교사들이 함께 결합하면서 탄탄한 기획과 실천이 기대된다. 시흥은 마을교육공동체를 구축하는 데 있어서 큰 마을 사례로 유심히 들여다볼 가치가 있다. 또한 혁신교육지구이기 때문에 마을교육공동체가 혁신교육지구와 어떻게 맞물려 운영되는지도 관심이 모아지는 곳이다.

협의체와 팀워크

시흥은 지역교육청 내에 혁신교육 전담팀이 설치되어 있다. 전담팀에는 교육지원청 교육공무원(6급)과 교육지원청 공무원(7급), 장기 출장 교사 1~2명이 근무하고 있다. 전담팀 4명이 일하고 있으나 위상과 역할의 애매함과 권한의 한계로 인하여 학교에 영향을 미치는 데 어려움이 있다. 따라서 지역교육청 장학사, 시청 관계자, 학교에 전문적 지원이 가능한 교사가 팀을 이뤄 사업을 추진해야 한다. 즉 지역사회는 인적·재정적 지원, 교육청은 행정적 지원을 하면서 하나의 팀을 이

뭐 공동의 계획, 실천, 지원, 평가의 순환적 흐름을 이뤄내야 한다.

또한 실질적으로 팀을 지원하는 지역 협의체가 구성되어야 한다. 현재 '상임위원회'와 '소위원회'가 있기는 하지만 회의 기능뿐이다. '마을교육공동체'를 운영하려면 실천하는 조직이 필요하다.

지역단체 교육 프로그램을 모아라

시흥에서는 시청(평생교육과, 하수과, 교육 청소년과, 환경과, 진로도서관 등), 각종 출연 기관(학교급식지원센터, 생명농업기술센터, 맑은물관리센터, 자원봉사센터, 시흥문화재단 등), 청소년 복지관, 지역 복지관, CYS-net, YMCA, 여성의 전화, 시흥환경운동연합 등에서 교과, 창의적 체험활동 등을 통해 교육과정을 지원하는 프로그램을 만들어 사업을 해왔다. 그러나 교육지원청을 통한 공문 발송 및 홍보가 어려웠고, 학교가 이를 적극적으로 활용하지 못하거나 또는 몰라서 지원을 받지 못하는 문제점이 있었다. 이러한 문제를 해결하기 위해 각 기관에서 시행하는 모든 교육 프로그램을 수집하고 있다. 또한 초등 3학년 사회 교과 수업을 위한 시흥 역사 문화 탐방을 전면 지원하기 위한 프로그램도 추진 중이다.

지역사회의 다양한 사람들을 엮어라

학교를 지원하는 모든 단체들이 모여서 회의를 진행하고 각 단체들이 가지고 있는 노하우를 최대한 활용하여 질 높은 교육 프로그램이 학교에 보급될 수 있도록 점검, 협력하는 회의를 하고 있다. 지속적으로 '혁신교육연구회' 교사와 지역사회가 만나 프로그램 내용과 개발을 할 예정이다.

또한 지역 내 혁신학교를 중심으로 문화예술 교육과정을 운영하고 있다. 지역 내 믿을 수 있고 유능한 문화예술 강사 풀을 조직하여, 원하는 모든 학교가 양질의 전문가를 통한 문화예술 교육을 받을 수 있도록 기반을 만들고 있다.

학교와 지역 주민의 공동 기획

그동안 학교는 아이들의 교육을 학교 내 정규 교육과정을 중심으로 진행해왔지만 마을과 함께 하는 교육은 관심 밖이었다. 하지만 교육에 관심이 많은 지역 청소년단체나 마을 주민들은 마을 아이들의 교육을 학교와 다른 차원에서 다양하게 고민해왔다. 그런데 만약 이들에게 학교교육과정 프로그램을 지원하는 방향으로만 요구하거나 선택한다면 어떨까?

마을과 학교가 공동의 교육을 책임지는 사업을 어떻게 기획하고 추진할 것인지 함께 이야기해야 한다. 예를 들어 가을에 많이 하는 각종 마을 문화제와 학교 축제가 서로 만나도록 마을 주민과 종친회 등 지역 토박이 주민들과 함께 어우러지는 풍요로운 마을축제 기획도 가능하다.

숨어 있는 마을 사람들과의 공부

지금까지 교육운동이나 지역 진보운동은 기존에 있는 시민단체들을 중심으로만 사업을 해왔다. 그러다 보니 사업에 따라 회의 내용만 달라질 뿐 구성원은 그대로인 경우가 많다. 만나는 사람들이 한정되면 사업의 창의성도 추진력도 떨어지기 마련이다. 시흥시는 지역에 숨어 있는 사람들, 마을에 애착이 있는 사람들, 다양한 분야에서 봉사하는 사람들, 다양한 직업의 사람들을 모아 지역연구회를 만들었다.

지역연구회는 혁신교육지구 사업비를 지원받아 운영하고 있다. 여기서 혁신학교, 혁신지구에 대한 이해, 행복한 학교는 어떻게 만들어지는지 등에 관한 강의와 독서 토론을 중심으로 공부하면서 학부모, 지역 주민, 교사가 비전을 공유하고 있다. 차후에 교사들 모임인 '혁신교육연구회', 지역 모임인 '지역 교육연구회'가 한자리에 모여 '공교육지원센터(시흥 마을공동체)'에 대한 상을 공유할 예정이다.

학교와 함께 하는 시흥 마을만들기 연수

제천 덕산면 제천 간디학교 옆에 마을연구소에서 운영하는 빵가게가 있다. 마을에 있는 청소년과 마을 주민이 편안하게 건강한 차와 빵을 먹을 수 있는 가게다. 도시에서도 우리 청소년들이 편안하고 안전하게 모여서 마을 주민과 함께할 수 있는 사회적 기업을 만들 수 있다. 이런 목적으로 마을 주민과 학부모를 대상으로 연수를 기획하였다.

마을만들기의 기본 이해 및 사례 안내에 대한 연수를 실시한 후, 관심 분야가 같은 사람들끼리 동아리를 묶고 한 달의 활동 시간을 준다. 동아리 활동은 별도의 계획서 제출 없이 자율로 운영하고 경진대회에 제출한 사업 계획서로 활동 보고를 대신한다. 마을 사례 안내 강사를 동아리 운영 멘토로 지정할 수 있으며 동아리 활동비 범위 내에서 멘토비를 지급할 수 있다. 동아리 경진대회를 통해 우수 아이템에 대해서는 현실화할 수 있는 지원 방안을 마련하고 사회적 기업을 창업한다. 시흥시에는 사회적기업지원센터가 있고 각 지자체는 마을만들기 사업을 지원하고 있다. 시청에 사업 계획서를 내서 학교 앞에 동아리가 가게를 운영하는 방안까지 협의를 했으나 마을만들기 계획서 제출 기간과 맞지 않아 현실화하지 못했다. 지역 주민의 일자리를 창출할 수 있고 청소년에게는 필요한 공간과 콘텐츠를 제공한다. 학교와 지역사회가 함께하는 마을공동체의 또 하나의 모습이고 시작이다.

시흥 행복교육지원센터가 지역의 학교와 함께 하고 있는 내용을 간단한 표로 살펴보면 다음과 같다.

시흥 행복교육지원센터 교육과정과 방과 후 활동 계획(안)

지원 형태	실시 연도	내용	지원 주최
찾아가는 교육과정	2015년 상반기	• 생태, 환경, 먹거리, 경제와 관련된 교과, 동아리 교육을 위한 지원 −현재 공모 형태로 산발적 지원을 센터에서 일괄 계획 운영하여 학교, 지역사회, 시민단체, 농민이 함께 교육과정의 주체가 됨	센터, 시민단체 등
		• 창의적 체험활동 시간 내 문화·예술·체육 교육과정 운영 지원 −강사, 운영비, 교재 교구 지원	혁신지구 세부 사업
		• 창의적 체험활동 외 교과 수업을 위한 전문 강사 지원 −연극, 방송, 영화, 뮤지컬, 음악 미술의 전문 영역 강사와 협력 수업 지원	혁신지구 세부 사업
찾아오는 교육과정	2015년 하반기	• 초등 사회 교과 수업을 위한 시흥 역사 문화 탐방의 전면 지원 (탐방 학교)−차량, 탐방 해설사 등	센터
		• 방과 후 문화·예술·체육 교육과정 운영 −상설 프로그램의 경우: 학기 중 오후에 학생, 교사, 지역 주민을 대상으로 목공, 밴드, 바느질, 디자인 등 문화 예술 체육 교육 활동 운영 −비상설 프로그램의 경우: 토요일, 방학 중 단기 프로그램으로 문화, 예술, 역사 탐방, 농사 등 운영 −학부모 및 일반인과 동시 운영, 재능 기부 운영 등 • 차별 해소를 위한 방과 후 운영 −교과 수업 보충을 위한 방과 후 보육을 다양한 교육과정으로 전환 운영 • 마을축제 −학교교육과정과 동아리 운영의 모습을 마을 단위 축제로 총화 − 각 학교에서 활동한 같은 동아리끼리 정기적 만남을 이루고 함께 축제	센터, 주민자치센터, 복지관, 국민체육센터 등 공공문화공간 이용

지원 형태	실시 연도	내용	지원 주최
대안 프로그램	2015년 상반기	• 탈학교 아이들을 위한 지자체 지원이 학교와 협력 운영 −현재 학교와 지자체가 설치 운영하는 기관이나 내용이 공유되지 않아 서로 어려움이 있으므로 이를 연결하는 허브 역할을 센터가 담당	CYS-Net
마을에서 학부모 모임	2015년	• 학교 단위가 아닌 마을 단위 학부모 동아리 운영 −자녀와 함께 또는 학부모 간 동아리 운영 지원 • 학교 단위로 실시하는 학부모 교육을 마을 단위 학부모 교육으로 이관 운영 • 인문학, 자녀교육, 소통 등 교육 전문성 성장을 위한 프로그램 운영	주민자치센터, 복지관 등 공공문화공간

방과 후 프로그램을 운영하기 위해서는 크고 작은 공간이 꼭 필요하다. 시흥에는 'ABC(Art Bio Culture) 행복학습타운'이라는 학습과 문화 활동과 교육 연수가 가능한 공간이 있다. 2014년 가을부터 문화, 예술, 체육, 인문학 프로그램을 실시하고 있으며 학생, 학부모, 지역 주민이 함께 배우는 방과 후 교육과정 운영이 가능하다. 또한 'ABC행복학습타운'이라는 공간과 문화, 예술, 체육, 인문학 프로그램은 2016년 전면 시행되는 '자유학기제' 운영에도 큰 역할을 할 것으로 기대된다.

한편 초등학생의 방과후학교는 접근성이 우선시되어야 한다. 따라서 복지관, 주민자치센터나 유휴 시설이 많은 학교 공간을 활용한 초등 방과 후 및 돌봄을 병행할 예정이다. 단, 정규 교육과정 지원과 방과 후 교육과정 지원 모두 검증된 것부터, 그리고 가능한 것부터 실시하고 차츰 확대·개선해서 오류를 최소화해야 한다.

마을교육공동체를 꿈꾸는 시흥교사연구회

시흥의 경우는 행정과 실천이 함께 만나 거대한 그림을 그리고 있는 사례이다. 혁신교육지구 사업으로 시작했으나 분명한 철학과 활동력을 겸비한 교사들의 자발적인 연구모임이 이를 가능케 했다.

지금까지 마을교육과정을 하려고 했던 곳은 작은 학교였어요. 그곳은 어쨌든 벽을 허물기 쉽고 학부모와 함께 했던 흔적과 향수가 있죠. 시흥은 시이기 때문에 소규모 학교도 없어요. 공격적으로 전체를 하려고 하지 말고 가능한 학교부터 해야 하며, 결국 아파트가 많다 보니 단지 내에 있는 주민센터나 공부방이 함께 해야 해요. 그리고 돌봄과 방과 후 사업을 하면서 깨야 해요. 더 중요한 것은 학부모 사업이에요. 학교 안에서 학부모들이 다양한 활동을 할 수 있도록 혁신학교가 시도하고 있는데 그때 지역 인사를 함께 하죠. 학교 4개교에 아파트만 있고 원주민이 없는 환경을 보면 이것을 깰 수 있는 것은 학부모라고 봐요. 학부모와 같이 선사유적지나 인근 산을 다니며 지역의 역사를 알고, 마을 축제로 모일 수 있게 해야 합니다.

_시흥혁신교육지구 교사연구회 A교사

학교와 마을의 상생 관계

마을에 대한 적극적인 고민을 하고 있는 시흥의 한 교사는 마을과 학교, 양쪽의 문제점을 지적하면서 학교와 지역을 연결해주는 조직의 필요성을 언급하였다. 교사연구회에 속한 L교사와 N교사의 이야기이다.

S초 같은 경우도 역시 학교 단위라기보다는 개별 학년 또는 개별 교사들이 마을에 제안하고 들어가는 것들이에요. 사실은 큰 벽이죠. 학교는 지역이 도와주지 않는다고 하고, 지역은 학교가 문을 열어주지 않는다고 해요. 학교장이 벽을 치는 경우도 많지만 문제는 이게 내가 필요해

서 해야 하는 것인데 그런 것들을 아무도 연결해주지 않는 거죠. 누군가는 제3지대의 역할을 해야 합니다.

_시흥혁신교육지구 L교사

큰 규모의 마을교육공동체에 해당하는 시흥의 사례는 학교와 지자체가 벽을 허물면서 시너지 효과를 갖게 된 경우이다. 즉 행정과 교육 전문가가 함께 마을사업을 추진하는 것이다. 마을이 교육 안으로 들어오고, 마을이 아이들의 삶으로 들어오려면 교과서 안에 머물기 쉬운 교사에게 마을 안으로 들어올 수 있는 방법을 제시해야 한다. 그래서 교사연구회와 교사의 참여가 매우 중요하다.

> 교재가 교과서에 머물러 있어요. 교사는 마을을 가르친다고 하지만 아이들은 마을을 교과서에서 배우는 것 같아요. 초등 2~3학년 같은 경우는 마을도 많이 돌아다니고 기관도 방문해야 하는데 그런 것이 없어요. 우리 동네 뒷산도 한 번도 안 올라가본 아이들이 있어요. 교육과정에는 동네 뒷산에 올라서 동네 전체를 바라보는 것도 있고 계절의 변화를 보는 것도 있는데, 머리로 끝나는 공부를 했기 때문에 아이들이 그렇지 않나 싶어요.

_시흥혁신교육지구 N교사

시흥은 총체적이고 실현 가능한 마을교육공동체를 추진하는 지역이다. 연대가 살아 있기 때문에 가능한 일이다. 지자체, 학교, 시민단체, 학부모단체, 교육지원청 등이 큰 틀 안에서 연대하며 각자의 고유성을 발휘하고 있다.

사실 새로운 사업이 아니에요. 단지 우리가 기존에 시청이나 시민단체에서 해왔던 것을 일괄적으로 묶고 프로그램을 늘린 거죠. 다들 현장학습과 체험학습을 관외로 갔었어요. 아이템이 없었던 것도 있지만, 버스 한 대를 빌려서 관내로 가는 것이 너무 아까운 이유도 있었는데 그런 것들이 거꾸로 되는 거죠. 우리가 버스를 지원하고 충분한 프로그램을 마련한다면 오히려 계절 공부를 하더라도 우리 시흥에서 할 것이 많지 않을까 생각해요. 올해 사업들은 예산의 한계도 있어서 기본을 세팅하는 것뿐이지만, 장기적으로는 지역의 인사들을 학교의 문화예술 강사로 배치하는 등의 내용이 필요해요. 이런 시설들을 이용해서 경기도교육청에서 꿈의학교라고 불렀듯이, 학교에서 상상했지만 현실화할 수 없었던 교육을 현실화하는 작업을 해가야 할 것 같아요."

_시흥혁신교육지구 N교사

시흥의 사례는 각 기관과 단체들이 서로의 입장에서 일을 하면서 생기는 갈등을 합리적으로 해결할 수 있는 방안을 보여주기도 한다. 공공기관인 학교를 활용하여 시민단체나 학부모 단체가 의미 있는 활동을 하려고 할 때, 학교는 책임 문제와 안전성을 이유로 쉽게 문을 열어주지 않는다. 이런 각자의 입장은 상대방에게 비난의 화살을 날리는 이유가 되었다.

교육청에서 방과 후를 책임지고 마을로 넘겨준다고, 운영 주체를 마을 사람들과 몇몇 전문가들로 해볼 수 있는 시스템이 아니에요. 그리고 '학교를 6시 이후에 마을에 줄 테니 당신들이 해보십시오'라고 할 수도 없는 일이에요. 학교는 관리가 안 된다면서 문을 닫아버려요. 마을학교

공간은 한정되어 있죠. 학교의 넓은 공간은 닫혀 있어요. 아이들이 마을과 학교가 하나라고 느끼려면 지금 있는 공간들부터 자유롭게 써야 할 것 같아요. 지금 있는 사람들이 자유롭게 써보고, 그것을 해봄으로써 좀 더 상상력이 생기고 다른 일을 하고 싶다는 것이 나오지 않을까 생각해요. 벽을 허문다는 것이 사람들끼리 만나는 것도 중요하지만 공간을 허무는 것도 중요하다고 봐요.

_시흥혁신교육지구 L교사

지역교육청의 역할

시청과 교육지원청, 교사연구회가 함께 마을교육공동체 사업을 추진하기 위해서는 교육지원청의 의지가 매우 중요하다. 시청과 함께하는 MOU 사업의 경우 대체로 행정직이 관여하고 있고 전문직은 있어도 한 명이 담당한다. 그것도 다른 업무와 함께 담당한다. 게다가 장학사가 한 해에도 몇 번씩 바뀌는 경우가 생긴다. 교육지원청의 의지는 사람과 역할을 정해주는 것으로 시작한다. 보고받는 역할이 아니라 직접 보고 듣고 방법을 찾아내며 소통하는 역할을 해야 한다.

교육청 내에 혁신지구 팀이 있어요. 팀장이 6급 행정직이죠. 교육청 자체는 계급 구조예요. 행정직과 전문직이 나뉘어 있고 전문직은 8명뿐이에요. 여기서 보면 팀장은 교육 지원과 경영 지원이에요. 교육청 내에 행정직이 아닌 전문가가 있어야 해요. 마을교육공동체 팀이 있고 장학사 등과 함께 팀워크로 진행해 교사든 연구회든 결합되어야 해요. 또 장학사가 거의 1년에 한 번씩 바뀌는데 이 사업에 대해 지속적인 의지를 가질지 의문이에요.

_교사연구회 A교사

교육지원청의 입장이나 노력은 학교장이나 교사들에게 많은 영향을 미친다. 지자체와 연대하여 마을사업을 하는데, 혁신학교나 마을교육공동체에 관심이 없었던 장학사가 회의에 참석하게 되면 당연히 회의의 내용을 왜곡하거나 오해하기 쉽다. 낯선 일을 하는 장학사는 학교에 공문을 형식적으로 보내거나 축소하여 보내게 된다. 그러면 학교는 마을사업의 전모나 목적을 알지 못한 채 배정된 예산을 학교 차원에서 생각하여 쓰게 되고, 제안된 프로그램은 폐기되고 만다.

지난번에 센터 때문에 같이 회의를 하는 자리가 있었는데 구색을 맞춰달라고 해서 여러 선생님들을 불렀어요. 그런데 담당 장학사는 혁신과 마을에 대한 이해가 없는 사람이었어요. 교육청은 혁신학교 추진뿐만 아니라, 4~5년 동안 혁신지구에도 전혀 도움이 안 됐다고 해도 과언이 아니에요.

_교사연구회 A교사

마을신문 장곡타임즈

신문에서 장곡마을 신문으로 축소 변화한 장곡타임즈는 종이신문을 아끼고 채산성을 맞추기 위해 시작했지만, 교사들이 마을연구모임에 참여하면서 마을만들기 역할까지 하고 있었다. 마을 안에서 아이들을 가르치지만 마을에 관심이 없는 교사를 마을의 교사이자 지역철학의 생산자요 전수자 역할을 하게 만들려는 꿈이 장곡타임즈에 있었다. 마을의 문제를 보도하고 보다 살기 좋은 마을을 만드는 데 기여하고 싶은 마음이 장곡타임즈에 있었던 것이다.

> 이번 호 톱은 20세의 치킨집 배달 학생이 동네에서 교통사고로 죽었는데 '그냥 넘어갈 문제인가, 동네에 차 없는 거리라도 만들어야 하지 않겠느냐' 하는 것이었어요. 누군가 마을사업을 한다고 할 적에 신문이 있다는 것은 고속도로가 깔려 있다는 걸 말해요. 신문이 사업 자체가 되기보다 마을사업을 하는 데 아주 좋은 인프라가 될 것이라는 생각해요. 전국에서 온 사람들의 이야기를 많이 들었었는데, 이구동성으로 마을신문은 정말 필요한데 아직 역량이 안 돼서 못한다고 해요. 신문은 전문성이 있어야 하고, 비용이 많이 드니까 다른 데서는 감당을 못하는 것 같아요.
>
> _장곡타임즈 편집장

장곡타임즈가 마을사업에 기여하기 위해 학교와 적극적으로 연대하고 싶었으나, 학교의 벽은 여전히 높고 기자에 대한 거부감을 해결하는 일이 쉽지 않다고 한다. 지역의 사람들이나 학부모들은 교육에 큰 관심을 보이고 있지만, 학교는 그 안에서 이루어지고 있는 일을 사실적이고 심층적으로 보도하는 것을 허락하지 않는다. 또한 학교신문과 지역신문이 함께 신문사를 운영하는 방안 역시 아직 시도되지 못하고 있다. 그러나 장곡타임즈는 주민과 학부모, 아이들이 지역의 소식을 접하고 학교는 그것을 수업 교재로 사용하면서, 지역의 문제를 함께 탐구하고 비전을 만들어가는 일을 꾸준히 시도할 계획이라고 한다.

우리가 바라는 것은 학생들이 이것을 통해서 동네 문제를 알았으면 좋겠어요. 우리가 기사를 쓸 때는 실제 학교 수업에서 교재로 사용해도 될 만한 질을 가져야 한다고 의식해요. 그러나 학교에서는 실제 신문을 가지고 수업을 할 때 중앙지를 가지고 해요. 한국 사회는 선생님들도 그렇고 다들 생각이 중앙으로만 가 있어요. 아이들이 동네 문제를 파악하면 나 혼자만 사는 게 아니라는 것이 어릴 때부터 교육이 되지 않을까 싶어요. 마을신문이 학교와 마을의 좋은 다리 역할을 할 수 있다고 생각하는데, 학교 쪽이 아직 그런 마인드가 없는 것 같아요.

_장곡타임즈 편집장

혁신교육지구 사업의 힘

시흥의 사례는 혁신교육지구의 연장선상에서 검토할 필요가 있다. 혁신교육지구의 추진으로 지역연구회 교사들이 시청과 함께 교육 활동을 시도해왔고, 이는 마을교육공동체를 추진하는 좋은 기반이 되었다. 따라서 혁신교육지구와 마을교육공동체를 적절하게 결합하는 정책이 필요하다. 문제는 학교현장을 잘 알고 있는 교사들이 네트워크 구축에 함께 결합하는 일이다. 시흥은 혁신교육지구 사업에 혁신학교 교사들이 적절하게 배치되어 있어 가능했지만, 그렇지 않은 곳은 마을에 관심 있는 교사들이 함께 참여할 수 있는 길을 열어주는 것부터 시작해야 한다.

마을교육과정을 만들기 위해 시흥에서는 인적 네트워크를 구축하는 작업을 했다. 학교교육과 관련된 다양한 단체들을 만나 함께 할 수 있는 일을 고민하는 일이다. 일단 마을과 교육을 중심에 놓고 이루어지는 만남이 중요하다. 마을은 학교의 높은 벽을 이야기하고, 학교는 마을에서 도와주지 않는다는 말들로 시작하겠지만, 점차 서로를 이해하고 함께 할 부분을 찾게 될 것이다.

앞서 살펴봤듯이 센터에서는 시흥시의 전체적인 그림을 그리고 있지만, 학교를 중심으로 한 작은 단위 마을로 들어갔을 때는 또 다른 역할이 필요하다. 따라서 마을교육공동체를 구축하는 데 있어서 도 단위, 지역 단위, 작은 마을 단위에서 해야 할 일들을 선명하게 제시하여, 적절한 역할을 할 수 있도록 정책에 반영해야 할 것이다. 마을교육공동체를 혁신교육지구와 연계하여 추진한다면, 최소한 혁신지구 교육지원청의 인적 구성이 그것에 대한 철학과 의지를 갖춘 사람으로 채워져야 하는 것은 당연하면서도 중요한 문제다.

5. 마을에 관한,
    마을을 통한,
    마을을 위한 교육

마을에 관한 교육 learning about community

마을에 관한 교육은 학생이 속해 있는 마을과 지역에 대하여 배우는 것과 관련된다. 즉, 학생들이 그 지역사회가 가지고 있는 역사적, 자연적, 문화적, 산업적 특수성과 발전 양상을 배운다.

교육지원청이나 기초지방자치단체에서 마을지도를 만들고, 마을의 다양한 역사나 문화를 학교에 소개하는 일이 마을에 관한 교육이다. 학생들은 각 지역마다 가지고 있는 고유한 환경적, 문화적, 역사적 특수성을 학습하여 그 사회 공동체의 일원으로서 가치관과 생활방식을 공유하게 된다.

더 나아가 타 지역과의 협력과 상생을 위하여 다름differences에 대한 이해, 다양성에 대한 인식, 민주적 시민정신 등을 기르고, 세계화와 지역화의 경계를 넘나들 수 있는 역량을 함양하

삼각산 재미난 마을의 마을지도

게 된다. 마을을 잘 아는 학생들은 자기 삶에 대한 자긍심과 자존감도 높고, 마을을 넘어 세계로 나아가는 열정의 원동력을 갖게 된다.

마을을 통한 교육learning through community

마을을 통한 교육은 그 지역사회의 인적, 문화적, 환경적, 역사적 인프라를 적극적으로 활용하여 이루어지는 학습 형태를 말한다. 학생들은 마을의 교육 인프라와 자원을 통해 배움을 실천한다.

예를 들어 재능 기부자들이 학생들을 위해 직업교육을 시키고, 문화·체육 시설과 기관들은 학생들을 위한 사회적 배움터가 되며, 마을의 생태계, 기업, 농장 등은 훌륭한 교육 프로그램이 될 수 있다. 이처럼 마을을 통한 교육을 위해서는 지역에 산재해 있는 기존의 교육 인프라와 자원을 발굴하고, 이를 연대시키며 적극적으로 활용할 수 있는 체제가 구축되어야 한다. 말 그대로 마을을 통한 교육이 가능해지는 일이다. 이는 지역사회 기반 교육공동체를 구축하는 일과 밀접하게 관련되어 있다.

이를 위해서는 기존처럼 마을공동체의 임의성과 자발성에 기초하는 것이 아니라, 명확한 기획과 의도를 가지고 접근하는 교육공동체 구축이 필요하다. 사실 공동체 구축을 위한 문화적인 토대나 인프라가 정립되지 않은 상태에서 자발적인 확산이나 교육공동체 구축은 요원한 일이다. 따라서 자원, 기획, 목적을 투입해서 '의도적 교육공동체'를 구축하는 단계가 필요하다.

이러한 공동체에서 이루어지는 학생들의 배움은 참여, 실습, 탐방,

체험, 실천 등의 방법이 될 것이며, 학생들은 이를 통해 공동체 일원으로서 사회적 학습 역량을 키워나가게 될 것이다.

마을을 위한 교육 learning for community

마을을 위한 교육은 학생들이 지역사회 발전의 훌륭한 자원이 될 수 있도록 미래 진로 역량을 키워주는 활동이다. 그 지역사회가 가지고 있는 환경적 기반을 근거로 하는 문화, 자원, 사회, 경제 등의 학습은 학생들의 진로교육을 이루고 자연스러운 관심을 유발한다. 이는 지역사회의 발전, 산업의 활성화를 위한 미래 자원과 인재를 육성하는 차원의 교육이 될 것이다.

마을을 위한 교육을 통해 학생들은 자신의 삶의 터전, 이웃과 공동체를 위하여 할 수 있는 일들을 고민하게 되고, 이러한 고민과 배움의 결과는 그 지역공동체의 지속가능한 발전을 위한 초석이 된다. 이는 궁극적으로는 교육과 마을공동체가 하나의 유기체적 관계를 맺게 되는 것이다.

마을교육공동체가 학교개혁이 아닌 지역사회 교육개혁인 이유도 여기에 있다. 현재 마을교육공동체 사업의 목표와 노력, 투자(자원) 등 많은 활동과 내용이 학교에 집중되어 있지만, 앞으로 이 사업의 확대 발전된 모습은 학교가 아니라 지역사회 교육개혁으로 집중되어야 한다. 따라서 기존 '혁신교육지구 사업'을 마을교육공동체 구축으로 전환해야 하며, 사업의 초점도 학교개혁이 아니라 지역사회 교육 자원, 인프라 발굴과 개발에 집중하는 이유도 여기에 있다. 현재 혁신교육지구 사업의 일환으로 진행되고 있는 학교의 각종 프로그램 개발 및 운영에 대한 부담과 책임이 학교에서 지역사회 또는 지원센터의 역할로 이전되어야 한다. 그래야 마을에서 학생들을 키워낼 수 있다.

협력적인 교육 거버넌스의 체제 구축도 마찬가지이다. 현재 명목상으로만 구축되어 있는 교육 거버넌스 체계를 새롭게 살피고 공고히 해나가야 한다. 학생들에게 마을을 위한 교육을 하려면 기초지방자치단체의 역할과 권한의 범위를 명확히 해야 한다. 교육청의 전문성과 기초지방자치단체의 자원과 행정력, 지역사회의 참여, 학교 개혁 등을 함께 아우르는 협력적 관계 형성이 필요한 이유이다. 마을교육공동체의 기획과 실행을 위한 신설과, 중간지원조직 등을 만들어 학교공동체와 지역사회 교육공동체를 지원하고 구축하려는 일도 마을을 위한 교육에 속한다.

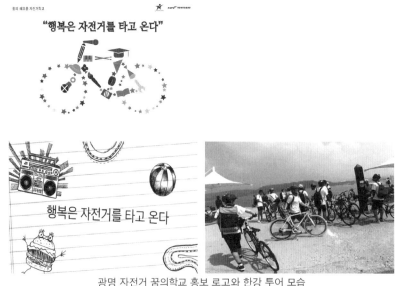

광명 자전거 꿈의학교 홍보 로고와 한강 투어 모습

마을을 위한다는 것
: 의정부 꿈이룸학교 2

청소년이 스스로 만들어가는 프로젝트 마을학교

꿈이룸배움터가 무엇인지 한 줄로 설명하기 위해 이래저래 고민을 많이 했다. 함께 머리를 맞댄 끝에 나온 것은 '청소년이 스스로 만들어가는 프로젝트 마을학교'였다. 여기에는 세 가지 교육적 원리가 숨어 있다.

첫째, 청소년이 스스로 만들어간다는 점이다. 학교처럼 일방적으로 주어지는 배움이 아니라 청소년 스스로 주체가 되어 배움을 기획하고 진행해나간다는 것이다. 청소년들은 공교육에서는 스스로 배움을 만들어가는 기회를 가지기 어렵다. 피동적으로 학교와 선생님이 주는 교육을 받기만 하면서 학습자들은 배움의 흥미를 점점 잃어가고 배움의

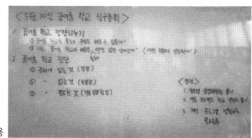

꿈이룸학교 식구총회 내용

자발성은 떨어진다. 그러는 동안 학교는 괴로운 공간이 되어간다. 중고등학교에서 수업 시간에 자는 학생이 많은 이유는 배움의 자발성을 일으키지 못하기 때문이다.

학습자가 배움의 자발성을 회복하고 배움의 주체가 되려면 스스로 학습 내용을 선택해야 하고 자기가 생각하는 방식으로 진행할 수 있어야 한다. 꿈이룸배움터에서는 기존 학교교육의 패러다임을 벗어나 스스로 배움을 기획하고 진행하는 것을 가장 중요하게 생각한다. 실제로 여기 모인 청소년들은 배움에 끌려다니지 않는다. 진지하고 성실하게 자기 행동에 책임을 지며 배움에 참여한다. 학교에서 엎드려 자는 아이들이 어떻게 꿈이룸배움터에 와서 활발하게 배움을 찾아가는지 보고 학교교육을 바꾸기 위한 과제를 찾아야 한다는 생각이 들었다.

둘째, 프로젝트 활동을 교육 방법으로 삼고 있다. 프로젝트는 학생들이 스스로 제안하고 기획한다. 여기서 교사는 더 이상 가르치는 존재가 아니라 학생들이 스스로 배움을 찾아갈 수 있도록 조언하는 역할, 배움을 촉진하는 촉진자, 즉 퍼실리테이터 역할을 해야 한다. 쉽지는 않다. 학부모 한 분이 길잡이 교사를 해보겠다고 했다가 프로젝트가 망쳐진 경우가 있었다. 많은 사람들은 프로젝트 학습에서조차 학습자들을 자기가 원하는 방식으로 끌고 가려는 오류를 범한다. 교사의 역할에 대한 성찰과 고민이 되어 있지 않으면 어려울 수밖에 없다. 아이들과 끊임없이 대화를 하고 무엇이 필요한지 느끼게 하고 스스로 해결할 수 있도록 유도하는 역할을 해야 한다. 이를 위해 프로젝트에 참여해서 청소년들의 배움을 돕는 교사를 길잡이 교사로 부르고 전문성을 높이기 위해 길잡이 교사 연수를 하고 있다.

다음은 꿈이룸학교 프로젝트 계획안과 활동 일지다. 많은 분들이 아이들이 스스로 어떻게 프로젝트를 진행하느냐고 의아해하며 물어보곤 하는데, 그동안 주고받는 교육에만 익숙한 어른들은 상상하기 어렵다. 아이들은 스스로 할 수 있게 믿어주고 지지하고 지원해주면 너무나 잘한다.

셋째, 지역 기반 인프라를 발판으로 가정, 학교, 지역사회를 연결하는 마을학교라는 점이다. 지역 기반 인프라는 마을학교를 통해 선생님도 되고, 수업 자료도 되고, 든든한 지원 세력이 된다. 이를 통해 아이들은 공동체로서 자기 마을을 사랑하고, 마을에서 고민하고 마을에서 성장하게 된다.

무학년제 학교

전에는 핀란드에서 맞춤식 개별화 교육을 위해 무학년제로 2~3개 학년 아이들을 한 학급으로 구성하는 것이 이해되지 않았다. 하지만 꿈이룸학교에서 학생들이 스스로 무학년제로 프로젝트를 진행하면서 서로에게 좋은 영향을 주고받는 걸 보면서 우리가 공교육 학교의 틀을 얼마나 한정 짓고 있었는지 느끼게 되었다.

얼마 전 기자단 프로젝트 팀이 기자단 활동을 원활하게 하기 위해 기사 쓰는 법을 배우고자 국민일보 신문기자를 초청했다. 이 역시 학생들의 발상에 나왔는데, 초청되어 온 기자가 다양한 연령층(초5~고3)에 깜짝 놀라고 이렇게 진지하게 함께 배우는 것에 두 번 놀랐다고 한다. 원하는 것을 배우는 데에 학년별 제한은 필요가 없는 것 같았다. 심지어 길잡이 교사 연수에 고3 학생들이 함께하고 있는데, 나중에 NGO 단체에서 일하는 것이 꿈이며 고등학교 졸업하면 이곳에서 길잡이 교사를 하고 싶다고 말한다. 학생들은 꿈이룸학교를 통해 자신의 진로를 찾고 있었던 것이다.

학교 밖 학교

꿈이룸학교에는 공교육 아이들 330여 명, 대안학교 학생 20여 명, 홈스쿨러 10여 명이 섞여 있다. 이 아이들 사이에 놀라운 전이가 일어나고 있었다. 대안학교 아이들의 순수함과 자유로움은 공교육 아이들에게 충분한 자극이 되었고 학생들을 리드했다.

공교육 아이들 중에서도 혁신학교 아이들은 학교에서 배웠던 대로 진취적으로 활동하고 토론을 주도하였다. 일반학교의 아이들은 처음에는 주춤거렸지만 서로에게 동화되어 자유로움을 찾아갔다. 정말 행복하고 놀라운 전이 현상이었다. 이런 학교 밖 학교가 왜 필요한지 충분히 설명되었다.

새로운 고민과 교육적 상상력

꿈이룸학교를 하면서 새로운 고민이 생겼다. 늘 경쟁에 시달리는 아이들이 여기서 마음껏 자기 의견을 말하고 서로 토론하면서 함께 만들어가는 과정을 통해 힘을 받아서 가기만을 바랐다. 그걸로 충분하다고 생각했다. 그럼 아이들은 학교생활을 잘 이겨낼 수 있을 거라 생각했다. 하지만 내가 생각한 것보다 아이들은 더 나아가고 있었다. 학교의 문제점을 느끼고 진정한 배움이 무엇인지 스스로 깨닫기 시작했다. 홈스쿨러 아이들도 영향을 주면서 홈스쿨링에 대해 고민하는 아이들도 생겨났다. 학교가 지옥 같고 꿈이룸학교는 너무 행복하다고 말한다. 이런 모습을 보면서 앞으로 어떻게 해야 할까 고민에 빠지게 된다.

꿈이룸학교로 함께 만들어가는 마을교육공동체

꿈이룸학교를 지원하기 위해 '마을 서포터즈'란 이름으로 지원을 해주실 마을 어른들을 모았다. 놀랍게도 88분이나 마을 서포터즈에 가입하였다. 마을 서포터즈는 교사 21명, 학부모 48명, 시민 19명으로 구성되었다. 실제로 이분들이 지지해주고 필요한 교육 자원을 연결해주며 길잡이 교사를 보조하는 역할도 하고 있다.

꿈이룸학교 밴드를 만들었더니 의정부 관내 학부모들이 계속 꿈이룸학교 밴드에 가입하고 있다. 아이를 보내고 있지는 않지만 이런 교육을 하고 있는 기관을 알아보고자 가입하는 분도 있었다. 꿈이룸학교 밴드에는 현재 249명의 학부모, 교육청, 교사, 지자체가 함께 들여다보면서 지원할 방법을 찾고 있다. 더 좋은 인프라를 소개하고 함께 청소년들을 바르게 키우기 위해 고민하고 있다.

마을이 제대로 결합하고 있다. 학부모들이 길잡이 교사들의 열정적인 지도에 감동하고 프로젝트 활동에 보조 길잡이 교사로 참가하기 시작했다. 교육 기부자들이 결합하고 프로젝트 활동에 도움이 될 만한 의정부 인프라에 대해 계속해서 의견이 개진되고 있다. 꿈이룸학교로 마을교육공동체가 연결되고 있는 것이다. 마을교육공동체가 그리 먼 것이 아니란 생각이 든다.

뭘 배우지? 어떤 삶을 살까? 어떻게 성장할까?

월 1회 길잡이 교사들과 프로젝트 팀장 청소년들이 참여하는 꿈이룸학교 식구 총회를 열었다. 꿈이룸학교 공모 계획서는 냈지만 학생들과 교육 비전을 함께 수립한 적이 없어서 함께 두 가지 질문에 대한 생각을 나누는 시간을 가졌다.

첫 번째 질문은 꿈이룸학교에서 무엇을 배우는가? 그동안 프로젝트 활동을 통해 청소년들이 배운 내용과 배우고 싶은 내용을 적고 이야기를 나누었다. 그 내용은 다음과 같다.

- 사람들과 어울려서 무언가를 만드는 방법
- 많은 사람들과 잘 지내는 법
- 새로운 사람을 만나 친해지는 것
- 나와 다른 연령대와 어울리는 법
- 스스로 배우는 방법
- 프로젝트를 계획하고 실행하는 능력
- 서로에게 귀 기울이기
- 사람 대하는 법
- 책임감, 즐거움, 공동체, 경험, 나누는 것
- 꿈이룸배움터의 가장 큰 장점은 자신이 하고 싶은 일을 사람을 모아 직접 계획할 수 있다는 것이다. 스스로 계획하고 그것을 현실화한다면 좋은 사회 수업이 될 것 같다.
- 기존 일반학교와 다른 공동체 생활을 통해 사회성이 결여되는 요즘 학생들에게 사회성을 심어줄 수 있을 것 같다.

두 번째 질문은 꿈이룸학교의 배움을 통해 어떤 삶을 살게 될까? 어떤 모습으로 성장하게 될까? 학생들의 답변은 예사롭지 않았다.

- 순리에 맞춰 살지 않기
- 자기 의사를 잘 표현하는 삶
- 자존감이 높은 사람 그래서 실패를 두려워하지 않는 삶
- 나를 사랑하는 사람
- 지속가능한 가치 있는 삶
- 내가 주인이 되는 삶
- 하고 싶은 걸 하면서 남에게 피해를 주지 않는 사람
- 나눔을 할 수 있고 그 나눔을 통해 나와 타인이 공존하는 어른(삶)
- 처음 보는 사람과도 쉽게 이야기 가능(친화력)
- 다른 사람에게 도움을 주는 삶
- 이 활동을 하면서 많은 사람들과 소통하고 배우면서 즐거운 삶을 살아갈 것입니다.

- 내가 어떤 일을 하며 살아갈지는 모르지만 사람들과 잘 어울리며 자신감 있는 모습으로 살아갈 것 같다.
- 저는 지금 어른이 되면 선생님이 될 것이라는 꿈이 있는데 꿈터를 통해 자율이 얼마나 중요한지 알게 되어서 자율을 중요시하는 선생님이 되고 싶습니다. ps. 나중에 꿈이룸배움터에서 일할 것이다.

다양한 활동들

4월부터 5월까지 주말에 모여서 다양한 프로젝트 활동을 하였다. 에피소드가 많았는데 서로 모르는 청소년들이 모여 있다 보니 서로 다가가기가 참 힘들었다. 프로젝트 활동 시작 전이나 활동 후 서로 알아가는 단합대회를 팀별로 하기도 했다. 공간 팀, 길 팀의 경우 대안학교 교실을 빌려서 다양한 게임을 통해 서로 친해지는 시간도 가졌고 프로젝트 회의가 끝난 뒤 꿈이룸학교 옥상에서 싸 온 음식을 먹으며 친해지는 시간도 가졌다.

기자단에서는 청소년 영화관을 만들어서 'ACCEPTED'란 영화를 상영하고 서로 생각을 나누는 활동을 했다. 내 시장 프로젝트 하는 팀은 의정부 제일시장 지도 제작을 위해 협의하고 시장을 탐방했다. 길 팀의 경우 지역 역사 전문가가 와서 강의를 들었다. 울 할매 팀은 신곡노인종합복지관에 가서 관장님과 노인 복지사분을 만나면서 할머니들을 어떻게 만나고 인터뷰를 진행할 것인지 논의를 했으며, 공간 팀에서는 자기들의 공간을 채울 가구를 직접 제작했다. 구 북부청사 한쪽 구석에는 미니 공방이 만들어져 가구를 제작하고 있다. 구 북부청사 앞 화단이 놀고 있는 것을 보고 텃밭 가꾸기 프로젝트도 시작되어 열심히 땅을 갈았다.

이렇게 프로젝트를 한 활동들은 각 프로젝트별로 성과를 정리하고 기자단을 취재하여 10월 온 마을 축제에서 멋있게 발표할 예정이다. 청소년들이 스스로 프로젝트를 완수해내고 자랑스럽게 발표하는 모습이 그려진다.

마을교육공동체로 더 나아가기 위해

꿈이룸학교를 통해 마을이 하나 되는 경험을 하기 시작했다. 청소년들의 건전한 활동 모습에 마을 주민들은 있는 힘껏 도움을 주었다. 처음에는 단위 학교에서 출발해서 학부모를 모으고 지역사회와 연결하여 마을교육공동체를 만들어야 한다고 생각했다. 하지만 학교 밖 학교를 통해서 학교를 뛰어넘어 하나가 되는 새로운 공동체 경험을 만들어낸 것이다. 그만큼 마을교육공동체는 다양한 방식으로 존재할 수 있다는 생각이 든다.

학교 밖 학교이기 때문에 학교와 상관이 없다고 생각할 수 있겠지만 꿈이룸학교를 통해서 학생들은 혁신학교뿐만 아니라 일반학교, 대안학교, 홈스쿨링 학생들까지 꿈을 키우고 자존감을 살리고 자기 삶의 주인이 되는 경험을 하고 있다. 학교의 한계를 넘어서고 있는 것이다. 여기에 있는 학생들은 꿈이룸학교의 긍정적 경험을 학교에 가서 전파하고 그를 통해 학생들의 주체적 삶을 일깨우고 있는 것이다. 나아가 학교교육이 어떻게 바뀌어야 하는지도 보여준다. 배움의 자발성을 눈으로 목격한다면 학교교육의 변화를 위해 무엇을 해야 할지 다시 고민하는 계기가 될 것이다. 적어도 의정부에서는 이렇게 학교혁신과 마을교육공동체가 연결되는 작지만 큰 경험을 하게 된 것이다.

'찾아가는 마을 사랑방'이라는 마을교육공동체 사업을 통해 30여 분의 교육청, 학교, 학부모, 지역 주민이 만나 마을교육을 함께 고민할

수 있는 자리가 의정부 송산 1동에서 열렸다. 이때 나왔던 마을교육
공동체를 만들기 위한 아이디어는 다음과 같다.

송산동 마을교육공동체를 위하여

1. 당장 할 수 있는 일
• 마을 어른 찾아가기
• 우리 동네 그늘진 곳을 아이들과 예쁘게 꾸미기
• 선후배가 함께 나누는 학교 이야기
• 우리 마을 여행
• 동네에 모여서 옛 놀이하기(어른과 함께): 연날리기, 무궁화 꽃이……
• 마을 청소하기+쓰레기 버리지 않는 날(주 1회)
• 부용천 벽화 그리기
• 산에 가는 날 만들기
• 어린이날 마을 잔치
• 음악(밴드) 동아리
• 스포츠 동아리
• 마을 극장(학교 운동장에서 저녁 가족들과 영화 보기)

2. 지속적인 노력이 필요한 일
• 환경 지킴이의 하나로 친환경 물품 만들기
• 마을지도 만들기(학교, 쉼터 등 도움 주는 곳)+행사 연간 일정 공유
• 사업 공유를 위한 온라인 공간 활용(예: 주민센터 홈페이지의 게시판)
• 배우는 소모임 공유
• 주민센터 도서관 활성화 공부방 운영(동장님 관심 많으심)
• 아이들 등하교 학부모 함께 하기
• 자원봉사로 이루어지는 돌봄을 사랑방에서 행해질 수 있게 장소 제공
• 사랑방 좌판대 개설

송산 1동에서는 이런 사업을 추후 지속하기로 했고 그전에 먼저 네
팔 지진으로 인한 피해 주민 돕기 프리마켓을 인근 마을 주민들과 함
께 열기로 하고 사업을 준비하기 시작했다. 교육청에서 자리만 만들고
물꼬만 텄을 뿐인데 마을 주민들은 정말 열심히 참여했다.

더욱 놀라운 점은 이런 활동을 직접 와서 보고 꿈이룸학교 밴드를

송산마을사랑방 주최 네팔 돕기 프리마켓 홍보지와 꿈이룸학교 고민 나눔

통해서 본 다른 동 주민들이 자기들도 준비할 테니 '찾아가는 마을 사랑방'을 열자고 하였다. 이러한 물결은 아마 봇물처럼 이어질 것 같다.

다만 걱정이 있다면 학교가 쉽게 문을 열지 못한다는 점이다. 송산 1동의 경우 혁신학교인 솔뫼초 교사들이 적극적으로 결합해서 가능했었다. 학교의 신뢰는 문을 더 열수록 커진다. 문을 닫은 만큼 마음도 닫히는 법이다.

지금까지 꿈이룸학교를 통한 마을교육공동체 형성 과정을 적어보았다. 혁신학교에 근무하고 학부모와 거버넌스 구축에 많은 노력을 하고 성과를 거둔 적이 있지만, 마을이 이렇게 하나 되는 느낌은 처음이었다. 솔직히 처음에는 주민들과 교사들의 시선이 시릴 정도로 차가웠다. 특히 교육청이 나서는 것에 불신을 보였다. 이제는 어느 정도 따뜻함이 느껴진다. 이런 따뜻함이 더 모이면 마을공동체를 넘어 앞으로 의정부교육공동체도 만들 수 있으리란 희망을 가져보게 된다.

3부

공동체, 교육공동체, 마을교육공동체

1. 교육 변화와
마을교육공동체

　교육에 관한 논의에서 시장, 경쟁, 게임의 논리가 주류를 이룬 것은 어제 오늘의 이야기가 아니다. 많은 이들이 수많은 공교육의 문제점을 지적한다. 사교육 문제, 학교 붕괴, 학원 폭력과 소외 등. 이러한 공교육 문제의 가장 정점에 위치한 본질적인 문제는 무엇일까?

　안타깝게도 '10%를 위해 90%를 희생시키는 이기적인 교육'이 우리나라 교육의 현주소이다. 일반계 고등학교에서는 거의 모든 고등학생들이 명문 대학을 가는 학생들만큼의 시간과 노력을 '공부'에 투자하고 있다. 이를 위해 학교는 문제풀이식 수업, EBS 청취 수업, 사교육을 지원하는 수업을 진행하고 있다. 학부모, 학생, 학교까지 모두가 불나방이 되어버린 이 시대에 도대체 우리는 누구를 위한 교육을 하고 있는지 반문하지 않을 수 없다. 이러한 일방적인 공부로 혜택을 보는 학생들이 과연 얼마나 되는 것일까.

　지금까지 이루어지고 있는 교육혁신의 방향을 자세히 보자. '기초학력을 기반으로 자신의 꿈과 끼를 개발하여 미래를 설계할 수 있는 역량을 기르는 교육'에 중점을 두는 모두를 위한 교육임에도 불구하고 현실은 여전히 소수를 위한 교육이 중심이 되고 있다.

교육을 이야기할 때 우리는 학교의 역할만을 생각하기 쉽다. 하지만 정작 오늘날 학교는 이미 과부하가 걸려 있는 상태이다. 학교에는 아이들의 돌봄, 상담, 체험활동, 복지 등의 짐이 지워져 있다. 언제부터 이러한 고민이 가정과 사회가 아니라 학교의 책임이 되었는가. 지금까지 공교육의 문제를 해결하고자 하는 제도적·정책적 노력들이 학교로 쏟아졌던 것이 사실이다. 이제는 발상의 전환이 필요하다. 이제는 공교육의 문제를 해결하기 위하여 학교뿐만 아니라 지역사회와 가정이 나서야 한다.

마을교육공동체가 필요한 이유는 학교와 가정, 지역사회의 교육 주체들이 서로 모였을 때 시너지 효과를 기대할 수 있기 때문이다. 지역사회나 마을이 과거와 같은 교육적 기능을 회복하고, 가정이 본연의 교육적 역할을 수행하였을 때 비로소 학교와 공교육이 바로 설 수 있다. 교육을 위한 사회적 연대와 신뢰는 사회적 자본을 형성하게 되고, 이러한 사회적 자본은 교육의 새로운 가치를 창조해내는 밑천이 될 것이다.

강남에는 '돼지엄마'가 산다. 대학입시 정보를 독점적으로 소유하고, 자기들만의 학생 그룹을 만들어 우월적이고, 배타적인 사교육 기회를 독점하는 엄마들을 '돼지엄마'라고 한다. 이들은 뭉쳐야 유리하다는 것을 감각적으로 체득하고 이를 잘 이용하는 사람들이다. 다만 자기 아이들을 상위 10% 혹은 5%로 만들기 위해서 이기적일 뿐이다.

이제는 90%의 아이들을 위해서 우리 모두가 뭉쳐야 한다. 약하기 때문에 모이지만, 모였기 때문에 강해질 수 있다. 공동체는 약자들의 언어이지만 승리를 위한 언어이기도 하다. 노원 공릉동 작은 센터의 활동 모습은 이런 모습을 잘 보여준다.

서울시 노원구 공릉동에는 작은 실천을 통해 변화를 주도하는 청소년들이 있다. '시작된 변화'라는 프로젝트를 통해 아이들은 공릉동의 문제를 찾아내고 이를 해결해나가는 사회 참여 활동을 진행하고 있다. 예를 들어 마을환경 문제, 유기동물 문제, 인사하기 캠페인, 지역문화 알리기, 독거노인을 위한 말벗봉사 등 다양한 프로젝트를 아이들 스스로 경험하고 실천하는 것이다. 또한 공릉동의 직업인들을 탐방하고 소개하는 프로젝트를 진행하여, 소극단의 배우와 스태프, 제과 기능인, 의사, 협동조합 운영인, 주부, 바리스타, 자원봉사자 등의 직업세계와 일상을 소개하는 '공릉동 사람들 이야기'라는 책자를 만들기도 하였다. 이러한 참여활동을 통해 아이들은 스스로 비판하고, 협력하고, 실천하고, 성장한다. 이를 위해 마을 지자체, 학교, 청소년문화정보센터, 지역사회, 학부모회 등도 서로 연대하고 참여하며 협조한다.

지난 수십 년간 우리는 공교육을 바로 세우기 위하여 끊임없는 교육개혁과 혁신을 단행하였다. 그리고 이러한 개혁과 변화의 대상은 학교였다. 학교가 변해야 공교육이 바로 설 것이라 믿었고, 교사와 수업의 질이 높아져야 올바른 교육이 이루어질 것이라는 신념이 있었다. 하지만 여전히 개혁에 대한 요구들이 산적해 있으며, 아이들은 스스로를 불행하다고 말한다.

우리는 공교육의 문제가 학교의 변화만으로 해결될 수 없다는 것을 알게 되었다. 이제는 '공교육 바로 세우기'가 단위 학교의 개혁을 넘어 지역사회(마을)의 교육혁신이 되어야 한다. 학교와 지역사회가 함께하는 마을교육공동체를 구축해야 한다.

마을 속에서 이루어지는 공동체 교육은 아이들의 경험 확장에 중점을 두고, 스스로 학습할 수 있는 기회를 제공하며, 자신의 미래와 진로를 개척해나갈 수 있는 역량을 함양시키는 교육이다. 아이들이 마을 속에서 교육을 실천하려면 학교뿐만 아니라 지역사회, 기업, 지방자치단체, 교육청, 시민단체, 재능 기부자 등 이 사회의 모든 구성원들이 적극적인 교육 주체가 되어야 한다.

김포마을교육공동체 박람회 포스터

교육공동체란 교육에 대해 뜻을 함께하는 사람들이 아이들의 올바른 배움과 성장을 위해 함께 고민하고, 협력하고, 실천하여 하나의 '우리'가 되는 정서적·규범적 결합체이다. 이때 구성원들이 갖는 '우리'라는 정서적 유대와 신뢰는 서로를 연결시키고, 비전을 공유하고 협력하게 하는 결속력이자 본질적인 가치가 된다. 교육공동체로서 마을이 아이들을 함께 키운다는 말은 그 마을이 아이들의 배움터가 되고 마을 주민들은 교사나 멘토가 되어 아이들의 올바른 성장에 대한 공동의 권리와 책임을 진다는 것이다.

마을공동체 교육이란 아이들이 마을을 통해서, 마을에 관해서, 그리고 마을을 위해서 하는 학습이다. 아이들은 마을 속에서 자신의 삶과 연관된 학습을 심화시킬 수 있게 된다. 이렇게 마을에서 같이 자라고 배우고 성장한 아이들은 다음 세대 구성원으로서 서로를 신뢰하고 협력할 수 있다. 한 사회의 구성원들이 가지고 있는 신뢰, 연대(네트워크), 지역성은 바로 그 사회의 사회적 자본이 된다. 그 사회의 지속가능한 성장을 위한 원동력이 되는 것이다.

2. 마을교육공동체의 모형

교육공동체

마을교육공동체에는 교육과 관련된 몇 가지 공동체 원형들이 포함되어 있다. 먼저 '교육공동체'라는 하나의 큰 틀에는 '학교공동체'가 있고, '지역사회 학습공동체'가 있으며, 이를 조절하고 지원하기 위한 '교육자치 공동체'가 있다. 학교를 포함하여 지역사회가 하나의 교육공동체가 되려면 위의 세 구성 요소가 유기적으로 상호작용하여 시너지 효과를 낼 수 있어야 한다. 이러한 교육공동체의 유기적 관계를 그려보면 다음과 같다.

학교공동체

학교공동체는 "공감과 학습을 통한 학생 역량 강화"를 기본 가치로 삼는다. 공감은 학습 이전에 선행되어야 하는 상호 이해의 과정으로서 서로의 차이를 이해하고 이를 받아들이는 과정이다(Howe, 2013).

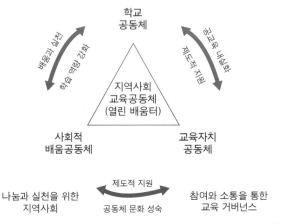

지역사회 기반 마을교육공동체 모형

공감과 학습을 통한
학생 역량 강화

학교
공동체

배움과 실천
학습 역량 강화

협력적 네트워크
제도적 지원

지역사회
교육공동체
(열린 배움터)

사회적
배움공동체

교육자치
공동체

제도적 지원

나눔과 실천을 위한
지역사회

공동체 문화 성숙

참여와 소통을 통한
교육 거버넌스

출처: 김용련 외(2014)

공감은 교사와 교사, 교사와 학생, 학생과 학생 사이에 이루어져야 하
며, 구성원들의 민주적 참여와 문화적 리더십을 기반으로 성숙될 수
있다. 이러한 공감은 학습의 전제 조건이기도 하지만, 학습의 방법이
자 목표이기도 하다. 구성원들 간의 공감을 통해 학습이 일어나고, 학
습을 통해 공감이 확산되기도 하는 것이다. 학교가 하나의 배움공동
체로 거듭나려면 이질적인 참여 주체들 사이에 서로 공감이 이루어지
고, 이들이 참여하는 다양한 작은 공동체들 속에서 협업적 활동이 일
어난다. 공감을 바탕으로 하는 다양한 소공동체는 구성원들 간의 활
발한 토의와 협력적 활동을 진행하게 되고, 이는 자연스럽게 자발적
학습으로 발전한다.

이와 같이 공감으로 시작하여 학습으로 이어지는 '배움공동체'는

궁극적으로 학생들의 역량 강화를 목표로 한다. 배움 중심의 학교공동체를 구축하기 위해 교사와 교사 또는 교사와 학생들이 서로 공감하는 가운데 소공동체 내에서 구성원 간에 이해와 공동의 정체성을 확립해나가는 과정이 필요하다. 학교공동체에서 이루어지는 학생들의 이러한 배움은 순차적으로 지역사회의 배움터로 확장된다. 학교교육은 다분히 인지적 학습이 중심이 되는데, 학생들의 이러한 인지적 학습은 지역사회 배움터에서 다양한 실천과 경험을 통해 비로소 실질적인 역량이 된다. 학교가 지역사회와 다양한 학습 네트워크를 구축해나가야 하는 이유가 여기에 있다.

지역사회 배움공동체

지역사회 배움공동체의 기본 가치는 "나눔과 실천을 위한 지역사회"를 구축하는 것이다. 이를 위하여, (사회적) 기업, 교육청, 지자체, 시민단체, 학부모 등 지역사회 공동체 구성원이 함께 교육의 주체가 되어 그들의 재능과 자원을 나누고 공유함으로써, 학생들의 전인적인 학습과 배움이 이루어지도록 지역사회의 교육 환경과 인프라를 조성해야 한다. 공동체적 사회에서 특정 개인이나 기관이 보유한 재능이나 자원을 다른 구성원들과 공유하면 그 활용과 가치는 증폭된다.

이렇게 지역사회 배움공동체를 만들려면 사회에 산재해 있는 교육적인 기여와 헌신 혹은 희생 등이 공동체 교육을 위한 자원으로 환원되는 선순환적 시스템을 구성하여야 한다. 이러한 지역사회를 기반으로 하는 배움공동체는 학생들에게 다양한 실천과 체험의 기회를 제공하고, 이를 통해 학생들은 학교에서 습득한 가치 지향적 배움과 역량을 그들의 삶과 사회적 현실 속에서 실현시키는 기회를 갖게 된다.

학교에서의 배움을 지역사회로 확장하려면 다양한 사회적 배움터가 사회적 교육기관으로 혹은 교육적 인프라로 개발되어야 한다. 또한 학교는 지역사회 배움터와 다양한 관계망을 구축하여 상호작용할 수 있어야 한다. 이때 사회적 배움터는 학생들이 그들의 배움을 실천하고 심화시킬 수 있는 다양한 시설, 기관, 프로그램 등을 포함한다. 예를 들어 목장, 소방서, 사회적 기업, 공장, 시장, 박물관, 민속촌, 연극 프로그램, 진로개발센터 등 학생들의 역량을 개발하고 강화시키는 데 기여하는 지역사회의 모든 요소를 일컫는다.

교육공동체 내에서는 사회적 기업, 조합, 시민단체, 관공서 등 모든 교육 주체들이 재능을 기부하고 교육적 인프라를 공유하며, 공동의 참여와 자발적 기여로 배움을 활성화시키게 된다. 이런 과정들을 통해 지역사회를 통한, 지역사회에 관한, 그리고 지역사회를 위한 교육이 이루어진다. 학생들뿐만 아니라 교육공동체 모든 구성원들의 학습 역량을 강화시킬 수 있는 상생의 공동체 문화를 만들어가는 것이다.

교육자치 공동체

교육자치 공동체를 위한 기본 가치는 "참여와 소통을 통한 교육 거버넌스" 구축이다. 지역사회를 기반으로 하는 교육공동체는 학교와 지역사회의 연대만으로는 불가능하다. 이를 지원하고 이끌어줄 수 있는 자치적인 교육 거버넌스를 통해 모든 구성원들의 민주적이고 협력적인 참여가 이루어져야 한다. 교육청, 지자체, 지역사회가 중심축을 이루어 제도적 지원뿐만 아니라 공동체적 리더십을 발휘하여 교육공동체 문화를 성숙시키고 더 나아가 공교육의 내실화를 도모할 수 있게 된다.

자치적 교육 거버넌스 체제를 구축하기 위한 핵심적 방법은 모든 지역사회 교육 주체들의 대표가 참여하는 '교육공동체 협의회'와 '교육공동체 지원센터'를 열고 이 두 기구가 유기적 운영될 수 있도록 하는 것이다. 즉 교육청, 지자체, 지역사회가 교육공동체를 위한 교육공동체 협의회와 혁신교육 지원센터를 지원하고, 이 두 기구의 활동과 역할을 보장함으로써 안정적인 교육 거버넌스가 구축될 수 있다.

또한 지역사회를 기반으로 하는 교육공동체 구축을 위해서는 교육청과 지자체의 유기적 관계가 더욱 심화·확산될 필요가 있다. 교육청의 교육 전문성과 행정력 그리고 지자체의 행·재정적 자원은 두 기관이 협력적 교육 거버넌스 체계를 공고히 할 수 있는 핵심적 동력이다. 경기도 교육청과 경기도가 그동안 추진해온 '혁신교육지구 사업'은 두 기관의 이러한 협력적 관계를 구축하는 데 크게 기여한 정책이다.

3. 마을교육공동체는
'상식'으로부터

교육공동체에 대한 논의는 오래전부터 다양하게 진행되었지만, 마을교육공동체와 연계된 이론적·철학적 논의의 시작을 교육철학자 듀이John Dewey(1859~1952)로부터 찾아보고자 한다.

그는 당대 실험학교를 만들고 운영하면서 학교와 지역사회의 연계를 매우 중요하게 생각했다. 그리하여 1890년대부터 민주주의학교, 지역사회학교 개념을 실제로 구현하고자 하였다. 현재 전국적으로 확대되고 있는 혁신학교에서 '혁신학교 = 교육공동체'를 지향하는 점도 이와 깊은 연관성이 있다. 혁신학교를 두고 '민주적 자치공동체'나 '전문적 학습공동체'라고 부르는 용어의 뿌리 또한 듀이의 교육사상이 직간접적으로 깃들어 있다.

듀이는 "진정한 공동체가 형성된 곳은 이분법적인 관점과 삶의 방식을 깬 곳이다"라고 말한다. 이론과 실천이 분리된 곳, 몸과 마음이 분리된 곳, 과거와 현재와 미래가 분리된 곳에서는 공동체를 형성할 수 없다고 본 것이다. 그러면서 "공동체를 위해서 '교육'과 '철학'과 '민주주의'를 동일선상에서 보라"라고 말한다(1916). 교육적이고 철학적이고 민주주의적인 것이 공동체와 긴밀함을 선언한 것이다.

듀이가 말한 공동체의 시작은 아래와 같이 'common'이라는 언어로 부터이다.

'공동(common)', '공동체(community)', '의사소통(communication)'과 같은 단어는 순전히 글자가 유사한 것 그 이상의 연관성을 갖는다. 사람들이 '공동체'에서 살아가는 것은 그들이 무엇인가를 '공동'으로 갖고 있기 때문이며, '의사소통'은 그 '공동'의 것을 가지게 되는 과정이다. 사람들이 사회를 이룩하기 위하여 공동으로 가지고 있어야 하는 것은 목적, 신념, 포부, 지식, 공동의 이해, 또는 사회학자들이 말하는 공동의 마음가짐(like-mindedness)이라고 하는 것이다. 의사소통, 그리고 그것으로 인한 공동의 이해에의 참여, 이것이야말로 사람들로 하여금 유사한 정서적·지적 성향을 갖게 해주며, 기대와 요구 조건에 대하여 유사한 방식으로 반응할 수 있도록 해준다(Dewey, 1916).

듀이에 따르면, 공동체에서 중요한 것은 '상식과 소통을 충분히 갖는 일'이다. '상식'은 공동체가 가진 '공동의 그 무엇'이고, 소통은 공동의 '그 무엇을 갖게 되는 과정'이다. 그 가운데 상식은 교육 주체가 교육적인 관심사와 흥미가 많고 다양해야 한다는 점을 말한다. 상식을 폭넓게 가지려면 인간 본성 속에 들어 있는 '충동'과 '습관'과 '지성'의 유기적인 흐름이 중요하다. 예를 들어 혁신학교는 학교라는 시간과 공간 속에서 교육 주체들의 욕망과 이해관계가 서로 다르지만, 이를 지성으로 모으면서 교육적 상식을 넓혀왔다. 공동체는 '공통적인 것'을 최대한 확장하고 경험의 질을 함께 높이는 일에 최선을 다해야 한다.

'소통'은 상식을 기반으로 서로 간에 활동action과 상호작용

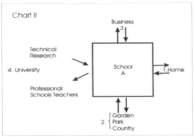

시카고대학교 부설 실험학교 교실 수업 장면과 실험학교에서 보여준 학교-가정-지역사회의 상호작용

interaction, 교섭작용transaction이 상시적으로 이뤄지는 것을 말한다. 소통을 하려면 일단 교육 주체들이 평등하면서도 위와 아래가 쉽게 만날 수 있는 활동이 많아야 한다. 교사들은 만나서 대화를 많이 나눠야 하고, 수업에서도 대화와 작업과 표현이 활발하게 이뤄져야 소통이 가능해진다. 이를 서로 제대로 주고받는다면 변화하는 교섭작용까지 나아갈 수 있다. 서로 대화하고 배우면서 함께 성장한다는 것은 이럴 때 쓰는 말이다. 아래 그림은 이를 더 확장시켜 공동체로 가는 길을 보여준다.

이 그림은 교육공동체를 위한 새로운 프레임으로 '담론-정책-실천'과 '주체-방향-변화'와 '상식-소통-공동체'의 종횡 흐름으로 교차시켜 교육공동체로 가기 위해 만든 큐브 프레임이다. 공동체는 상식과 소통을 기반으로 형성되고, 담론과 지속가능한 변화를 통해 형성된다. 공동체로서 학교는 각자의 색깔(담론)이 있고, 변화(성장과 재구성)가 있다. 혁신학교의 성공 척도가 공동체였음을 인식한다면, 다른 교육정책이나 활동도 궁극적으로 이 지점까지 나가야 한다.

사실 교사 공동체가 없으면 어떤 정책과 실천도 성공하기 어렵다. 교사와 학생 공동체가 없으면 수업도 평가도 교육과정도 어려워진다.

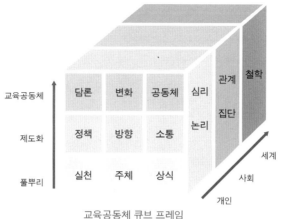

교육공동체 큐브 프레임

교사와 교장(감) 공동체가 없으면 학교 조직과 문화 형성이 곤란하다. 학교와 교육청의 공동체적 관계가 형성되지 않으면 현장과 소통하는 정책의 생산이 또한 어려울 수밖에 없다.

　듀이는 교육을 어떤 외부적이고 인위적인 목적도 부과할 수 없는 '성장 그 자체'로 보면서 지속적으로 '재구성'해나가야 한다고 주장했다. 그렇다면 학교는 사회와 동떨어진 별개의 속성과 내용 조직 체계가 아니라, 하나의 작은 사회micro society가 된다. 어느 사회든 공동체가 되기 위해서는 상식과 소통이 기반이 되어야 한다. 학교는 가장 인간적이면서 민주적이고 공동체적인 속성을 갖는 교육의 장인 것이다.

방과 후 학생 배움터
: 시흥 하중동 참이슬 마을학교

시흥에는 4개의 마을학교가 있다. 그중 하중초등학교 옆 참이슬아파트 단지 내에 위치한 참이슬 마을학교는 8년의 역사를 자랑하는데 다른 지역에서 탐방을 올 정도로 잘 운영되고 있다.

아파트 안 마을학교

시흥시는 지난 2006년 평생학습도시로 지정되면서 평생학습 시범마을을 공모하였다. 이때 이 아파트 주민들이 단지 내 활용이 잘 안되고 있는 공간을 염두에 두고 사업에 응모하면서 참이슬 마을학교가 문을 열었다. 처음 선정된 후 2년여 동안은 중간수행단체(평생교육실천협의회)가 들어와 컨설팅을 하면서 인큐베이팅을 해주었다. 그러나 시범 사업이 끝나고 사업비와 중간조직이 빠져나가면서 위기가 찾아왔다. 이에 뜻있는 몇 명의 마을 코디네이터가 남아서 계속 조직을 유지해보자고 결의하고 노력한 결과, 지금까지 마을학교가 지속되어 오고 있다. 관 주도의 사업은 사업 종료와 동시에 대부분 원점으로 돌아가는데, 이 마을의 경우 주민들의 자발적인 힘으로 지속성을 담보할 수 있었던 것이다.

지금은 입소문을 듣고, 가능성을 인지한 경기도와 시흥시에서 지원금을 받게 되어 비교적 안정적으로 운영되고 있다. 시흥시에는 이곳을 모델로 삼아 권역별로 네 곳을 더 운영하고 있다. 경기도에서는 시흥시에만 지원하던 예산을 추가로 확대하여, 현재 경기도 내에 17개 시가 참여한 가운데 마을학교가 30여 개 더 만들어졌다.

학교와 마을학교의 만남

참이슬 마을학교는 초창기에는 아파트에 거주하는 학생들 위주로 운영되었다. 그러다가 인근 하중초등학교의 한 교사가 학교 발레 수업을 마을학교의 공간에서 하고 싶다는 제안이 계기가 되어 마을학교의 프로그램을 학교에 홍보도 하고 가정통신문도 보내게 되었다. 지역사회와 학교의 소통이 시작된 것이다. 지금은 학교에서 하기 어려운 학부모 프로그램 등을 마을학교에서 열고 있고, 마을축제 때도 학교와 마을학교가 교류를 한다.

마을 코디네이터 K씨는 올 초 학교 측에서 마을학교와 함께 아이들을 모아 시흥을 알리는 프로그램을 하자는 제안을 받고 같이 진행을 했다. 아직까지는 이렇게 소소한 사업 위주로 진행되고 있는데, 앞으로 학교와 정기적인 만남과 대화를 통해 사업을 활성화하는 것뿐만 아니라 타 지역과의 교류도 염두에 두고 있다.

편하게 찾아와 쉬고 갈 수 있는 마을학교

인근 학교의 학생들은 수업을 마치면 마을학교에 와서 놀다가 간다. 수다를 떨며 그냥 놀기도 하고, 댄스 연습을 하는 아이들이 있는가 하면, 장난감을 가지고 놀거나 보드게임을 하는 학생들도 많다. 마을학교가 청소년들의 쉼터와 문화 공간으로 자리매김한 것이다.

이곳의 프로그램은 주민들의 요구에 의해서 개설된다. 성인들을 위한 프로그램도 있지만 학생들을 위한 프로그램이 가장 많다. 지역의 특성상 한정된 문화적·교육적 혜택을 채워주는 프로그램 위주로 운영되고 있다. 지역 주민들은 특히 외동인 아이들이 형제, 자매가 생긴 것처럼 함께 놀고 공부하며 서로를 위해주는 모습에 흐뭇해한다.

참이슬 마을학교 마을 코디네이터 K씨는 마을학교를 일반화하는데 필수조건으로 '적절한 공간'과 '추진할 주체', '최소한의 인건비'를 꼽았다. 도시에는 학생들이 편하게 놀이를 하면서 쉴 수 있는 공간이 별로 없다. 공간도 문제지만 의지나 여건이 더 문제이다. 이곳이 지속 가능한 마을학교가 될 수 있었던 것은 무엇보다 필요성을 절감한 주체가 있었기 때문이다. 아파트 단지의 학생쉼터인 마을학교는 마치 사

참이슬 마을학교의 입구와 복도 모습, 마을학교 아이들이 그린 참이슬아파트 모습

막의 오아시스와 같다. 이곳은 농산어촌에서나 가능할 것으로 생각하였던 마을교육공동체가 도심 속 아파트 단지에서도 성공할 수 있다는 것을 잘 보여준다.

지금 참이슬 마을학교의 가장 큰 고민은 예산 지원이 끊어질지도 모른다는 것이다. 마을학교 공간에 북카페와 같은 수익 사업도 하고 있으나 이익을 남기는 것은 쉽지가 않다. 마을사업은 자율적인 주민 봉사에만 기대서는 지속되기 어렵다. 그러기에 안정적인 인건비를 마련하는 것은 마을학교를 운영하는 데 매우 중요하다. 이를 위해서는 지자체의 지속적인 지원과 더불어 일정 부분 주민들이 자구책을 마련할 수 있는 길을 열어주어야 한다. 이것을 해결할 열쇠가 바로 학교협동조합이 아닐까 한다. 방과후학교협동조합과 체험학습학교협동조합 등의 운영을 통해 마을학교의 자립 운영의 길을 모색해볼 수 있을 것이다.

참이슬 마을학교는 이미 학교에서 이루어지고 있는 방과 후를 내실 있게 운영하여 지역 주민과 함께 마을학교를 만들어가고 있다. 학교가 학교 밖 방과 후 활동을 희망한다면, 마을학교에서 이를 맞이할 준비가 되어 있는 것이다.

4. 마을교육공동체는
   민주주의를 지향한다

마을교육공동체는 그 자체로 민주적이어야 한다. 자유롭고 개방적이면서 상호 존중과 협의, 합리적인 의사결정이 일상생활에서 이뤄져야 진정한 마을, 진정한 교육, 진정한 공동체가 될 수 있다.

이런 개념을 잘 짚은 듀이는 '민주주의' 개념 속에 이를 풀어낸다. 사실 듀이의 교육공동체 논의에서 빠뜨릴 수 없는 개념이 바로 민주주의이다. 교육학의 최고 명저로 알려진 『민주주의와 교육』(1916)이 그 중심에 있다.

잘 알려진 대로 듀이는 '생활양식으로서의 민주주의democracy as a way of life'를 공동체 형성에 있어 매우 중요한 원리로 제시한다. 듀이는 생활양식으로서의 민주주의를 "단순한 정부 형태가 아닌 보다 근본적인 공동생활associated living의 양식이고, 경험을 전달하고 공유하는 방식conjoint communicated experience"이라고 말한다. 흔히 알고 있는 선거를 통한 정부의 구성이나, 법을 제정하고 정부가 행정을 집행하는 방식보다 민주주의가 훨씬 광범위하고 심오함을 뜻한다. 마을교육공동체는 교육으로 연합하는 근본적인 생활에 대한 이야기이고, 마을교육의 경험을 나누고 공동체를 키우는 흐름이다.

이렇게 듀이는 '생활양식'을 말할 때 '공동생활'과 '경험의 전달과 공유'라는 말을 같이 사용한다. 상식적인 수준에서 인간의 삶이란 공동체 속에서 살아가고 있으며, 그 속에서 서로의 다양한 경험이 상호 작용하기 마련이다. 그는 '공동생활'에 대해 "이것은 대체할 수 있는 하나의 대안이 아니라 더불어 함께하는 '사회생활 그 자체'에 대한 관념"이라고 말한다.

　'경험에 대한 전달과 공유'에 대해서는 『경험과 교육』(1938)에서 제시한 '계속성'과 '상호작용'의 원리를 설명하면서 생활양식이 다른 대체물이 있는 것이 아니라 생활과 경험을 본위에 두고 있음을 강조한다. 계속성의 원리와 상호작용의 원리는 『경험과 교육』에 등장한다. 이는 경험의 가치를 판단하고 경험을 설명하는 원리로서 어떤 경험이 교육적인 가치가 있는지를 평가하는 척도가 된다. '계속성의 원리'는 경험의 종적인 측면을, '상호작용의 원리'는 횡적인 측면을 담당한다.

　「생활양식으로서의 민주주의」라는 논문을 쓴 오코너(1999)는 듀이의 민주주의에 세 가지 원칙이 있다고 말한다. 첫째, 민주주의에는 '인간 본성에 대한 신념'이 들어 있다. 즉, 듀이는 전체주의만이 민주주의의 위협이 되는 것이 아니라 대중사회가 되면서 우리들의 개별적인 태도나 외적으로 부가된 제도나 권위에 의해서도 민주주의가 언제든지 위협을 받을 수 있다고 말한다. 그래서 모든 개별적인 일상인으로부터 진리가 아닌 신념으로서의 민주주의에 대한 희망을 찾아야 한다고 주장한다. 마을교육공동체 또한 함께하는 사람에 대한 인정과 존중, 마을교육공동체가 지향하는 가치에 대한 신념이 얼마나 중요한지를 엿볼 수 있다.

　둘째, 민주주의에는 '개인이 누릴 자유의 가치'가 들어 있다. 공동체

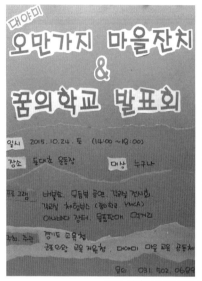

군포 대야미 오만가지 즐거운 꿈의학교 포스터

안의 개인도 마찬가지이다. 물론 자유의 이념은 자유주의 전통에 있는 것이지만, 원리가 아닌 신념 속에서 소극적인 자유에서 벗어난 적극적인 자유를 강조한다. 지속적으로 변화하는 세계에서 진정한 자유는 인간의 잠재력을 실현하는 것으로, 이를 가능케 하려면 생활양식으로서의 민주주의가 요구된다. 마을교육공동체는 그들만의 마을이거나, 소수를 위한 교육이거나, 폐쇄적인 공동체일 수 없다. 한 사람 한 사람 모두 적극적인 자유를 느끼면서도 공동체 감수성을 가질 필요가 있음을 알 수 있다.

셋째, 민주주의에는 '자치self-rule에 대한 인식'이 들어 있다. 자치야말로 민주적인 공동체의 핵심 가치이다. 일상생활을 살아가는 개개인이 경험을 통해 스스로 통치에 참여하는 자치에 대한 인식을 갖는 것은 민주주의에서 가장 중요한 일이다. 마을교육공동체의 또 다른 이름은 교육자치이다. 개인 홀로가 아닌, 국가 홀로가 아닌 소규모 지역의 교육 주체들이 모여 삶의 교육을 꾸려나가는 일이 마을교육공동체이다.

공동체 논의의 또 하나의 축은 '경험의 재구성'이다. 듀이는 공동체 속에서 경험의 재구성에 대해 다섯 가지로 나누어 제시한다.

첫째, 듀이는 경험을 '지식의 문제로서 경험'을 다루는 것과는 달리 '경험과 환경과의 교섭'을 강조한다. 경험과 환경과의 끊임없는 교섭으로 보아야 경험의 역동성이 마련된다. 공동체도 마찬가지로 경험이자 환경이다. 이는 마을교육공동체가 갖는 가장 중요한 교육적 가치이기도 하다. 학생들의 삶 주변을 살피고 교육적으로 성찰하는 일은 현재 우리 교육에서 갖추어야 할 핵심 가치이다. 경험과 환경의 교섭이야말로 역동적인 공동체로 가는 길이다.

둘째, 흔히 사람들은 '경험의 주관성'만을 강조하지만 듀이는 이를 포함하여 '경험의 객관성'도 강조한다. 듀이의 경험에는 '공통적이고 객관적인 세계'가 얽혀 있다. 공동체는 경험의 객관성을 알아차리고 함께 나눌 때 경험의 폭과 깊이가 넓어지고 깊어진다. 경험과 세계의 연결은 고스란히 마을교육공동체의 중요한 철학이다. 경험을 의미 있게 나눈다는 것은 마을을 만드는 일이고, 교육을 심화 확대하는 일이

학생들이 만들어가는 꿈의학교,
쇼미더스쿨

며, 공동체를 일구어가는 일이 된다.

셋째, 듀이는 '과거의 범주 안의 경험'이 아니라 '실험과 변화에 의한 미래 지향적 경험'을 강조한다. 그는 "기대가 회상보다 더욱 근본적이고, 투사가 과거의 소환보다 더욱 근본적이며, 예견이 회고보다 더욱 근본적이다"라고 말한다. 공동체는 과거 지향이나 낭만과 추억의 용어가 아니라, 미래 지향적이며 지속적인 실험과 변화가 있는 곳임을 적시한 것이다. 마을교육공동체 또한 과거 1960~70년대 마을로 돌아가자는 얘기가 아니다. 그 당시 담고 있었던 고유한 가치를 복원하되, 현재의 삶과 공동체를 위해 미래를 열어가자는 담론이다.

넷째, '개별주의와 일원론적인 경험'과 달리 듀이는 '질적이면서 역동적인 연관성과 연속성으로서의 경험'을 강조한다. 경험이란 일련의 상호 침투적인 상황으로 구성되어 있고, 이 모든 상황이 다른 상황들과 하나하나 역동적인 연관성을 지니고 있다. 공동체야말로 서로 다른 상황 속에서 서로의 경험을 깊은 교감으로 가지고 나누면서 역동성의 고리를 이어나가는 존재임에 틀림없다. 이는 마을교육공동체의 심화가능성과 지속가능성을 동시에 짚어나가는 논의이기도 하다.

다섯째, 듀이는 '경험과 사고의 대립'이 아닌 '경험에서 사고와 반성의 충만'을 강조한다. 그에 따르면 경험의 사고, 이성, 혹은 지성은 대립될 수 없는 개념이다. 의미 있는 경험은 불완전하더라도 사고가 반드시 개입되어 있기 마련이다. 경험 속에는 추론이 충만하고 지성으로 축적될 수 있다. 좋은 마을교육공동체에서의 경험은 바로 이런 사고와 추론, 지성으로의 변화가 두드러진다.

듀이가 말하는 '생활양식으로서의 민주주의'와 '경험의 재구성'을 몇 가지 핵심 단어로 정리하면 마을교육공동체에 대한 실천적이면서도 철학적인 흐름이 정리될 수 있다.

듀이가 본 마을교육공동체의 기반

생활양식으로서의 민주주의		경험의 재구성	
참여	• 의사결정에의 자발적인 참여 • 구성원과 함께 가치 형성 • 다수의 가치 공유와 기회의 균등 • 다양한 활동과 경험에의 참여	• 계속되는 학습자 일상생활의 경험 • 경험의 역동성과 연속성 • 경험이 갖는 과거-현재-미래의 연관성 • 이성과 지속적인 융합이 되는 경험 • 본질적 가치와 도구적 가치의 계속성	계속성
의사 소통	• 참여와 공유의 전제 조건 • 자유롭고 개방적인 의사소통(자유모임, 의견 교환, 대화 등) • 공동으로 갖는 것과 공동체를 형성하는 것	• 교수자와 학습자 사이, 학습자들 사이, 학습자와 학습자료 사이 등의 상호작용 • 외부 상황의 매개를 통한 활동이나 인간의 인식 과정 자체 • 지적 방향성 • 시간적으로 연장되고 공간적으로 확대된 광범위한 인식 작용	교호 작용
지성	• 지성적인 판단과 행동에 대한 신념 • 자유로운 의사소통의 결과로 지성에 기초한 자발적인 선택 • 구성원에게 부여된 지적인 기회 균등 • 가변적, 역동적, 미래 지향적 역할 • 사회적 또는 공동체적인 사회적 지성	• 경험 속에 내재된 사고로서 우발적인 사고로부터 계속적 사고와 탐구의 결과까지 • 추상적 추론 의식뿐만 아니라 삶 속의 구체적 문제 해결 과정과 실천적 행위 • 탐구와 동일한 과학적, 실험적인 사고와 방법 • 미래의 전망, 예측, 예견 또는 예언을 포함한 반성적 사고	반성적 사고

5. 마을교육공동체의
   가치를 생각한다

마을교육공동체의 가치를 찾는 일은 공동체의 가치를 교육공동체의 가치로 연결해가면서 찾는 일로부터 이루어져야 한다. 사실 교육공동체 또한 참여 주체, 역할, 교육 내용과 방법 등에 있어서 어느 것 하나 고정되고 정형화되어 있지 않다. 교육공동체들도 자기만의 색깔을 가지고 있기 때문에 단일한 의미로 정의하기가 쉽지 않다. 하지만 공동체의 일반적 특징과 원리를 교육공동체에 적용함으로써 앞으로의 논의를 좀 더 명확하게 이끌 수 있다.

일반적으로 공동체라 하면 "자유의지에 의해서 결합되고, 가치와 규범의 공유를 통해 결속되는 개인들의 집합"을 말한다(노종희, 1998). 다시 말해서 제도적으로 규정할 수 있는 인간의 사회society와 달리 공동체community는 상호 신뢰와 헌신에 기초하여 문화적, 정서적, 가치적, 규범적, 목적적 일체감을 공유하는 인간의 집합이라고 할 수 있다.

이러한 일반적 접근을 교육공동체에 적용하여 정의 내리고자 하는 노력들이 있다. 이종태(1999)는 교육공동체를 교육에 대한 공유된 가치와 신념으로 구성된 집단이 그들의 가치와 신념을 구현하기 위해서 '우리'라는 감정을 통한 유대감과 친밀감을 가지고 사회적 응집력으로 협동하는 공동체라고 정의하였다. 엄기형(2003)의 경우 교육공동체를 교육현장을 매개로 결합하여 교육 주체가 형성되는 관계망의 총체로서 역사적·사회적으로 조건 지어지는 교육 현상의 외연으로 이해하였다. 서지오바니(Sergiovanni, 1994) 또한 학교가 공식 조직formal organization에서 공동체community로 전환해야 한다고 주장하면서 학교가 계약관계로 이루어진 조직(게젤샤프트)이 아니라 공동체(게마인샤프트)로서 가치, 감정, 신뢰를 핵심으로 하는 '우리'의 개념을 강화해야 한다는 점을 강조하였다.

교육공동체와 관련하여 신현석(2006)은 세 가지 관점에서 그 개념과 범위를 정리하였다. 첫 번째는 '학교'를 교육공동체 그 자체로 이해하는 관점이다. 학교의 구성원인 교육행정가, 교사, 직원, 학생 등이 공동체의 일원으로서 공동의 목적을 이루기 위해 서로 협력해나가는 교육공동체의 단위로서 학교를 이해하는 것이다.

두 번째로, 학교의 교육적 외연을 확대하여 지역사회의 교육적 기능을 포괄하는 교육공동체로서 '지역사회 공동체'를 들고 있다. 이 관점은 학교와 지역사회와의 협력 관계에 초점을 맞추며, 학부모 참여, 구성원들 간의 협력, 의사결정 구조의 분권화, 공동체 구성원의 참여에 의한 학교 단위 책임 경영제 등이 관심의 대상이라고 할 수 있다.

세 번째로, 공식적인 교육 활동의 직간접적인 이해 당사자들을 모두 포함시키는 관점으로 '교육이해공동체'에 대한 접근이다. 이 관점에 입각하면 학교의 교직원과 학생은 물론이고 학부모, 지역사회, 정부기관, 기업에 이르기까지 사회의 각 구성 주체들이 맡아야 할 교육적 기능을 공동체라는 틀 안에서 서로 연대시키고자 하는 것이다.

이러한 교육공동체의 개념과 범위에 더해서 지속가능한 교육공동체

교육공동체의 범위

3 교육이해공동체

2 지역사회 공동체

1 전문공동체
학습공동체
민주적 공동체

3 교육 활동의
직간접 이해 당사자들을 모두

2 학교와 지역사회를 포괄하는 관점

1 학교를 교육공동체
그 자체로 이해하는 관점

출처: 김용련 외(2014)

를 이해하기 위한 생태학적 접근이 이루어져야 한다. 예를 들어 공동의 이익과 이해를 위하여 조직된 동호회나 친목회 수준의 집단을 우리는 공동체라 부르지 않는다. 다른 집단과의 상호작용과 확산성이 없기 때문이다. 공동체는 그들의 이익과 이해를 넘어서 다른 공동체와 상호작용을 통해 스스로 조절하고 발전하는 특성과 이를 통해 긍정적 영향을 다른 공동체로 확산하는 속성을 가지고 있다.

이러한 관점에서 정의하자면 지역사회를 기반으로 하는 마을교육공동체는 "교육에 대한 공통의 신념과 가치를 실현시키기 위하여 '우리'라는 정서적 친밀감과 연대를 통해 서로 협동하고 상호작용하여 지속 가능성을 유지해가는 유기적인 집단"이라고 표현될 수 있다.

우리는 민주적이고 발전적인 마을교육공동체를 만들어가기 위해 필요한 몇 가지 기본적인 가치를 도출해볼 필요가 있다. 이러한 가치로는 '자발성', '민주성', '연대의식', '책임감', '전문성', '공감과 문화' 등을 들 수 있다.

첫째, 마을교육공동체를 구축하기 위하여 구성원들의 '자발성'이 필요하다. 이상적인 교육공동체는 그 구성에 있어서 참여자들의 자율성과 자발성에 기초해야 한다. 공식적 조직이나 사회와 달리 공동체의 태생은 지극히 자연발생적인 속성을 가지게 된다. 강제와 강요에 의해 구성된 교육공동체는 그 지속성과 소속감에 있어서 공통된 가치를 공유하는 데 한계를 가질 수밖에 없다. 교육공동체 구성원들이 서로의 다양성을 존중해주고 활발한 의사소통을 통해 서로의 이견을 좁히고 합의에 도달할 수 있도록 자율성을 부여하는 것은 마을교육공동체를 구축하기 위한 중요한 원칙이다.

둘째, '민주성'이다. 민주적 교육공동체를 만들기 위하여 모든 구성원들의 평등한 참여와 기회의 보장도 중요한 원칙 중의 하나이다. 일반적인 조직의 구조가 수직적이고 위계적인 특성을 가지고 있는 반면 공동체의 구조는 수평적이고 유연한 구조를 갖는다(정영수, 2004). 따라서 의사결정 과정에서 모든 구성원들은 동등한 권리를 가지고 참여할 수 있는 기회가 보장되어야 한다.

셋째, 마을교육공동체가 추구해야 할 또 다른 가치는 '연대의식'이다. 공동체 구성원들 간의 연대는 다양성과 차이에 대한 인정과 존중으로부터 시작된다. 공동체라 하여 모든 구성원들이 똑같은 생각과 행동을 해야 한다는 전제는 오히려 편협한 발상이다. 나와 다른 타자와의 교류를 통해 학습이 일어나는 공간으로서 교육공동체를 이해해야 한다. 차이를 인정하고 상호 신뢰했을 때 구성원 간의 연대가 강화될 수 있다(Noxon, 2011). 이러한 인정과 신뢰 그리고 연대는 소외되고 낙오되는 구성원을 최소화할 수 있는 상생의 공동체를 만들기 위한 필수적인 조건이다.

넷째, 마을교육공동체 구성원 간에 합의된 사안에 대해서는 '책임감'을 가지고 성실하게 임해야 한다. 교육공동체를 유지하고 그 목적을 달성함에 있어서 중요한 정치적 또는 구조적인 논리는 '자치'이다. 외재적 간섭이나 수직적 권력구조를 배제하는 자치적 행위는 각 구성원이 가지고 있는 책임감으로 그 정당성을 확보할 수 있다. 따라서 지역사회, 학교, 학부모 등 모든 구성원들과 주체는 합의된 교육적 목표와 이의 실천에 있어서 책임감과 사명의식을 갖고 각자의 역할을 완수해야 한다.

다섯째, 구성원들의 '전문성' 신장을 위한 학습은 중요한 요소이다. 교육공동체가 소기의 목적을 달성하고 그 지속성을 확보하기 위해서는 각 구성원의 전문성 신장이 하나의 전제가 되어야 한다. 교사로서, 지역 전문가로서, 학교 행정가로서, 학부모로서 또는 교육 지원자로서 각각의 주체는 끊임없는 학습을 통해 스스로의 전문성을 함양해나가야 한다. 이러한 전문성이 미흡하다면 민주적이고 자생적인 교육공동체로서 지속적인 성장성은 불투명해질 수밖에 없다. 따라서 교육공동체에서의 학습은 비단 학생만이 아니라 모든 주체를 대상으로 하는 평생교육의 차원에서 접근해야 한다.

마지막으로, 마을교육공동체에서 '공감과 문화'는 중요한 가치이다. 공동체에 대한 문화적 접근은 위에서 제시한 다섯 가지의 가치들을 포괄하는 개념이 될 수 있다. 공감의 문화, 자율성의 문화, 참여의 문화, 연대의 문화, 책임감과 전문성의 문화 등 모든 가치를 담고 있는 것이 문화적 접근이다. 교육공동체가 문화가 되어야 한다는 논리는 인위적이고 의도적인 제도적 접근이 아니라, 구성원들의 공감을 바탕으로 그들의 인식과 행동을 궁극적으로 변화시키고자 하는 가치적 접근이 되어야 한다는 의미이다.

이와 같이 마을교육공동체가 추구해야 할 가치로서 구성원들의 자율성, 평등하고 민주적인 참여, 연대의식, 책임감과 전문성 그리고 이를 공동체 문화로 정착시키기 위한 노력 등이 실천된다고 생각해보자. 한 개인으로서, 단위 학교로서, 독립된 마을로서 이루어낼 수 있는 교육적 효과를 뛰어넘어 상생을 위한 진정한 마을교육공동체를 구축할 수 있을 것이다.

마을과 학부모의 만남
: 완주 고산향교육공동체

완주군 고산면 '고산향교육공동체'는 지난 2011년부터 인근 5개 학교의 교사와 학부모, 지역 주민들이 함께 모여 초·중·고 12년의 학교교육과 지역교육을 고민하기 위해 모임을 진행해왔다. 지금은 삼우초등학교에 이어 고산중학교도 혁신학교로 지정되었으며 지역의 고등학교에 학생들을 보내기 위한 학부모들의 자발적인 노력도 이루어지고 있다.

삼우초등학교는 이미 오래전부터 좋은 학교로 알려졌다. 이 소문을 듣고 많은 학부모들이 자녀를 전학시키려고 찾아온다. 이러한 열풍이 중·고등학교까지 이어지기를 희망하는 학부모들이 마을교육에 뛰어든 것이다. 고산중학교가 혁신학교로 지정받은 것도 그러한 이유가 컸다. 더불어 이 지역 학생들이 대부분 원거리의 타 지역 고등학교에 입학하고, 다른 지역의 학생들로 가까운 고등학교가 채워지는 문제에 대해 학부모들은 지역에 있는 학교를 보내야 아이들도 더 행복하고 마을도 산다는 생각을 하고 있다.

고산향교육공동체의 활동 공간 또한 매우 의미 있다. 마을교육공동체가 형성되려면 만남이 필요하고, 만나기 위해서는 적절한 공간이 필요하다. 초기에는 학부모 모임을 학교에서 시작했는데, 학교 근무자의 퇴근이 늦어지는 등 어려움이 생겼다. 그래서 군의 지원을 받아 상가에 공간을 마련하게 되었고, 지역 주민들의 출자금을 모아 카페를 열었다. 카페 운영자는 고산향공동체의 일을 하면서 일자리도 마련하고, 공간은 동네의 사랑방 역할을 한다. 편안하게 함께 모일 수 있는 공공의 공간이 만들어지면서 모여든 사람의 수와 열정만큼 다양한 사업이 이루어지고 있다.

고산향교육공동체의 대표적인 활동을 살펴보면, 지역의 교육적 발전을 위해 인문학 강좌를 마련하고, 생태 및 역사기행 사업을 추진하며, 지역신문을 발행하고 있다. 이러한 일들이 아무리 마을주도형이라 해도 교육 사업에서 학교의 역할이 빠질 수 없다. 고산향교육공동체 역시 끊임없이 학교와 연계하기를 소망하면서 이를 위해 꾸준히 노력하고 있다.

그런데 이러한 고산향교육공동체의 노력에 대해 학교마다 연결 정도가 다르다. 지역의 5개 학교 중 3개 학교에서는 긍정적으로 협력하지만, 2개 학교는 그렇지 못하여 계속해서 같은 논의를 반복하면서 갈등을 겪는 경우도 있다. 여러 기관과 단체가 협력하면서 지역사회가

고산향교육공동체 아이들

인정하는 공동체가 되려면 이와 같은 갈등을 현명하게 중재하고 풀어 갈 수 있는 힘이 필요하다. 그래야 논의의 반복으로 인한 피로 속에서도 계속해서 공동체의 꿈을 펼칠 수 있다.

> 중요한 것은 엎으려는 것이 아니라 갈등이 있을 때 완화시킬 수 있는 사람이 있느냐입니다. 역사성을 가지고 어떤 교사가 와도 마을교육공동체가 이루어질 때, 그것이 바로 지역사회인 거죠.
>
> _고산향교육공동체 P씨

고산향교육공동체는 공동체의 목적을 이루기 위해 본연의 사업을 지속하고 있으며, 지역 학교와 함께하려고 꾸준히 노력하고 있다. 지난 12년 동안 지역의 교육 발전을 위해 노력한 고산향교육공동체는 교육의 파트너이자 핵심 기관이 공교육이라 할지라도, 억지로 요구하거나 비난하지 않고 각자의 역할에 최선을 다하는 것이 중요하다고 생각한다. 서로의 노력이 소통되고, 서로의 바람과 꿈이 교류되기를 희망하고 있다.

학교와 고산향교육공동체

고산면의 학교 두 곳을 방문하여 대화하면서 지역의 학교들이 고산향교육공동체에 대해 가지는 다소 대조적인 인식을 확인할 수 있었다. 한 학교에서는 학부모들이 학교에 지나치게 간섭을 많이 하고 있다고 불편해했다. 학교에 도움을 주려는 의도는 알겠지만, 경계선을 넘는 경우가 많고 일방적이고 도전적인 느낌이 든다고도 했다. 이 학교의 경우 학부모가 주도하여 올 초 혁신학교로 지정받았다.

인근의 또 다른 학교는 10여 년 넘게 마을과 함께 학교혁신을 위해 노력했다. 이곳은 폐교 위기로부터 교사들과 학부모가 의기투합하여 학교를 지키기 위해 노력했다. 이후 자율학교로 지정되면서 인근 지역에서 부모들의 차를 타고 등하교하는 학생들이 생겼다. 외부에서 온 학부모와 지역에 정착한 학부모 사이에 문화적 격차로 인한 갈등을 겪기도 했지만, 서로의 역할을 달리하면서 오히려 학교 발전에 도움을 주었다. 이후 이 학교는 전국적으로 학교혁신의 모델이 되었다.

하지만 외부에서 온 학생들은 초등학교를 졸업하고 중학교에 입학하게 되자 다시 도시로 돌아가는 문제가 나타났다. 이것이 고산향교육공동체의 시작이었다. 이 문제를 해결하기 위해 인근 중학교에 변화를 요청하면서 마을과 학교는 갈등을 겪었다. 학부모 입장에서는 요청이지만, 해당 학교는 압력이나 간섭으로 느껴졌기 때문이다.

또한 초등학교와 달리 교과 중심의 수업을 진행하는 중학교의 여건도 학교 변화에 어려움을 주는 요소였다. 마을과 학교가 적극적으로 소통하는 교육은 교과 본연의 교육과정이 있는 상황에서 만족할 만큼의 성과를 내기가 어려웠다. 지금은 중학교의 경우 교과 수업에 집중하도록 하고, 고산향교육공동체와 학교가 연대하는 사업에 대해서만 마을과 연계시키고 있다. 또한 마을에 대한 아이들의 애착이나 친숙함, 꿈꾸기 등은 고산향교육공동체가 일임하여 담당했다. 지역신문 기사 쓰기, 야영하기, 한마당 축제 등의 활동을 통해서 지역과 아이들이 만나게 하였다.

결국 고산향교육공동체가 중시하는 아이들의 마을을 만드는 일, 마을 속에서의 삶의 질을 높이는 것, 아이들이 자신의 진로와 삶을 개척할 수 있는 능력 고양 등은 교과 능력이나 상급학교 진학 등을 중시

하는 몇몇 학교에서는 우선순위에서 밀리고 마는 것이다. 하지만 꾸준한 소통만이 서로의 간격을 좁힐 수 있는 길임을 인정하고 있다. 다행히 완주의 로컬푸드 사업 등으로 지역의 소득이 올라가고, 지역에 이주하여 정착하는 사람들이 늘며, 지역 발전을 위해 노력하는 다양한 공동체가 나름의 역할을 하려 노력하고 있다. 전통과 고향을 지키는 사람을 존중하고 새로운 상상을 실현하며, 다양한 통로를 통해 소통하려는 노력은 인근의 학교, 지역 주민, 이주민 모두의 삶을 발전시키리라고 기대하는 이유가 여기에 있다. 이를 통해 공동체성은 더 살아날 것으로 보인다.

초창기에는 원래 계시던 학부모들이 '새로 온 사람들이 우리 학교를 뺏어갔다'는 소외감을 많이 가졌죠. 그래서 원래 지역에 있던 학부모들이 서운하지 않게 그들의 이야기를 잘 들어주었어요. 예를 들어 '뜰 놀이' 같은 행사를 할 때에 화려한 모습보다는 농촌의 소박한 활동들을 프로그램에 넣고, 그분들이 거기서 활동할 수 있게 했습니다.

_S초등학교 L교사

고산향교육공동체는 주민들 스스로 마을에 애착을 가지고 정착하며 살아가기 위하여 경제, 문화, 교육적 여건을 만들려는 노력이 돋보이는 곳이다. 앞서 서종면 사례에서도 아이들이 지역을 떠나지 않게 하려고 고등학교 설립 추진에 온 힘을 기울이는 모습을 살펴본 바 있다. 이처럼 마을공동체를 고민하는 사람들에게 교육은 공동체의 지속성 유지를 위해 매우 중요한 문제이다.

이때의 가장 큰 고민 중 하나가 초·중·고등학교 교육의 일관성이다. 학부모들이 자녀를 지역의 상급학교까지 안심하고 보낼 수 있도록 하려면 학교 급간에 상호 소통이 잘 이루어져야 하며 나아가 체계적인 교육 활동이 함께 이루어지도록 벨트화되어야 한다. 서종면 교육 포럼이나 고산향교육공동체가 그러한 역할을 지속적으로 수행하는 좋은 모델이 될 수 있다.

마을의 자생적인 교육공동체와 인근 학교들 간의 관계 역시 큰 차이가 있을 수 있다는 것을 고산향을 둘러싼 두 학교의 사례를 통해 확인했다. 여기에서 주목할 점은 학교교육 활동의 주도권 문제이다. 마을이나 학부모와의 관계가 매끄럽지 못한 학교는 혁신학교를 지정하는 과정에서 주도권이 학부모에게 있었다. 그 과정에서 학교는 수동적이었고 교사들에게는 자발성이 생길 수 없었으며, 마을과의 관계 또한 불편할 수밖에 없었다.

마을교육공동체는 그 마을이 처한 상황에 따라 다르게 접근해야 한다. 여러 마을교육공동체 사례에서 보면, 학교가 먼저 마을과 소통을 시작한 후에 자연스럽게 마을로 주도권이 간 경우에는 이러한 갈등을 찾아볼 수 없었다. 만약 마을이 먼저 준비가 되어 있다 하더라도 학교를 일방적으로 끌고 가려 하기보다 그 학교의 교사들과 소통하여 공감대를 형성해나가야 한다.

4부

마을교육공동체의 뿌리

1. 마을교육공동체의 뿌리 1
: 교육생태학

　우리 교육에 구성주의 교육학과 실천이 확산되면서 교육에 대한 관점에 상당한 변화가 일어났다. 마을교육공동체는 '구성주의 교육학'에서 '생태주의 교육학'으로의 변화를 추구한다. 이는 줄여서 '교육생태학'으로 부를 수 있다. 교육생태학은 최근 부각된 복잡성 교육철학complexity thinking of education을 기반으로 한다. 복잡성 교육철학은 30년 전부터 자연과학은 물론 사회과학 분야 등에서 큰 호응을 받아오다가 소위 '융합형 철학'으로 여러 영역의 연구들이 합류하면서 교육학에도 등장한 교육철학이다.

　'복잡성'이라는 말이 사용된 시점은 20세기 중반까지 거슬러 올라간다. 위버Warren Weaver는 1948년 작성한 한 논문에서 복잡성과 비복잡성을 구분할 수 있도록 준거를 제공했다. 자연과학은 19세기와 20세기에 생명과학과 물리학 모두에서 혁명적인 변화를 가져왔다. 20세기 초반에 '물리학을 뒤흔든 30년(Giberson, 1989)'이라는 비선형의 세계관이 새롭게 물리학을 지배하게 되었다. 이어서 등장한 환경과학은 생태의 다양성과 복잡성이 갖는 힘에 대해 풍부한 설명을 제공했다. 체계 이론을 수용하면서 복잡성의 피드백 고리와 자기창조의 개념도 연결되었다.

생물학에서는 다윈의 영향력이 지대했다. 진화론에서 결정론을 제거하면서 비선형적인 과정이 도입되었고, 일정한 경계가 있는 무작위적인 현상을 설명하는 데 큰 영향을 미쳤다. 철학 분야에서는 교육철학자 듀이가 거론된다. 1900년대 초 듀이는 철학이 당대 과학에 토대를 두어야 한다고 주장했고, 프래그머티즘pragmatism 사상에서 진리, 세계, 실존이 일종의 집단적인 것으로 이해했다. 교육학에서는 교육과정 분야의 돌 박사William Doll, Jr가 복잡성철학을 제시한 바 있다. 이러한 철학적 흐름은 이후 탈근대 담론과 많은 것을 공유하였다. 포스트모더니즘, 후기구조주의, 후기식민주의, 후기실증주의, 후기형식주의, 후기인식론과도 밀접하게 맞닿아 있다. 수학 분야에서는『자연에서의 프랙탈 기하학』의 저자인 만델브로트Benoit Mandelbrot가 프랙탈을 대중적으로 확산시켰다. 여기서는 복잡성 적응 체계의 중층적인 틀을 형성하는 데 활용되었다. 실제 프랙탈은 수학의 '카오스 이론'에 적용되었고, 나비효과의 '이상한 끌개' 개념에도 기여하였다.

심리학 분야에서도 학습 이론과 맞물려 새로운 변화를 가져왔고, 프로이트Sigmund Freud와 훗설Edmund Husserl에 이르러 심리학의 대전환이 모색되었다. 프로이트는 정신분석을 통해 '개인의 세계 구성'과 '세계의 개인 구성'은 분리할 수 없다고 말했다. 후설의 현상학 이론 또한 이러한 관점을 부각시켰으며, 개념과 지각 대상이 복잡하게 서로 얽혀 있음을 설명했다. 이러한 관점들이 모여 구성주의 교육 이론의 철학적인 토대가 되었다. 구소련의 심리학자인 비고츠키Lev Vygotsky와 동료들은 학습이 개별적인 구성의 문제일 뿐만 아니라 사회적인 행위라고 확신하기에 이르렀다. 이는 복잡성 이론이 중시하는 네트워킹 방식이나 원리와도 접목되는 부분이다.

교육생태계를 지향하는 복잡성교육학에서 마을교육공동체를 만들어가는 일은 미시와 거시 양방향 모두에 관심을 집중시킨다. 학생들의 삶과 마을이 교육 속에서 역동적이고 중층적으로 포개진 수준들이 동시 발생적으로 일어난다. 이런 진화의 속도와 상대적인 크기에 따라 구별될 수 있음을 아래 그림은 보여준다.

생태주의 교육에서 본 시간의 흐름

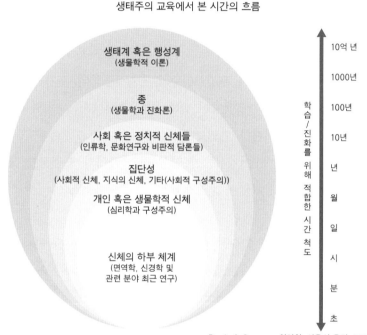

Davis & Sumara, 현인철·서용선 옮김, 2011.

마을교육공동체를 위해 생태주의 관점에서 복잡성교육학의 특징을 몇 가지로 정리해보면 다음과 같다. 우선 마을교육공동체는 '적절한 네트워킹'을 강조한다. 단순한 집합collection이 아닌 집단collective의 관점에서 상호작용을 강조한다. 교실, 학교, 마을, 지역사회 모두 상호작용이 중요하다. 이를 위해서는 집단 안 구성 인자의 자율성이 중요하다. 구성 인자들은 독립적인 실체이고 새로운 생각에 기여할 수 있으며, 체계 안의 섭동을 유발시켜 변화를 가져온다.

하나의 마을이 만들어지는 것은 독자적으로 작동하는 구성 인자들 사이의 차이가 교류하여 자기조직화self-organization되면서 이뤄진다. 이 상태가 바로 집단 동역학이 이루어지는 순간이다. 긴밀하게 네트워크화된 상호작용 속에서 마을 형성이 가능해진다.

마을교육공동체라는 교육의 새로운 패러다임은 세계를 흩어진 부분들의 집합이 아닌, 통합된 전체로 보는 전일적 세계관holistic world view을 갖는다. 이 패러다임은 앞서 말한 생태주의적 관점이다. 생태학적 시선으로 바라보면 모든 현상들이 본질적으로 상호 연관되어 있다. 개인과 사회, 학생과 마을 모두 자연의 순환과정 안에 놓여 있다.

마을교육공동체를 위해서는 탈중심형이나 분산형 네트워킹이 중요하다. 중앙 집중형 네트워크는 각각의 구성 인자들이 오로지 중심에 있는 지도자에만 연결되어 있어 정보의 흐름을 제한하는 단점을 가지고 있다. 탈중심형 네트워크는 너무 많은 다른 구성 인자들과 긴밀하게 연결시키려 하기 때문에 결과적으로 과부하를 초래한다. 분산형 네트워크는 탈중심적인 네트워크의 중간 형태로, '척도로부터 자유로운' 네트워크이다. 아래 그림은 이를 잘 보여준다.

중층적인 프랙탈 네트워킹은 카오스 이론 속에서 복잡한 행태를 보이면서, 처음에 아주 작았던 차이가 나중에 크게 확대되어 전혀 다른 결과가 되는 나비효과와 같은 현상을 보인다. 마을교육공동체가 매우 다양하고 기대 이상의 변화를 보여주는 이유가 여기에 있다. 아래 그림은 중층적인 프랙탈 네트워킹 상태를 보여준다.

네트워크 구조의 유형

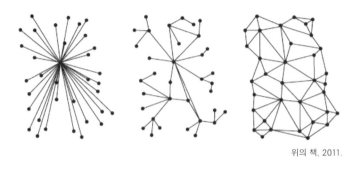

위의 책, 2011.

중층적이고 포개진 구조

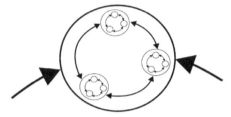

위의 책, 2011.

　마을교육공동체의 생태주의 관점의 주요 특징 중 하나는 '비선형 non-linear'이다. 비선형에서는 주어진 원인이나 행동은 여러 가지 다른 영향이나 결과를 초래한다는 점을 전제로 한다. 비선형에서는 부분의 합이 총합보다 크기 때문에 그만한 시너지 효과를 보인다. 전체로서의 체제가 나타내는 행태의 패턴을 이해하려면 전체적 혹은 체제적 접근법을 채택해야 한다.

　따라서 학교와 마을의 연계는 개방적인 체계를 추구하게 된다. 항상 외부 환경과 상호작용하면서 생명체와 같은 복잡성 적응 체계를 보이는 것이 마을교육공동체이다. 기존의 학교가 '외로운 섬'으로 비유된 것도 개방성이 취약하고 외부와의 상호작용이 차단되었기 때문이다. 질서 정연한 폐쇄적 흐름도 아니고 무질서한 혼돈도 아닌 중간 상태가 '혼돈의 가장자리'이다.

마을교육공동체에서 가장 중요한 말이 '교육'이라는 개념이라면, 생태주의 관점에서 학습 체계나 학습 능력은 단순한 심리학 지향의 교육연구에서 확신했던 "행동 수정"의 문제가 아님을 알 수 있다. 복잡성교육학에서 학습이란 신체적이고 행동적이다. 학습은 생물학적인 측면에서 구조적인 것이며, 학습자 내부에서 총체적으로 발생하는 일종의 변형과 구성의 관점에서 이해되어야 한다. 다시 말해서, 학습은 외부의 자극에 의해 이루어지는 것이 아니라, 개별적인 경험을 바탕으로 학습자 자신의 복잡한 생물학적 구조와 경험적 구조를 거치면서 구성해나가는 과정적 행위이다.

생물학에서 적응은 변화하는 환경에 더 적합한 행동이나 생체 구조를 나타내는 형질이 자연선택을 통해 살아남아 개체군이나 종 전체에 정착되는 동적인 과정을 의미한다. 마을교육공동체의 변화 과정도 마찬가지다. 이것은 일반적으로 자기조직, 자기유지를 통해 오랜 세월에 걸쳐 일어나는 적응이라는 변화가 일어난다. 아래 표는 이상을 정리한 내용이다.

교육생태학에서 본 마을교육공동체

일정한 경계	네트워킹		비선형성			동반 상승작용
	자율성	네트워킹 유형	혼돈의 가장자리	피드백	나비효과	창조적 집단지성
역동성을 위해 자체 규정으로 만들어가는 마을교육공동체의 경계	마을교육공동체라는 가치 있는 지식에 기여하는 능력	마을교육공동체가 가능한 분산형이나 탈중심형	마을교육공동체를 둘러싼 확장이나 지속	지속적이고 동시발생성, 혹은 맞물리는 마을교육공동체 피드백	피드백과 혼돈 속에서 이뤄지는 사회적 나비효과	지속적이고 빈번한 마을교육공동체 중심의 창조적 집단지성 학습

Sullivan, 현인철·서용선·류선옥 옮김, 2013: 237에서 재구성

마을교육의 환경을 만들다
: 초록우산 우리마을 의정부

'초록우산 우리마을 의정부'는 뒤에서 살펴볼 의정부여자중학교 사례와도 관련이 있는 민간단체이다. 이곳은 의정부 가능동에 위치해 있고 상근 직원 7명이 근무하면서 인근 학교와의 연대와 마을 학생들을 위해 노력한다. 초록우산은 어린이 복지재단으로 국내에서 가장 큰 아동복지네트워크를 가지고 있고, 오랫동안 많은 아동복지 사업을 전개하였다.

마을공동체 만들기는 지역 실태 조사부터

'초록우산 우리마을 의정부'가 지역에 본격 설립된 것은 불과 2년 남짓이다. 그럼에도 현재 학교 밖 마을교육공동체의 핵심 축 역할을 해내고 있는 것은 탄탄한 사전 준비가 밑거름이 되었기 때문이다.

초록우산은 2012년 9월부터 2013년 10월까지 1년 정도 준비과정을 거치면서 경기 북부지역 10여 개의 시군 중 어느 지역에 들어갈지를 문헌자료 조사, 지역사회 주민 인터뷰, 현장 탐방, 설문조사 등을 실시하여 의정부 가능 1동을 사업 지역으로 선정하였다. 이곳은 의정부 내에서도 최빈곤 지역이고 아동 밀집도도 가장 높은 지역이며, 범

죄율 또한 의정부시 내에서 가장 높다. 게다가 뉴타운 추진 및 해제로 인한 주민 갈등과 미군 부대로 인한 지역 발전 불균형 등의 문제를 안고 있는 지역이기도 하다.

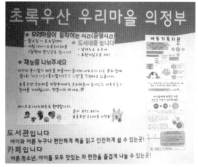

초록우산 우리마을 의정부 활동 포스터

학생들의 실태 조사에서는 더 심각한 상태가 드러났다. 지역 내 A초등학교의 경우 60% 이상이 경제적 지원 대상자이고 교육복지 우선 사업 대상 학생도 50% 이상이었다. 주변에 문화 시설이나 학생들을 위한 프로그램은 거의 없었으며, 한 부모·조손 가정으로 지내고 있는 아동이 많아 방과 후에 보호자 없이 혼자 지내는 학생이 조사 결과 76.2%에 달했다.

가능동을 선정한 후 지역 주민을 대상으로 지역 아이들의 문제를 지역 사람들은 어떻게 인식하고 있고, 지역 안의 인프라나 네트워크 활동들은 어떻게 되고 있는지 조사 과정을 거쳤다. 초록우산 우리마을 의정부의 S팀장은 조사 과정에서 의정부가 행정중심도시임에도 불구하고 사회복지 인프라가 열악했기 때문에 접촉하기 위한 접점을 찾기가 어려워 지역 아동센터를 찾아갔다고 말했다. 그곳에서 지역사회 키맨 한 명을 만나면서 네트워크가 크게 확장될 수 있었다고 말했다.

방과 후, 편안하게 머무를 수 있는 공간

마을에 가장 필요한 공간을 묻는 지역 조사 결과 보고서의 설문조사 항목에 '학교를 마치고 편하게 이용할 수 있는 공간'이 가장 많이 나왔다. 이런 공간이 만들어지면 이용하겠다는 응답이 92.7%에 달했다. 지역 특성상 하교 후 학생들이 편안하고 안전하게 보호받을 공간이 절대적으로 필요하다고 느낀 '초록우산 우리마을 의정부'는 마을 주민들과 함께 초록우산 도서관을 개관했다.

> 복지, 마을이라는 문제가 개념적이고 이상적일 수밖에 없어서 공간을 가지고 활동하면서 공유해야겠다는 생각을 했습니다. 그래서 2013년 10월 30일 초록우산 도서관을 개관했습니다.
>
> _초록우산 우리마을 의정부 S팀장

이곳은 도서관 역할만 하는 곳이 아니었다. 오히려 기능면으로 봤을 때 아동복지기관의 역할을 하고 있었다. 하지만 그 이름을 사용하지 않은 이유는 저소득층을 돕는 곳이라는 편견을 갖게 될 것 같아 도서관의 모습으로 개관하였다고 한다. 과거 공부방에 대한 사회적 인식이 떠오르는 대목이다. 실제 이곳에서는 다양한 활동들이 펼쳐지고 있다. 아이들이 안전하게 보호받으면서 놀기도 하고 학습도 하는 공간, 아이들에 관한 모든 이슈를 이야기할 수 있는 매개의 공간, 다양한 연령층이 함께 소통할 수 있는 공간, 차를 마시면서 책을 볼 수 있는 북카페 기능 등 마을 사랑방 역할을 하고 있다.

'초록우산 우리마을 의정부'의 핵심 가치는 소통과 참여
'초록우산 우리마을 의정부'는 정부의 보조를 받지 않고 순수하게 후원자들의 후원금에 의해 운영된다. 정부의 보조를 받지 않는 이유가 궁금했다.

국고 보조를 받지 않음으로써 눈치를 안 보고 우리만의 사업을 하고 싶어서였습니다. 단체장들은 재선을 위해 공약을 채우려고 본질과 상관없는 요구가 내려오는 경우가 많아 아이들을 위한 본질적인 서비스를 하기 어려운 경우가 많습니다. 임기 동안 결과물이 나와야 한다는 이유로 양적인 것에 치우치는 경우가 많고 평가 또한 양적으로 하기 때문에 문제입니다.

_S팀장

이러한 생각이 반영된 듯 '초록우산 우리마을 의정부'는 다음과 같은 마을의 핵심 가치를 가지고 있었다.

① 사례 관리에서 아동보호 환경 체계를 만들어가는 마을만들기 사업으로
  – 사례 관리는 한 아이에 대해 팀으로 관리하는 서비스였는데, 그것이 제한적인 것 같아 공동체의 힘으로 해결할 수 있도록 체계를 만들겠다는 의미
② 독립적 사업 운영으로 지역기관 및 단체와 지역의 아동을 위한 이슈를 해결하기 위한 파트너로서의 네트워크 형성
  – 지역의 작은 기관이라도 연계해서 서로가 잘할 수 있는 것으로 최선을 다하고, 그것을 네트워크로 묶어내는 작업
③ 자원이 있는 자가 없는 자를 돕는 형태의 자원 개발 및 지원에서 다양한 주민이 지역의 문제를 스스로 해결할 수 있도록 지원
  – 마을 사랑방 역할을 하는 '도서관'에서 이러한 활동이 이루어지도록 하고 있으며 주민들이 스스로 자신의 삶을 개척할 수 있도록 지원

초록우산 우리마을 의정부
도서관에서 벌어진 마을교육 활동

이렇게 '초록우산 우리마을 의정부'는 복지로부터 시작해서 복지를 넘어 마을이 함께 어우러져 공동체적인 관계를 회복하고 있었다. 실제 이들은 주민들이 주인이 되어 스스로 만들어가는 방향으로 나아가는 것이 가장 큰 목표라고 말한다.

위와 같은 가치를 바탕으로 펼쳐지는 '초록우산 우리마을 의정부' 사업[2]을 간략히 정리하면 다음과 같다.

① 소통과 활동의 장
  - 도서관 운영(대출/열람)
  - 카페 운영(마을 사랑방)
  - 재능 나눔(동화 읽어주기)
  - 도서관 행사
  - 아동/성인 동아리 활동
② 교육을 통한 사업
  - 부모교육, 인문학 교육 등 주민 욕구 기반의 교육
  - 아동, 청소년, 주민 리더 양성 교육

2. 초록우산 우리마을 의정부 소개 PPT(2014)

- 어린이 재단의 인성/권리/나눔 교육, 콘텐츠 활용 교육
③ 이슈를 통한 사업
- 지역 내 쟁점을 찾고 해결하려는 것

지역 내 학교와의 연결

'초록우산 우리마을 의정부' 관계자는 '보석 같은 의여중'이라는 말을 사용하였다. 마을 안에 있는 의정부여중과의 관계를 가늠해볼 수 있는 표현이었다. 의여중의 교육복지사 네트워크를 만들어낸 곳이 초록우산 우리마을 의정부이다 보니 학교와의 긴밀한 소통이 이루어지는 것은 당연한 일이었다. 기술·가정 시간에 진행되는 '마을 진로 배움터', 청소년들의 '비몽사몽 토론회' 등 다양한 프로그램을 의여중과 함께 하였다.

그러나 다른 학교들에 대해서는 문턱이 너무 높다는 하소연을 하였다. 이는 여러 지역의 마을이나 센터에서 공통적으로 나오는 볼멘소리기도 하다.

최근 마을에서 아이들이 아름다운 삶을 가꿀 수 있게 하기 위해 오케스트라단을 꾸릴 계획을 가지고 있었습니다. 5개의 악기 연습을 할 공간이 필요하기도 하고 학교도 같이 참여했으면 해서 근처 00학교 3곳에 요청을 했으나 문을 열어주지 않았습니다. 비용은 초록우산에서 부담하고 아이들 선발 정도만 학교에서 해줬으면 했습니다. 그런데 학교는 방과 후 프로그램이 많고 공실도 없다고 했고, 비어 있는 시간에 오픈 좀 해달라고 하니 세월호 이야기를 하며 안전에 대해 책임을 질 수 없어 안 된다고 했습니다. 어쩔 수 없이 노인정에서 연습하게 되었습니다.

사실 장소 제공보다는 함께 참여하는 형태를 요청한 것인데 방어적이어
충격을 받았습니다.

_A씨

'초록우산 우리마을 의정부'는 앞으로도 다양한 교육 콘텐츠를 가
지고 인근 학교와 교류를 할 예정인데, 학교에서 문을 열어줄지가 문
제라고 한다. 준비된 마을이 학교로 다가올 때 학교가 적극적으로 함
께하는 일이 마을교육공동체를 구축하는 데 매우 절실하다.

마을을 빛나게 하는 네트워킹

'초록우산 우리마을 의정부'는 철저한 실태 조사를 통해 마을에서
절실히 필요한 지점을 찾아냈다. 그리고 그것을 해결해나가기 위해 마
을 사람들과 소통하며 여러 단체와 네트워크를 구축해냈다. 마을교육
공동체 역시 첫 출발은 해당 마을의 실태 조사부터 제대로 이루어져
야 한다는 점을 여실히 보여주었다. 조사과정에 관심 있는 참여자들
이 함께 문제를 찾고 해결하기 위한 고민을 나누다 보면 자연스럽게
마을교육공동체의 초석을 다질 수 있을 것이다.

또 하나는 '초록우산 우리마을 의정부'가 '지역의 문제를 스스로 해
결할 수 있도록' 하는 가치를 설정했다는 점이다. 이렇듯이 마을교육
공동체를 조직하기 위해 필요한 중간 조직이 만들어진다 하더라도 그
역할은 어디까지나 주체들의 자발성을 끌어내는 방식이 되어야 한다.
관의 정책을 달성하기 위해 교육과 평가에 치중해서는 안 될 것이며,
스스로의 필요성을 느끼고 움직일 수 있도록 하는 방법을 고민해야
한다. '초록우산 우리마을 의정부'가 행정기관의 지원금을 받지 않겠

다고 선언한 이유를 잘 들여다봐야 한다. '초록우산 우리마을 의정부' 관계자 K씨는 다음과 같이 말했다.

> 우리는 어떤 파트너에게도 개방되어 있습니다. 그래서 의정부여중과 도 함께 토론회를 하고, 기획단을 꾸리는 활동도 한 것입니다. 마을과 학교의 벽이 허물어지는 시대입니다. 어차피 영역을 나눌 필요가 없습니 다. 마을 안에서 우리가 하는 일들이 교육의 일부분으로 흡수되게 하는 것도 우리의 역할이라고 생각합니다.
>
> _K씨

학교의 문턱이 높다는 이야기를 하고 있음에도 불구하고, 마을은 계속 학교의 문을 두드리고 있다. 이제 학교가 답을 해야 할 차례다.

2. 교육생태학의
    핵심 원리

　사례에서 보듯이, 최근 다양한 목적, 성격, 형태를 띤 마을공동체가 확산되고 있다. 특히 공동육아를 목적으로 처음 시작된 작은 모임이 공동체 교육을 위한 학교로 발전한다. 이러한 학교가 지역사회의 협력과 부흥을 위해 다양한 성격의 협동조합을 만들어 마을공동체를 형성해나가는 모습도 종종 보게 된다.

　이와 같이 교육공동체의 목적과 활동은 확산성을 가져야 한다. 단순히 하나의 목적을 공유하는 사람들의 집단이라면 동호회나 친목회의 수준을 넘지 못한다. 이들이 하나의 공동체가 되려면 개인과 집단의 단순한 집합이 아닌, 상호작용을 통해 상생과 발전을 도모하는 생태학적 환경이 조성되어야 한다.

　최근 활발히 논의되고 있는 복잡성 과학을 기초로 하는 교육학적 시도와 해석들은 교육공동체 운영을 위한 생태학적 접근의 중요한 작동 원리가 될 수 있다. 복잡성 과학은 결정론과 환원론이라는 전통적 인식론과 방법론에 대한 부정으로부터 출발한 자연과학의 한 분야이다. 하지만 이 이론은 현재 경영학, 경제학, 사회학, 행정학, 심리학 등 다양한 학문과 사회 분야에서 새롭게 이해되고 적용되는 실천적 학문으로 자리 잡고 있다. 교육학 분야에서도 자기조직화와 창발성의 원리를 적용한 학습 원리와 교육 활동들이 소개되면서 본격적인 논의가 확산되는 추세이다.

그동안 학생 중심 교육을 기반으로 한 구성주의적 관점이 교육계를 지배하였다면, 앞으로는 사회나 자연이라는 주변 환경과의 상호작용을 통한 생태학적 학습이 미래 교육의 방향이 될 것이다. 교육공동체의 운영 또한 이러한 생태학적 접근을 기반으로 하기 때문에 복잡성 과학의 원리가 시사하는 바를 적극적으로 모색할 필요가 있다.

총체성의 원리

복잡성 과학은 전통적인 인식론의 관점인 '결정론과 환원론의 부정'으로부터 출발한다. 자연과 사회의 모든 원리가 인과관계로 엮인 선형적 관계라면 어떻게 될까? 만약 그렇다면 어떠한 교육적인 상황이라도 우리는 그 원인을 알면 해석할 수 있고, 그 문제를 해결할 수 있다는 결론에 도달할 수 있을 것이다.

하지만 교육적 문제는 단순히 하나의 원인에서 촉발되는 것이 아니라, 다양한 사회적 문제와 상황 속에서 비롯된다. 그래서 우리가 처한 문제 상황을 해결하기 위해서는 좀 더 종합적이고 유기적인 관점과 대책이 필요하다.

환원론에 입각하면 어떠한 대상과 현상을 정확히 파악하려면 그것을 분해하고 해부하여 각각의 요소를 명확히 분석해내는 과정을 거쳐야 한다. 각 요소를 정확히 파악했을 때 비로소 전체를 이해할 수

두창초에선 마을과 함께 모내기를 했습니다.

용인 두창초등학교의
모내기 마을교육 활동

있다. 하지만 복잡성 과학에서는 '전체는 부분의 총합 이상의 것이다'라는 총체적holistic 관점을 견지한다. 우리가 말하는 소위 '시너지 효과'란 단순히 개체 또는 요소들의 결합이 아니라 이들이 상호작용을 통해 본래 능력 이상의 긍정적 효과를 발휘하는 현상과 원리를 의미한다.

교육공동체의 구축을 위하여 학교, 지역사회, 시민단체, 교육기관, 지자체 등과 같은 구성 요소들은 서로 분절적이어서는 안 된다. 교육이라는 공통의 비전과 목표를 가진 각각의 교육 주체들이 서로 상호작용하여 상생하는 생태학적 환경을 조성해야 한다. 이러한 교육적 인프라와 주체들의 연합은 단순히 이들의 합산이 아니라 그 이상을 추구하는 시너지 효과를 만들어내기 위한 유기체적 연대가 필요하다.

자기조직화의 원리

복잡성 과학에 따르면 자연의 생태계는 아주 단순하고 간단한 원리로부터 시작된다. 예를 들어 숲은 나무라는 간단한 계(개체)에서 출발하여 이보다 훨씬 복잡하고 잘 조직화된 계(숲)로 이행하는 자기 초월의 특성을 갖는다. 생태계의 시작은 단순한 규칙에 기초하지만 상생을 위해 끊임없이 상호작용을 하게 되고, 이를 통해 스스로 조절하고 발전하여 더욱 체계적인 완전체가 되어가는 것이다. 이러한 자기조직화의 원리는 많은 자연생태계 현상 속에서 발견된다. 개미 집단의 조직, 기러기의 비행 대열 나뭇잎에서 볼 수 있는 프랙탈 등이 그런 예이다. 이뿐만 아니라 이러한 모습은 사람이 살아가는 사회와 조직 속에서도 어렵지 않게 발견된다.

단순하지만 문화와 규칙을 공유하고 지속가능한 성장을 이루고 있는 모범적인 사회 조직들을 살펴보면 바로 이러한 자기조직화의 원리를 통해 상생과 발전을 일상화하는 것을 알 수 있다. 교육공동체 또한 이러한 자기조직화의 원리를 통해 작은 모임으로부터 시작되어 마을이라는 소공동체로 진화하게 되고, 이는 다시 지역사회를 기반으로 하는 하나의 교육공동체로 발전하는 것이다. 이러한 교육공동체의 자기조직화를 촉진시키려면 다양한 소공동체를 발굴하고 조직화하며, 이들의 활동을 활성화해야 한다.

이런 소공동체들이 상생을 위하여 서로 협력하고 상호작용하였을 때 그 결과는 우리가 기대하는 것 이상의 건강하고 자생적인 교육공동체로 확산될 것이다. 공유된 목적과 문화, 배려와 나눔이라는 가치,

학교에서 어른들과 함께 하는
김장 담그기

공동체를 위한 간단한 규칙 등이 전제된다면 교육공동체 구축을 위한 자기조직화의 원리는 어렵지 않게 정착될 수 있다. 예를 들어 학교공동체 속에 교사공동체, 학생 동아리 모둠, 학부모들의 참여공동체 등을 활성화하고, 지역사회에서는 교육적 나눔을 목적으로 하는 다양한 소공동체들이 학교와 지역을 중심으로 활동하며, 지자체와 교육청이 이들을 개발하고 지원해줌으로써 지역사회 전체가 하나의 교육공동체가 될 수 있도록 하는 것이다. 이때 무엇보다도 중요한 것은 소공동체를 조직하고 이들의 활동을 촉진시키기 위한 의도적이고 체계적인 지원이 필요하다는 점이다.

창발성의 원리

건강한 숲은 그 안의 개별적인 개체(나무)들이 서로 의지하고 상호작용하여 환경에 적응하고 더 나아가 그 환경을 변화시키는 공진화(창발)를 끊임없이 이루어나간다. 지속가능한 성장을 이루는 유기적 생태계는 이러한 상생과 공진화가 기본적인 작동 원리이다. 창발이란 구성 인자들이 가지고 있는 개별적 속성과 능력의 총합을 넘어서 자기 초월적 능력을 발휘하는 유기체적 속성을 의미한다.

이러한 창발과 공진화를 위해서 개별 구성 인자들은 역동성과 개방성을 바탕으로 끊임없는 연대와 상호작용을 해야 한다. 폐쇄된 조직은 그 활동의 확산성을 가질 수 없으며, 따라서 지속가능한 성장을 이루어낼 수 없는 구조를 갖는다. 하지만 개방성을 갖고 환경과의 끊임없는 상호작용을 하는 조직은 환경의 변화에 민감하며, 그러한 변화를 주도하게 된다. 이와 같이 교육공동체가 지속가능한 성장을 하기 위해서는 그 안의 소공동체들이 지속적이고 역동적으로 상호작용하고, 서로 간의 적응과 자극을 통해 자신의 상태를 초월할 수 있는 여건을 조성해야 한다.

3. 마을교육공동체의 뿌리 2
: 사회적 자본

그동안 교육계에서 이루어졌던 교육공동체 논의는 주로 학교라는 울타리에 머물러 있었다. 학교라는 체제가 어떻게 학생과 교사 그리고 학부모의 참여를 진작시키고, 학생들의 창의적 사고와 전인적 발달을 도모하는지에 대한 문화적 접근에 집중하였다(Sergiovanni, 1994). 교육공동체는 학교공동체를 의미하는 경우가 많았다.

하지만 지역사회를 기반으로 하는 마을교육공동체 구축은 학교 안의 교육개혁이 아니라, 학교 밖의 교육운동이 될 수 있는 방안을 제시한다. 이는 비단 학교공동체뿐만 아니라 지역사회의 교육적 기능을 강화하고, 사회의 모든 교육 주체가 공동체 의식을 발휘하여 공교육의 정상화를 이끌고자 하는 교육개혁의 새로운 방향이다.

그동안 우리나라는 산업사회를 거치며 고도의 경제 성장을 이루어왔다. 이러한 경제 성장을 이끈 다양한 요인들 중에서도 우리나라의 교육제도와 이에 대한 국민적 열정이 절대적인 역할을 해왔다는 점은 누구도 부인할 수 없다. 하지만 고도의 경제성장에도 불구하고 우리나라가 선진국 대열에 들어갔다고 하기에는 아직 부족함이 있다. 그 이유로 사회적 자본의 축적이 미흡하다는 점을 지적하는 사람들이 있다.

사회적 자본의 의미

일반적으로 '자본capital'이라 하면 어떠한 재화나 가치를 창출해내기 위해 필요한 요건을 의미한다. 경제적 자본economic capital이 상품과 재화를 창출하기 위한 물질적 자산이라 한다면, 사회적 자본social capital은 어떠한 가치를 창출하거나 사회적 문제를 해결하기 위해 필요한 사회적 조건이나 특성에 관한 부분이라 할 수 있다. 이때 사회적 조건이나 특성은 사회 구성원들이 형성해놓은 '관계적 혹은 협력적 특성'을 의미한다.

퍼트넘(Putnam, 1993)은 사회적 자본을 상호 이익을 증진시키기 위한 조정과 협력을 촉진시키는 네트워크, 규범, 또는 사회적 신뢰와 같은 사회조직의 특성을 의미한다고 하였다. 한 사회 구성원들의 인간관계망, 사회적 질서나 규범, 그리고 그들이 쌓아놓은 신뢰가 사회적 자본의 원천이 되는 것이다.

콜맨(Coleman, 1988)은 사회적 자본을 구성원들이 보여주는 참여의 가능성과 적극성으로 규정한다. 사회적 자본은 한 개인이 그 안에 참여함으로써 특정한 행동을 하는 것을 가능하게 만들어주는 사회적 구조 혹은 사회적 관계의 한 측면으로 풀이하고 있다.

한편 후쿠야마(Fukuyama, 1997)는 사회적 자본을 그룹과 조직에서 공공의 목적을 위하여 함께 협력하도록 하는 사람들의 능력이며, 이러한 협력을 가능하게 하는 그 사회의 비공식적인 가치나 규범 또는 신뢰의 존재로 정의한다.

사회적 자본에 대한 이러한 정의들을 살펴보면 사회적 자본이란 '그 사회가 축적해놓은 사람들 간의 관계망이나 신뢰'와 관련된 것이며, 이러한 관계망과 신뢰의 축적은 그 사회 공공의 문제를 해결하거나 긍정적 가치를 창출해내기 위한 소중한 자산으로 역할을 하는 것에 관련된 개념인 것이다. 경제적·물질적 자산이 경제적 가치를 창출하는 밑거름이 되듯이, 사회적 관계망과 신뢰도 사회적 가치를 생산해내는 중요한 자산이 되는 것이다.

사회적 자본의 종류

앞서 사회적 자본의 정의에서 잘 나타나 있듯이 사회적 자본을 구성하는 요소 혹은 사회적 자본의 종류는 크게 세 가지로, '자발적인 네트워크(사회적 관계망)', '상호 신뢰', '호혜적 규범'을 포함한다. 이 구성 요소들을 살펴보면 그 특성이 공동체의 개념 및 운영 원리와 흡사하다는 점을 발견할 수 있다.

먼저 사회적 자본을 위한 네트워크 형성은 그 구성원들을 연결해주는 연대적 인식과 실천으로 가능하다. 구성원들의 자발적이고 수평적인 참여를 통해 연결된 관계망은 공동체의 가장 기본적인 요소이다. 이러한 네트워크는 하나의 집단 혹은 공동체 안에서 구성원 간 상호작용의 맥락과 환경을 기반으로 한다. 또한 소통의 단위를 형성하기 때문에 다른 집단과 공동체를 구분하는 경계가 될 수 있다. 따라서 네트워크가 폐쇄적일 경우 자본으로서의 확산성이 제한적일 것이고, 생태적 공동체로서 지속가능성을 잃게 될 것이다.

둘째, 상호 신뢰라는 요소는 사회적 자본의 심층적인 단계로서 종교, 전통, 혹은 역사적 관습 등과 같이 문화적 메커니즘에 의해 생겨나고 전파되는 특성이 있다(Fukuyama, 1997). 대인 간의 신뢰는 타인의 행위에 대한 나의 이해와 관심에 관한 것이며, 이러한 이해와 관심에 대한 기대가 지속되었을 때 비로소 사회적 신뢰로 발전한다. 사회적 자본의 다른 요소인 네트워크나 규범도 이러한 사회적 신뢰를 바탕으로 하기 때문에 사회적 자본의 가장 본질적 요소라고 할 수 있다. 이러한 사회적 신뢰는 역사적·문화적·사회적 맥락을 바탕으로 생성되기도 하지만 공동체 교육을 통해 유지되고 발전된다.

셋째, 호혜적 규범은 네트워크와 신뢰를 바탕으로 한 사회 혹은 공동체가 공유하는 행동과 실천의 약속에 관한 것이다. 공동의 목표를 설정하고 이를 달성하기 위하여 모든 구성원들은 헌신, 나눔, 배려, 협력 등의 가치를 실천해야 한다. 호혜적 규범이란 구성원 간의 상호작용을 통해 이러한 공동체적 가치를 실현하기 위하여 만들어놓은 규율과 규칙의 형태로 작용을 한다.

사회적 연결망의 깊이, 넓이, 지속가능성

사회적 자본을 구성하는 위의 세 가지 요소는 사실 서로 구분되기보다는 상호 보완적인 특성이 강하다. 특히 각 요소들은 한 사회 구성원들이 형성해놓은 네트워크(관계망)의 깊이, 넓이, 그리고 지속가능성으로 나타난다. 이는 한 사회에서 사회적 자본이 얼마나 축적되어 있는지를 판단하려면 사회적 연결망의 깊이, 넓이, 그리고 지속가능성을 측정하면 알 수 있다는 점을 의미하기도 한다. 또한 공동체 교육이 어떠한 지향점을 가져야 하는지 그 방향성을 제시하는 부분이기도

하다.

첫째, 한 공동체가 얼마나 깊은 관계망을 구축하고 있느냐의 문제는 공동체 구성원들 간의 신뢰가 얼마나 두터운지와 맞닿아 있다. 공동체 구성원들 간의 신뢰는 앞서 언급했듯이 그 사회의 역사적·문화적·사회적 맥락에서 비롯된다. 다시 말해서 구성원 간의 신뢰는 그 지역사회의 지역성을 바탕으로 생성·유지·발달된다. 공동체 교육이 지역사회를 통해, 지역사회에 관해, 지역사회를 위해 이루어졌을 때 이러한 지역성이 확보되는 것이고, 이를 토대로 자연스럽게 구성원 간의 신뢰가 자리 잡게 된다.

둘째, 얼마나 넓은 관계망을 갖고 있는지는 그 공동체가 얼마나 다양한 문화를 수용하는지와 관련되어 있다. 넓은 인간관계망을 구축하려면 상대방의 다름과 차이를 먼저 인정해야 한다. 문화적 수용성이 없다면 그 공동체는 폐쇄성을 띨 수밖에 없다. 공동체 구성원들 간의 네트워크 넓이는 그 공동체의 범위와 소통의 단위를 결정하기 때문에 다른 집단과 공동체를 구분하는 경계가 될 수 있다. 공동체 간의 경계가 분명하면 할수록 상호작용을 통한 공진화는 점차 어려워질 수밖에 없다. 따라서 다름에 대한 유연성과 다양성을 어떻게 확보하느냐가 관계망의 넓이를 결정하는 관건이 될 것이다. 다시 말하지만 우리가 원하는 교육공동체는 예를 들어 동호회나 친목회 수준에서 한 집단의 이해관계를 충족시키는 수준의 것은 분명 아니다. 교육공동체는 긍정적 확산성을 가져야만 한다.

셋째, 협력적·자발적·호혜적 네트워크의 지속가능성은 네트워크의 깊이와 넓이와도 관련되지만, 본질적으로 공동체의 개방성 혹은 생태학적 측면과 깊은 관련을 갖는다. 자기조직화를 통해 상생 및 공진화하는 공동체는 그 환경과 끊임없는 상호작용을 해야 한다. 그렇지 않으면 그 공동체는 폐쇄적이고 정체적인 모습을 갖게 되어 결국 공동체로서의 특성을 저버리게 된다. 공동체 교육을 통해 학생들의 시민의식을 고양하고 다문화적인 인식을 고취시키는 것이 중요한 것은, 그 공동체가 이러한 개방성을 함양했을 때 지속가능한 발전을 이룰 수 있기 때문이다.

로컬에듀를 꿈꾼다
: 완주 커뮤니티비즈니스센터

완주군은 2010년에 농촌활력사업을 추진하기 위해 민관 협력 방식으로 중간지원조직인 완주 커뮤니티비즈니스센터를 설립하였다. 그동안 주민 교육, 인적 자원의 발굴, 사업 기획, 창업 공동체에 대한 모니터링 및 컨설팅, 다양한 주체 간의 네트워킹 등 중간지원조직의 역할을 적절하게 수행하여 농촌지역의 마을만들기에서 모범적인 사례로 꼽히는 곳이다.

최근 들어 관심을 가지고 지속적인 노력을 하고 있는 분야 중 하나는 청소년 교육이다. 인구 유출의 원인에서 중요한 부분을 차지하는 것이 농촌지역의 교육 문제이기 때문이다. 관내 방과후학교 강사를 지역 주민이 담당하기 위해 방과후학교협동조합을 만들고, '퍼머컬처 대학과정'이라는 청년학교 운영, 지역사회와 함께하는 진로교육센터를 사회적협동조합으로 준비하는 활동 등이 이러한 노력의 일환이다.

센터의 이러한 노력이 완주교육지원청이 추진하고 있는 '로컬에듀' 사업과 만나면서 지자체와 교육지원청이 지역의 교육 문제를 함께 고민하며 풀어가고 있다.

커뮤니티비즈니스센터의 역할

중간지원조직의 역할 중에 완주 커뮤니티비즈니스센터가 가장 중점을 두는 것이 바로 교육이다. 교육 사업이 인재를 발굴하고 육성하는 일과 가장 긴밀하게 연결되어 있기도 하지만, 사업과 관련한 다양한 지원, 정보 제공, 교류 촉진 등의 역할에 있어서 가장 효과적인 방법을 제공해주기 때문이다. 커뮤니티비즈니스 창업 공동체의 경우, 창업 자금을 지원한 후에 방문, 전화, 메일 등으로 정기적인 모니터링을 통해 사업 추진 현황, 문제점을 파악하기도 하지만, 각종 교육, 연수, 워크숍 등을 하면서 부가적으로 모니터링을 수행한다.

완주 커뮤니티비즈니스센터에서 두 번째로 중요하게 생각하는 역할은 지역 내외 간 교류 사업이다. 마을과 커뮤니티비즈니스 간 교육, 공동체와 다른 기관과의 교류, 지역 외부 기관·단체와의 다양한 교류 사업을 추진하고 있다. 2011년까지는 마을사업과 커뮤니티비즈니스에 대해 별도의 교육이 추진되었고, 2012년부터는 창업 공동체 통합 교육을 실시하고 있다.

교류 사업 중 대표적인 사업이 방과후학교 사업단인데, 농촌지역의 경우 규모가 작기 때문에 방과후학교 프로그램이 다양하지 않고 내실

완주 커뮤니티비지니스센터 관계자
와의 인터뷰 모습

완주 커뮤니티비즈니스센터의 교육 프로그램

구분	과정명	주요 내용	비고
공동체 창업 교육	퍼머컬처 대학과정	청년을 대상으로 하는 장기 교육	1회/년(8개월)
	공동체 창업 교육	마을, CB 창업자 신규 교육	1회/년(40시간)
	귀농귀촌학교(장기)	귀농귀촌인 및 희망자 대상	3회/년(3주)
	귀농귀촌학교(단기)	귀농귀촌인 및 희망자 대상	4회/년(1박 2일)
	협동조합 교육	협동조합 기본/실무	1회/년(20시간)
	사회적기업 아카데미	SK 지원, 사회적기업 관심자	1회/년(24시간)
	찾아가는 마을교육	마을 주민 대상 교육	1회/년(4시간)
	역할별 교육	마을 지도자, 사무장별 교육	1회/년
워크숍	마을 관련 사업	3/4분기 중 사업 추진 중간 점검	1회/년
	CB 관련 사업	3/4분기 중 사업 추진 중간 점검	1회/년
	공동체 사업 공동 워크숍	연말에 마을, CB 공동 워크숍	1회/년
해외 연수	마을사업 관련	마을 지도자, 실무자 대상	1회/년
	CB 사업 관련	CB 창업 대상자	1회/년
일자리	로컬푸드 관련	노동부 지원, 6개반	1회/년(70시간)
	CB 관련	노동부 지원, 3개반	1회/년(70시간)

있는 운영이 쉽지 않다. 마을과 커뮤니티비즈니스 중에 많은 사업이 방과후학교 프로그램을 운영할 수 있는 내용을 가지고 있다. 다양한 마을에서 농업, 전통문화 체험, 교육이 가능하고, 제빵 사업단인 마더쿠키는 제과, 제빵 교육을, 목공 사업단인 한그루는 목공교육이 가능하다. 이러한 사업단이 방과후학교 프로그램을 운영할 수 있도록 역량을 높이고 소규모 학교를 묶어서 보다 다양한 프로그램을 운영할 수 있도록 사업을 지원하고 있다. 방과후학교 사업과 더불어 완주의 순례문화길 주변의 마을을 연계한 순례문화 사업, 집과 관련한 사업단을 연계한 주거 지원 사업 등을 지원하고 있다.

세 번째로 중요하게 생각하는 역할은 완주군청과의 협력 및 공조이다. 행정과 중간지원조직의 상호 보완적인 역할은 다양하게 존재한다. 무엇보다 중요한 것은 행정의 기본적인 속성인 '칸막이'를 허무는 역할을 하고 있다는 점이다. 행정기관의 각 부서는 자신이 맡은 역할과 사업에 집중하기 때문에 지역사회를 '한통'으로 인식하는 것이 쉽지 않다. 그래서 사업의 성과에 집착하게 되고, 다른 사업과 연계하여 생기는 긍정적인 영향이나 다른 분야에 미치는 부정적인 영향을 간과하기 쉽다. 완주 커뮤니티비즈니스센터에서는 다양한 분야에서 행정과 협력함으로써 이러한 문제점을 극복하기 위해 노력하고 있다. 2012년부터 마을과 커뮤니티비즈니스 사업에 대해 통합 교육을 추진한 것도 이러한 맥락이다. 완주군 농촌활력사업을 주로 하기는 하지만 다른 부서와의 사업 연계를 높여가고 있다.

사실 우리나라 젊은 층은 88만 원 세대, 5포, 7포, 9포 세대라는 말이 나올 정도로 삶이 막막하고 미래를 꿈꾸기 힘들다. 이러한 현실에서 완주군은 선진국처럼 협동조합 체제를 만들어 지역사회를 살리고 새로운 일자리를 창출해나가는 모델을 보여주었으며 이에 대해 교육청과 지자체 지역 주민의 역할이 잘 맞아떨어졌다. 완주군의 사례처럼 지자체가 쓸모없는 대규모 시설에만 투자하는 대신 사회적 경제를 구축하는 것을 중요하게 여기고 젊은 층을 위한 미래 세대에 투자한다면, 단기간의 성과는 나오지 않겠지만 지역 발전에 오히려 크게 공헌할 수 있을 것이다.

다양한 시도들, 그리고 한계점

전시성 사업은 단기간에 주민들에게 호응을 가져올 수는 있어도 2~4년 지나면 대부분 주민들의 지탄의 대상이 되고 만다. 그러나 시스템이 갖춰진 정책은 오래도록 지속되며, 긍정적 피드백을 낳는다.

〈방과후학교협동조합〉

'즐거울 락' 공동체는 경력 단절 여성들이 모여 자신의 재능을 기부하는 방법으로 영어, 미술, 공예 등의 교육 프로그램을 무료로 운영하고 있다. 프로그램을 인정받아 여러 학교에서 방과 후 교육을 요청하고 있는 상황이다. 완주군은 학교가 방과 후 교육을 지역의 협동조합과 계약하여 추진할 시 예산을 지원하는 방안을 검토하고 있다. 다른 지역으로 돈이 지출되는 것을 막고 해당 학교의 방과 후 교육의 질을 높일 수 있다고 보기 때문이다.

지금은 재능 기부를 하지만 목표 중에 하나가 '즐거울 락'이 자립해서 군의 예산 지원 없이 자유롭게 활동하는 거예요. 그러기 위해서는 기초적인 경제적 자립이 필요하죠. 근본적인 해결책 중 하나는 예산 지원인데, 이게 양날의 칼이에요. 변질될 수도 있는 거죠. 지금이야 재능 기부 형태라서 학부모들이 부담 없이 보낼 수 있지만 사교육처럼 될 수도 있다는 문제점이 있어요.

_센터 담당자

소양슬로공동체 달꿈이장터

삼례읍에도 엄마들의 모임이 있다. 원래 엄마들이 인문학 수업을 하려고 모였는데, NIE 심화 과정을 하면서 모두 자격증을 따고 휴 클래스에서 아이들을 대상으로 NIE 과정을 진행한다. 여기는 엄마들이 방과후학교에서 강의를 하고 그 수입을 모임에 기부한다. 최근에는 교재 개발에 관심이 있다. 간단한 교재는 스스로 만들어 사용한다.

이러한 과정에 참여하는 사람들이 모두 지역 주민들이고 지역 자원들이다. 그들을 조직화하거나 묶는 역할을 센터가 하고 있다. 이렇게 개별적으로 마을별 공동체가 있는데 이것을 다 묶는 센터가 있다면 학교와 연계하는 일도 훨씬 쉬워지고 학교와 마을의 연대 역시 강화될 것이다.

> 결국 방향을 바꾼 것이 완주가 13개 읍내로 나뉘어 있으니 큰 틀의 협동조합은 남아 있고, 지역별 조직이 그 안에서 자생할 수 있게 됩니다. 예를 들어 '즐거울 락'이 공동의 교육을 지원할 수 있도록 조직하고, 다른 쪽도 그 지역에서 하는 등 지역별로 성장하다가 나중에 완주 전체를 놓고 큰 그림을 그리는 게 좋지 않을까 생각을 하게 됐어요.
>
> _센터 담당자

각각 활동하고 있던 교육 분야 소규모 공동체를 하나로 묶은 것이 '온골협동조합'이다. 온골협동조합은 군으로부터 교재와 교수법의 지원을 받아 프로젝트 수업 등 수업의 질 개선과 사업 범위 확장을 위해 꾸준히 활동하고 있다.

〈수학여행과 관련된 마을여행사업단〉

지역에 체험마을은 많지만 각각의 규모가 크지 않아 생기는 문제를 해결하기 위해 '마을통'을 만들었다. 그 결과 서울과 같은 도시에서 많은 학생들이 수학여행을 와도 유치가 가능하고 학생들의 만족도도 높은 편이다.

체험마을이 스스로 영업해서 유치하는 건 어려워요. 한 마을이 수용할 수 있는 인원이 50명을 넘지 않죠. 서울에서 수학여행을 오면 마을통이 그 인원에 맞게 프로그램을 짜는 등 중간에서 지원해요. 들어오는 수입의 일부를 '마을통'이 수수료를 받고 유지하는 거예요.

_센터 담당자

〈진로교육 관련 사회적협동조합〉

지역에서 일하는 사람을 발굴하기 위해 진로교육 관련 협동조합도 운영하고 있다. 이곳은 농촌관광, 학원사업, 대체자원개발 등의 과목으로 운영하고 있는데, 지역의 아이들에게 지역의 가능성을 알게 하고 지역에 뿌리를 내리기 위해 꾸준히 노력하고 있다.

지금 4기까지 진행했고 외부에서도 관심이 있어요. 문제는 지역 학생들이 많이 들어왔으면 좋겠는데 오히려 지역을 나가려고 해요. 부모도 학생도 열심히 해서 지역을 벗어나야겠다고 생각하죠. 지역에 남으려는 사람들과 지역사회를 열어보자는 단계로 발전해 조합원을 받고 사회적협동조합을 운영해보자는 것이었어요.

_센터 담당자

최근 자유학기제가 시행되면서 교육청과 함께 진로교육 프로그램을 운영하려는 시도도 생겨나고 있다. 그런데 일반 직업군과 완주형 직업군으로 나누어 진로 체험 프로그램을 개설하고자 해도 사람과 일자리가 다양하지 않아 어려움을 겪고 있다. 사업의 확산과 질 담보를 위해 적절한 외부의 도움과 네트워킹이 필요하다.

> 문 밖의 체험이라고 해서 가깝게 갈 만한 곳이 드물어요. 거기서 스토리를 찾을 만한 것도 드물어요. 학교를 중심으로라도 소규모로 갈 수 있는 진로교육이 필요하죠. 완주는 공동체가 많으니까 일반 직업군, 완주형 직업군으로 하려고 하지만 실질적으로는 어려워요. 진로교육을 하려고 한다면 아이들도 진로직업에 대한 의미가 어떤 건지 알아야 할 필요가 있어요.
>
> _센터 담당자

보통 마을이나 센터 주도로 일궈온 마을교육공동체의 사례들을 보면 모두 학교의 폐쇄성에 답답함을 호소하고 있다. 이곳에 근무하는 관계자도 학교의 벽을 이야기한다. 이것은 업무 과다, 안전의 문제, 필요성의 문제 등이 만든 벽이었다.

> 전주에서 큰 학교였는데 인원이 줄어든 학교가 있어요. 전주시가 원도심 프로젝트라고 해서 아이들이 다양한 활동을 할 수 있게 지원하고 있어요. 그 학교에 교사 50여 분이 계신데 본인의 업무가 아니면 생각조차 하기 싫어하는 것을 느꼈어요. 이 프로그램이 들어간 학교는 학생 수가 줄지 않고, 아이들도 좋아하고 긍정적으로 보는 교사도 있는데, 그렇

지 않은 학교의 교사들은 모두 외부에서 해줬으면 좋겠다고 생각해요.

_센터 담당자

아이들이 학교라는 공간을 싫어하는 것도 큰 문제로 보였다. 지역의 공동체와 학교가 함께 손을 잡고 학교가 즐겁고 의미 있는 곳임을 느끼게 해주는 것도 시급해 보인다.

센터의 계획은 아이들이 학교 밖으로 나가 마을에서 어르신들과 함께하자는 거예요. 아이들은 학교라는 공간 안에서 어떤 일을 하는 것 자체를 싫어해요. 공간은 많아요. 그 공간을 어떻게 활용할 것인가의 문제죠. 학교 밖으로 나오면 보험 등 제약이 많아요. 심지어 돌봄에서 아이들 간식을 지역 농산물로 하려고 했는데, 학교 급식은 냉장고 안으로 들어가지만 지역 농산물은 냉장고에 넣을 수 없다고 해요. 학부모의 인식도 다소 폐쇄적이에요. 학교가 아닌 외부에서 한다면 부정적인 부분이 있어요.

_센터 담당자

완주교육청 차원에서 '로컬에듀'라는 이름으로 지역교육을 그릴 수 있었던 것은 완주에는 중간지원조직인 커뮤니티비즈니스센터가 있었기에 가능했다. 센터가 수년 동안 공동체의 기반을 다져온 면도 있지만, 당장 지역과 연결 고리 역할을 하는 실무 조직 역할을 해낸 것이다.

마을교육공동체 정책을 추진할 때도 먼저 중간조직 역할을 하는 그룹이 있는지 조사해보아야 한다. 있다면 그 조직이 자기 역할을 더욱 잘할 수 있도록 지원하고, 없다면 이러한 조직의 필요성을 느끼는 사람들을 찾아 조직하고 연결 고리 역할을 할 수 있도록 해야 한다.

　물론 이 역할을 교육청이나 지자체가 직접 맡는 것은 한계가 있다. 완주군의 경우도 행정조직은 주민과 밀접하게 일하기 어렵고, 담당자의 잦은 교체로 연속성과 창의성을 담보하기 어렵기 때문에 중간조직으로 센터를 둔 것이다. 완주군은 분야별 전문가 및 활동가가 행정과의 긴밀한 관계 속에서 행정의 부족한 역할을 보완해야 한다고 판단했다. 지금까지 관 주도의 센터는 보통 실무자 1명, 계약직(전화상담원) 1명으로 형식적으로 존재하다가 몇 년지나 여러 이유로 예산이 끊기게 되면 계약직은 떠나고 실무자는 다른 곳으로 발령 나는 형태였다. 말만 센터이지 역할을 하지도, 할 수도 없는 구조였다. 결국 지자체장이나 교육감의 의지가 많은 것을 변화시킬 수 있다. 제대로 고민할 수 있는 구조를 만들고, 그 고민을 정책으로 승화하는 것이 필요하다. 그 장을 열어주는 것이 지자체와 교육청이 할 일이다.

　완주 커뮤니티비즈니스센터에서 완주군과 함께 농촌활력사업을 추진하는 목적은 성공적인 공동체 사업 조직을 몇 개 만들고자 하는 것이 아니다. 열심히 노력하는 사람이면 누구나 기본적인 삶의 질을 유지할 수 있는 지역사회를 만들어보려는 것이다. 또한 마을 관련 사업이 대부분 마을 주민들의 소득 사업 중심인 것에 비해 이곳은 교육, 문화, 복지 등 매우 다양하여 사업의 성과를 일반적인 개념에서의 일자리나 수익 창출로 측정하기 어렵다. 그래서 다면적인 방법으로 성과 목표를 설정하여 관리하고 있다. 재무, 공동체, 내부 역량, 고객, 사회공헌 등의 분야로 나누고, 사업의 목표와 내용에 맞게 적절한 수준의 성과 목표를 설정하여 관리하고 있다. 마을교육공동체의 목표나 평가 또한 이러한 공동체성, 관계, 사회 변화 등을 함께 고려해야 할 것이다. 몇 개의 프로그램 위주로 진행된다거나 단순한 양적 평가로 마무리해서는 안 될 일이다.

완주 커뮤니티비즈니스센터는 사회적 경제에 대한 인식을 높이기 위해 협동조합을 가장 적합하고 효과적인 수단이라 생각한다. 자본주의의 대안으로 떠오르고 있는 사회적 경제에 대한 고민은 학교교육에서도 분명 다뤄야 할 부분이다. 매점이나 교복, 체험학습, 방과후협동조합 등의 사회적협동조합을 만들어 협동조합의 필요성을 직접 경험하게 하는 것은 단순히 사회적 경제의 수혜만을 위한 것이 아니라, 학생들에게 대안 경제에 대한 인식을 바로 심어주기 위해서도 필요한 시도라 하겠다.

4. 마을교육공동체의 뿌리 3
: 교육 거버넌스

사회가 점점 복잡해지면서 정치, 경제, 사회 분야에서 탈산업화, 탈근대화 현상이 나타난다. 이에 근대적 국가 중심의 통치로는 불가항력적인 요소들이 많아 조정coordination과 연결networking 그리고 협력collaboration을 통한 새로운 국가 운영 방식이 요구됨에 따라 등장한 것이 거버넌스이다(Kooiman, 1993).

이러한 개념의 거버넌스는 종래의 국가 중심의 배타적이고 독점적인 통치governing나 정부government를 지양하는 새로운 패러다임으로 자리를 잡아가고 있다. 즉 거버넌스는 정부 이외에 시장 혹은 시민 사회 등과의 파트너십을 구축하고 네트워크를 형성해나가면서 새로운 공동체적 운영 체제, 제도, 또는 메커니즘을 적용하여 조직 및 국가를 운영하는 방식이라 할 것이다(March and Olson, 1995; Peters, 1995; Rhodes, 1996; 권기헌, 2008; 신현석, 2010).

거버넌스 탄생의 배경

거시적 관점에서 국가의 통치라는 개념과 관련하여 거버넌스라는 새로운 패러다임이 출현하게 된 배경을 살펴보면 다음과 같다(Kennis & Schneider, 1991; Kooiman, 2002). 첫째, 현대 사회에서 국가와 사회의 경계는 모호해지고 있다. 둘째, 개방체제로 인하여 정부 외부에 존재하는 다양한 행위자들이 정부 정책에 관여하고 있다. 셋째, 정부가 다루어야 할 사회 쟁점이 복잡하게 노정되어 공공 정책 결정이 증가하고 있다. 넷째, 거버넌스가 다루어야 할 많은 사회적 쟁점들이 상호 의존적이고 복잡하게 연결되어 있다. 다섯째, 정부는 주요한 사회 쟁점을 다루는 유일한 행위자가 아니라는 인식이 확산되었다. 여섯째, 정부와 사회의 긴밀한 상호작용이 새롭게 부상하는 사회 쟁점들을 다루는 데 필요한 요소가 되었기 때문에 새로운 개념의 거버넌스가 출현

거버넌스의 다양한 개념

학자	개념
Rosenau(1995)	가족으로부터 국제조직까지 모든 인간 활동 수준에서 규칙 체계
Commission on Global Governance(1995)	개인들과 사적·공적 조직들이 그들의 공동사를 관리하기 위한 여러 가지 방식들의 조합
Rhodes(1997)	상호 의존성, 자원 교환, 게임 규칙 그리고 국가로부터의 자율성의 특징을 가지는 자기 조직적인 조직간 네트워크
Keohane & Nye(2000)	조직의 집단적 활동을 이끌고 제약하는 공식 혹은 비공식적 과정과 제도들
Pierre & Peters(2000)	국가, 시장, 네트워크, 공동체, 결사체 등 다양한 유형을 포함하는 것
Kooiman(2002)	공식적 권위 없이도 다양한 행위자들이 자율적으로 호혜적인 상호 의존성에 기반을 두어 협력하도록 하는 제도 및 조종 형태
Khaler & Lake(2003)	어떤 사회적 상호작용의 양식

라미경, 2009

하게 된 것이다.

협의의 거버넌스 개념은 이를 운영하고 참여하는 주체와 관련되어 있다. 다시 말해서 거버넌스 개념의 태동 시기에는 정부와 국가가 국민이나 사회를 대상으로 하는 통치적 행위와 방식에 대한 개념이었다. 하지만 협의의 거버넌스는 논의의 초점이 시민사회를 향하고 있는 것이 특징이다. 국가 중시의 위계적 조정 양식이 아니라 시민사회와 집단을 대상으로 하는 자연스러운 조정 양식의 형태가 협의의 거버넌스라고 할 수 있다. 즉, 공식적 권위 없이도 다양한 행위자들이 자율적으로 호혜적인 상호 의존성에 기반을 두어 협력하도록 하는 제도 및 조정 형태라고 정의 내릴 수 있다(Kooiman & Vliet, 1993).

이러한 협의의 거버넌스는 정치적 혹은 사회적 단체, NGO, 민간조직 등 다양한 주체들의 참여를 기반으로 하며, 참여 주체 간의 혹은 외부 환경과의 다양한 네트워크를 중심으로 이루어지는 경우가 많다. 또한 정부가 지도적 역할을 할 수 없는 영역에서 협력적 행동을 필요로 하는 문제를 다루는 데 유용한 조정 기제로서 시민문화와의 강화, 자발적 행동의 촉진, 민주주의를 향한 사회 기반의 개선, 지역사회를 기반으로 하는 공동체 구축 등과 같은 분야에 초점을 맞추고 있다(라미경, 2009).

교육 거버넌스의 의미

새로운 패러다임으로서의 거버넌스 개념은 교육을 위한 통치, 지배구조 형성, 의사결정 구조, 교육 활동의 실천 등과 같은 영역으로 확장·적용될 수 있다. 교육 거버넌스는 "교육 활동이 전개되는 다양한 장면에서 누가 어떤 수단과 방법을 동원하여 무슨 과정을 거쳐 교육(기관)을 통제하는지에 관한 의사결정을 내리고 정책을 개발하는 과정"으로 정의 내릴 수 있다(Cooperet al, 2004: 135-160). 교육정책에 관한 의사결정뿐만 아니라 교육 프로그램 및 활동을 생산해내는 과정, 교과과정 및 교육 활동을 실천해내는 과정, 이를 평가하는 과정 등 모든 교육적 국면에서 행위자 간의 협력적 관계와 참여를 바탕으로 교육 거버넌스를 실현시킬 수 있다.

이러한 교육 거버넌스는 다양한 참여자들 간의 관계망 속에서 통치와 권력 작용의 형태로 전개되기 때문에 지역사회의 교육 자원을 활용하고 학생들의 배움을 지역 속으로 확장시키고자 하는 사회적 배움 공동체 구축을 위한 적합한 리더십 기제가 될 수 있다(서정화, 2007; 주삼환, 2007; 안기성, 1997). 앞서 언급한 교육의 지방자치화와 거버넌스 체제의 도입이라는 관점에서 보자면, 기존의 정부 주도나 교육청 주관의 정책적 혹은 정치적 접근은 이제 지양되어야 할 교육문화이자 제도이다. 앞으로는 지역사회를 기반으로 하는 교육공동체 구축이라는 관점에서 지역사회의 모든 교육 주체들이 민주적 참여와 연대(네트워크)를 통해 학교공동체, 배움공동체, 교육자치 공동체를 이끌어나가야 한다.

앞으로 교육혁신이 지향해야 할 바는 학교와 지역사회가 연대하여 지역사회 어디에서나 배움이 일어나는 교육공동체 구축이다. 이러한 지역사회를 기반으로 하는 교육공동체를 구축하기 위해서 가장 필요한 것은 행정지자체와 교육지자체 그리고 학교기관과 교육 수요자(학부모, 학생, 시민) 등 모든 주체들 간에 힘의 균형을 이루고 민주적 참여를 보장하는 것이다. 교육공동체는 기존의 관료적 기관이 주도하여 교육정책을 입안하고 추진하는 일방적 접근으로 운영될 수 있는 체제가 아니다. 더욱이 교육 수요자들의 자발적 기여와 참여 없이는 공동체의 형성 자체가 불가능한 일이다. 그렇기 때문에 참여 주체들 간의 협력적 관계 설정, 참여를 보장하기 위한 체제 구축, 교육공동체적 활동을 조직화하고 지속시킬 수 있는 지원 체제 마련 등이 면밀하게 검토되어야 한다.

교육 거버넌스 구축을 위해 할 일

첫째, 참여적인 의사결정 체제를 구축해야 한다. 교육공동체 운영에 관련하는 참여 주체는 지역사회를 포함하여 공식적 교육기관인 교육청과 교육지원청, 행정기관인 지자체, 학부모와 학생, 시민단체 등 모두가 해당된다. 이러한 모든 참여 주체는 교육공동체 기획, 운영, 평가 등에 관련된 중요한 의사결정 과정에 참여할 수 있는 권리와 이에 따르는 책임을 가져야만 한다. 이들의 전문성과 헌신적 기여는 지역사회의 다양한 배움터를 발굴하고, 학교교육이 지역사회로 확장될 수 있도록 연대를 강화하며, 지역사회 배움터가 지속적으로 질 관리 체제를 구축하기 위한 필수적 조건이다. 이러한 거버넌스 체제를 구축하기 위하여 모든 주체의 대표들이 참여하는 '교육공동체 운영 협의회'를 두어 하나의 의사결정 기구로서 역할을 할 수 있도록 하고, 각 주체 간 연대를 강화하며, 사회적 배움에 대한 지원이 현실화될 수 있도록 해야 한다.

둘째, 공동체 교육 운영 및 지원 체제를 마련해야 한다. 교육공동체 운영에 관련한 의사결정이 내려지면 이를 현실화시키고 집행할 수 있는 실천적 조직이 필요하다. 만약 교육공동체 구축 및 운영을 위한 지자체의 행정적·재정적 지원, 교육청의 전문적 교육 컨설팅, 시민단체의 자발적 기여 등이 각자 독립적이고 분절적으로 실천이 된다면 상당히 비효율적인 구조일 수밖에 없다. 따라서 이를 하나로 묶고 서로 네트워킹을 할 수 있는 주체가 필요한 것이다. 일종의 '교육공동체 지원센터'가 마련되어야 하는 것인데, 이러한 센터나 조직은, 배움터 발굴과 이들의 지속적 운영을 위한 행정적·재정적 지원을 집행하고, 교육청과 교육지원청이 지원할 수 있는 교육 질 관리 및 강사 교육 컨설팅 등을 조직화해내며, 학교와 지역사회 간에 네트워크를 구축하여 학생들 배움이 지역사회로 확장될 수 있도록 지원, 시민단체나 학부모를 연대하여 자발적 기여와 참여를 도모하는 일 등 다양한 측면에서 보다 실천적인 역할을 할 수 있을 것이다.

셋째, 교육공동체 리더십을 구축해야 한다. 구성원들의 공통적인 목표와 이의 달성을 지향하는 공동체 구축은 구성원들 간의 자발적 기여와 헌신에 기초한다. 지역사회를 기반으로 하는 교육공동체 또한 학교와 지역사회의 연대를 통해 학생들의 배움을 완성시키고자 하는 목적을 지향하기 때문에 구성원들의 자발적 참여와 헌신적 기여가 필수적이다. 모든 교육 주체들이 각자의 교육 리더십을 발휘해야 하는 이유가 여기에 있다 할 것이다. 사회적 기업이 지역사회를 기반으로 교육적 기여를 실천하는 것, 직업적·학문적 재능을 가진 주민들이 그들의 재능을 사회적으로 기부를 하는 것, 시민단체가 지역 학생들의 배움을 위하여 봉사하는 것 등은 각 교육 주체들이 사회적 기여를 실천하고 지역사회를 하나의 공동체로 만들기 위한 실천인 것이다. 교육공동체를 위한 거버넌스는 지역사회의 교육적 리더십을 구축하고 이를 발현시킬 수 있는 제도와 문화를 만들어야 한다. 학교공동체를 위한 학교장, 교사, 학생, 학부모들의 리더십, 사회적 기여를 실천하는 지역사회의 교육적 리더십, 지역사회를 교육공동체로 만들기 위한 거버넌스 리더십 등이 상호작용하였을 때 비로소 지역사회를 기반으로 한 교육공동체가 형성되는 것이다.

넷째, 소통과 연대를 위한 공동체 문화를 만들어야 한다. 교육공동체 구축을 위하여 제도적·정책적인 부분이 필요한 것은 사실이다. 하지만 일반적인 공동체의 특성이 자발성, 지역성, 차별성, 다양성에 기초한다는 점에서 보면 교육공동체 구축에 필요한 것은 제도적인 접근보다 문화적인 접근이다. 공동체 문화의 전제 조건은 민주적 참여와 구성원들의 의견 반영에 있다. 지역교육의 현안 및 정책 방안에 대하여 학부모와 시민단체가 토론과 협의 과정에 참여하고, 교육행정 주체들은 이들과 대화하며 지역교육을 지속적으로 발전시키는 소통의 문화가 구축되어야 한다. 이러한 소통의 문화는 지역사회 구성원들 혹은 교육 주체들 간의 협력적 네트워크를 강화함으로써 현실화될 수 있다. 학교와 지역사회 배움터, 지자체와 교육청, 학부모와 시민단체들의 네트워크가 좀 더 치밀해지고 정교화될수록 지역사회 교육공동체는 내실을 기할 수 있을 것이다.

5부

마을교육공동체를 위한 나침반

1. 마을교육공동체에
   기대하는 것들

온라인 밴드 '마을교육공동체에 기대하는 것들'에 대해 의견을 물은 적이 있다. 댓글 달기 방식으로 진행된 이 과정에서 우리는 마을교육공동체에 기대하는 것이 무엇인지 엿볼 수 있다. 이러한 기대를 충족시키기 위해서라도 마을교육공동체를 위한 나침반은 필요하다.

마을교육공동체에 대한 기대

구분	개수	내용
단어	68	• 숲, 숨, 쉼 • 마음, 꿈, 희망, 미래, 작은 일, 위대 • 학생, 교사, 어른, 아이, 인간 • 주인, 주체, 시민권자, 교육 주권자 • 참여, 연합, 연대, 배움 • 나, 너, 우리, 이웃사촌 • 삶, 조화, 도움, 성장, 자란다, 어울림, 놀기, 문화 • 마실, 삶터, 배움터, 행복터, 안정 • 도란도란, 복작복작, 두루두루 • 방향 찾기, 만남, 마주하기, 함께하기, 함께 살기, 정, 나눔 • 이해, 평범, 상식, 소통, 진리, 실천, 실현 • 시간, 공간, 세상, 현상, 이야기 • 복원, 귀환, 다시 돌아오기, 자리매김 • 혁신, 신명
문장	24	• 공장을 넘다. • 학교는 마을에서 숨을 쉰다. • 마을은 학교에서 꿈을 꾼다. • 학생들이 직접 참여한다. • 나의 배움이 마을에 도움이 된다.

문장	24	• 마을은 나의 삶에 도움이 된다. • 함께 조화하며 성장한다. • 마실이 있는 삶의 터를 가꾼다. • 마음이 가는 배움터 가꾼다. • 마을을 통한 행복터를 가꾼다. • 마을문화가 살아 있다. • 마을 사람들이 만나 함께 한다. • 아이들은 마을에서 자란다. • 동네에서 이웃들과 정답게 마주한다. • 뭉게뭉게 희망 만든다. • 오래된 미래를 꿈꾼다. • 모두가 주인인 세상이다. • 우리 교육의 희망이다. • 이야기가 있고 어울리는 사람들이 있다. • 이웃사촌 다시 돌아온다. • 사람들이 산다. • 마을을 이해하다. • 마을에서 실천하다. • 마을 속의 학교이다. • 뉘 집 자식인지 안다.

경기마을교육공동체모임, http://www.band.us/#/band/50044092

기대에는 개인과 사회의 바람이 들어 있기 때문에 당연히 감정과 이상이 표출되기 마련이다. 한 학습 모임에서는 교육 주체별로 나누어 그들이 바라는 마을교육공동체의 역할과 이와 연결될 수 있는 사례를 정리해보았다.

표에서 보듯, 마을교육공동체에서 말하는 '마을'은 학교와 깊은 관계를 맺고 있다. 학교와 마을, 이 양자는 서로 교류하면서 함께 변화한다. '학교가 마을이다'라거나 '학교 밖 학교'라는 말이 그런 차원에서 생겨난 말들이다. '마을'이라는 말 속에는 더불어 살아가는 공간과 지속가능한 시간 그리고 다양하고 독특한 마을의 현상이 들어 있다. 마을의 공간과 시간 그리고 현상은 수업, 교실, 교육과정, 학교, 축제 등과 잘 만난다.

마을교육공동체에서 말하는 '교육'은 욕망이 아닌 희망의 교육학이다. 입시와 수능을 외면할 수 없지만, 장기적이고 근본적으로 이를 바

'○○에게 마을교육공동체란'

구분	마을교육공동체란?	사례

학생
에게
	• 따뜻한 품(관계)
	• 사방이 감시자
	• 우리 마을이 안전하게 연결되는 공간(공동체)
	• 친구를 만나 놀이터처럼 놀 수 있는 공간
	• 비빌 언덕이면서 돌봄의 공동체
		• 다양한 봉사활동
		• 마을만들기 프로젝트
		  (의정부여중)
		• 누리마을 빵가게
		  (제천 덕산마을)
		• 방과 후 동아리 활동
		• 마을 놀이터

교사
에게
	• 아이들을 마을과 주위 사람들과 함께 키울 공간
	  (사회)
	• 정주와 이사를 생각하게 한 것
	• 뜻있는 교사에게 삶을 행복하게 해주는 것
	• 안전지대, 교사의 한계를 극복할 수 있는 계기
	• 교육의 고민을 함께 나누고 상상력과 도움을 주고
	  받을 수 있는 곳
		• 마을에서 생활지도
		• 마을 방과후학교 교사
		  (고양 영주산마을공동체)
		• 마을 주민 연대 활동
		• 마을교육과정 수립
		• 마을 수업 디자인

학부모
에게
	• 내 아이가 스스로 성장하는 장소
	• 이웃사촌의 복원
	• 아이를 믿고 맡길 수 있는 안전한 공간
	• 육아 스트레스와 중압감 해소
	• 학부모를 성장시켜주고 존재의 목적을 실현하도
	  록 하는 곳
		• 평화교육센터(광주 광수중)
		• 협력교사제
		• 우리라는 자녀 문화 형성
		  (평택 죽백초, 용인 두창초)
		• 내 아이, 마을이 지키기
		• 학부모 지원 공부 모임

학교
에게
	• 삶과 배움을 일치시키는 곳
	• 모든 것을 학교에서 책임져야 하는 부담에서 벗어
	  나 기댈 수 있는 곳
	• 아이와 엄마들에게 연결되는 새로운 교육 방법
	• 학교 밖 학교를 가능케 하는 것
	• 학교교육을 정상화하고 지역문화의 중심이 되는
	  것
		• 제2교장제 실시
		• 혁신학교와 대안학교의 만남
		• 교실 안팎, 학교 안팎을 넘나
		  들기
		• 학교 생태 공간 구축
		• 시설과 프로그램
		• 주민 개방

마을 에게	• 생동감과 활력을 주는 것 • 미래를 함께 그려갈 수 있는 친구가 생기는 것 • 아래 세대와 윗세대가 함께 할 수 있는 것 • 구성원들의 갈등과 파편화를 해결하는 것 • 축제가 만들어지는 것	• 주민 자존감 회복 (남양주 월문초) • 마을축제 • 마을카페 • 공동육아 • 건강한 삶(성미산학교)
교육청 에게	• 새로운 시도이자 궁극적인 교육의 지향점 • 민주시민의 역량을 키우는 시작점 • 교육생태계의 회복(교육청을 교육청답게) • 공짜 떡처럼 실천을 지원하면 성공할 수 있는 사업 • 관료주의를 깨고 성찰하고 변화시켜주는 자극제	• 마을교육공동체 발굴·지원 • 마을교육과정 수립 • 협동조합 추진 지원 • 혁신교육지구 사업 전환 • 꿈의학교, 자유학교 연계

지자체
에게
	• 더불어 함께 살아가는 지역 자치 실현
	• 우리 아이들이 우리 고장의 주인이 되는 것
	• 지역의 확장이자 지자체 존재의 이유
	• 마을을 살찌우게 하는 것(행정에서 문화로)
	• 세수 확보의 지름길
		• 유입 인구 증가
		• 혁신교육지구 사업
		  (시흥, 의정부, 안양 등)
		• 지역 역사·문화 관련 교실 수
		  업 지원
		• 도시교육네트워크 구축
		• 농촌교육공동체 구축

꿔나가고자 한다. 진로진학의 문제, 사교육의 문제, 학교 주체성의 문제 등 난마같이 얽힌 문제들의 실마리이고 그 출발점일 수 있다. 이는 교육 불가능 시대에 함께 외치는 가능성의 목소리다. 위에서 주체별로 언급된 내용들을 보면 그 희망의 씨앗을 엿볼 수 있다. 이를 공동의 집단 상황에서 이해하는 힘인 '마음의 사회화'라고도 볼 수 있다(서용선, 2012: 70).

마을교육공동체에서 말하는 '공동체'는 학교와 마을의 분리, 학교와 교육청의 분리, 교육청과 지자체의 분리, 교사와 교사의 분리, 학생과 교사의 분리, 학생과 학부모의 분리 등을 넘어서서 이를 통합적으로 연결 짓고자 한다. 공동체community에서는 상식common sense과 소통communication을 기반으로 구성원들의 진정한 독립성과 공동체성이 상정된다. 따라서 마을교육공동체는 민주주의학교이자 지역사회학교 개념을 가지고 있다.

50년 넘게 마을교육공동체를 이룬 살아 있는 실천 모델인 충남 홍성의 풀무학교에서 그리는 마을교육공동체를 보면 이러한 모습을 확인할 수 있다. 여기서는 '더불어 사는 평민'을 기르는 위대한 학교를 만드는 데 주안점을 둔다. 평민들에게 기본적인 가치관과 교양, 실제적 능력을 길러주기 위하여 홍순명은 다음의 열 가지 요소를 강조한다. 그것은 바로 '우리에게 소중한 전통의 복원', '인생의 목표와 과정을 채우는 핵심적 세계관', '공부와 함께 하는 노동', '지역에서 배우고 고향을 사랑하는 마음', '정성과 창의가 깃드는 작은 규모의 학교', '하나의 마을로서 학교 공동생활의 경험', '따뜻한 눈빛과 마음의 교감을 이루는 대화', '장점이 발휘되는 신명', '모순을 슬기롭게 감싸 안는 진리의 양면성'이다(홍순명, 2006: 8-13). 미래의 학교는 어떠해야 하는가에 대해 풀무학교 홍순명 선생님은 다음과 같이 답변한다.

> 학교는 지역과 유기적인 관계를 가져야 합니다. 교육은 학부모와 교사와 학생의 공동체 속에서 이루어져야 하고, 학교는 공동체의 가치 기반인 더불어 사는 삶을 가르쳐야 합니다. 이런 것은 모두 교육의 기본이 아닌가 생각합니다.
>
> _홍순명, 2006: 267

한편, 2012년에 활동을 시작하여 마포지역을 중심으로 교육 네트워킹을 하고 있는 '마을배움@네트워크 판'은 최근 20년에 걸친 마포지역의 다각적인 교육운동의 성과를 집적하였다. 여기서 제시한 방향 설정은 우리에게 많은 시사점을 던져준다.

> '마을'의 가치를 갖는 네트워크형 각종 교육 플랫폼을 만들자. '마을' 개념은 하나의 마을을 가리키는 것이 아니라 모든 교육이 각 마을 단위의 거점을 만들어가는 지역공동체 만들기라는 분산형의 의미를 함께 가지고 있다. 그러나 이름은 좀 더 넓게 포괄할 수 있는 자유로운 의미를 갖기 위해 '각종 교육 플랫폼'으로 하며, 필요하다면 바꿀 수 있다.
>
> _김영선·이경란, 2014: 39-57

마을교육공동체는 어찌 보면 이미 전개되고 있는 실체와도 같다. 근래 가장 주목받는 세계적인 철학자 아감벤(이경진 옮김, 2014: 154-167)은 『도래하는 공동체』에서 공동체를 "어떤 실체나 본질이 상정되지 않고 존재의 가능성 그 자체가 긍정되는 인간의 삶이 처음으로 가능하게 되는 곳"으로 보았다. 마을교육공동체 또한 학생이나 교사라는 존재, 학교라는 존재, 학부모나 주민이라는 존재, 그 자체가 마을교육공동체의 가능성을 이미 말해주고 있는지 모른다. 이를 위한 나침반은 어디를 가리켜야 할까?

2. 마을교육공동체를 위한 나침반 1
   : 아래로부터의 교육적 요구와 실천

현장 중심의 요구

그동안 학교 중심에서 외부 자원과 연결한 성공적인 사례들에서도 알 수 있듯이, 마을교육공동체가 지속가능하기 위해서는 상위 단위의 기획보다는 현장 기초 단위의 교육적 요구를 발굴하고, 이러한 요구에 부응하는 자율적인 실천을 전개하는 방식을 도입해야 한다. 이때 기초 단위 요구란 학교, 지역사회, 학생, 교사, 주민, 학부모 등이 교육적 환경에서 경험하는 어떠한 결핍을 해결하기 위한 자발적 필요이다. 일본이 시도했던 '내발적 발전론'에 기초한 '민간 주도형 마을만들기'는 우리에게 시사하는 바가 크다. 관의 주된 역할은 사업의 기획이 아니라 민간의 교육적 필요를 촉발하거나 지원하는 것이고, 이때 발생하는 요구에 적절히 부응하는 것이다.

마을교육공동체 사업도 학교와 마을을 포함한 지역사회에서 실천을 할 수 있게 해야 한다. 마을교육공동체 사업은 혁신학교 교사들을 중심으로 학교 활동을 다시 돌아보고, 지역 연계 사업으로 방향을 모색해볼 수도 있다. 경기 북부(의정부, 연천, 고양 등)나 시흥 지역에서는 교사모임이 주도하면서 이를 꾸려가고 있다. '새로운학교경기네트워크'라는 단체에서도 풀뿌리 조직 구성을 추진 중이다. 마을교육공동체 사업은 이러한 '풀뿌리 실천'을 기반으로 차근차근 풀어나가야 한다. 기존 혁신학교 중심으로 마을과 연계 사업을 했었던 사례를 모아서 마을교육공동체의 여러 모델을 만들 필요성이 있는 것이다.

지역사회에서의 자율적인 실천

지역사회의 실천이 효과적으로 이루어지려면 교사와 학교를 대상으로 마을교육에 대한 이해 등을 주제로 한 각종 연수나 설명회, 구체적인 사업과 이의 지원이 필요하다. 참여하고 싶은 교사와 학교를 발굴하고, 이들 인적 자원을 중심으로 퍼져나가야 한다. 학교가 추진할 수 있게 교사들이 '이거 괜찮은데!'라고 생각하고, 자발적으로 참여할 수 있도록 매력을 느낄 수 있게 해주어야 한다. 그 작업의 몫은 교육청의 일하는 방식에 달려 있다. 팀·네트워크제나 코워킹 등이 그런 방식이 될 것이다. 교사와 학교를 위해 교육의 꿈을 꿀 수 있는 즐겁고 다양한 자리 마련과 질 좋은 연수가 필요하다. 마을교육공동체 사업은 늘 하는 관 주도의 방식인 '공문으로 시작하면 안 된다.'

실천과 정책과 담론은 선순환되어야 하는데, 그 가운데 가장 먼저 선행되어야 하는 것은 '마을교육공동체 실천'이다. 혁신학교의 경우 실천이 있었기에 성공할 수 있었다. 인적 자원이 만들어지지 않은 상태에서 윗선에서 아무리 떠들어봐야 실행 주체가 없기 때문에 성공할 수 없는 것은 누구나 알고 있다. 이미 실천한 곳을 발굴하고, 실천 가능한 곳을 지원하여 정상 궤도로 올려주는 작업이 필요하다. 이를 위해 다양한 현장 모임과 조직 속에서 실천을 이끌 수 있도록 지지하고 격려해주어야 한다. 학교 내 교육 주체별, 학교별, 학교 간별, 읍면동별, 기초지방자치단체별 다양한 실천 모임이 마을교육공동체 사업 성공을 가름할 것이다. 교사, 학생, 학부모, 주민에게 '마을교육공동체 사업 제안서'를 받아 100~500만 원 정도를 지원하는 것으로 출발해보는 것이 하나의 방법이다. 이 사업을 하고 싶은 교육 주체나 기관이 있다면 이들이 나서서 어떻게 실천할 수 있을지 스스로 길잡이 역할을 해주어야 한다. 이 흐름을 보면서 정책을 구안해나가는 일이 초기 정책의 흐름이어야 한다. 그러면서 마을교육공동체 담론은 실천과 정책 과정에서 형성될 것이다. 그러나 과거 사례를 보면 관에서 자금 지원을 지속하거나, 대규모 예산 지원을 하다가 사업을 망친 사례가 여러 차례 있다. 특히 시민단체에서는 자금이 독이 될 수 있다. 자생성을 담보하기 위해서는 최소한의 자금 지원만 하는 것이 좋다.

민관이 함께 나서자

이처럼 실천을 담보하기 위해 마을교육공동체 사업을 민관이 함께 해나가야 한다. 민이 나서고 현장이 중심이 되어 학교와 교사, 그리고 지역사회가 자발성을 가져야 성공한다. 마을교육공동체야말로 아래로부터bottom-up와 위로부터top-down의 운동이 만나는 일이다. 이는 혁신학교 운동과 정책처럼 풀뿌리 운동과 제도주의 운동의 결합이다. 사업 자체가 고난이고 정책이고 장기적이며, 근본적인 사업 형태를 띠기 때문에 더욱 그러해야 한다.

교육청과 지방자치단체라는 관이 상호 유기적이면서, 현장과도 밀접하게 만나야 한다. 기관 간 연계뿐만 아니라 현장 실천과의 연계 또한 그렇다. 그러려면 교육청이 교육적인 가치를 중심으로 두고 나가지 않으면 안 된다. 지자체에서 서운할 수 있겠지만, 교육적인 방향으로 나가게 되었을 때 주민들의 환영을 받고, 길게 갈 수 있는 정책이 되기 때문이다.

이를 위해서는 우선적으로 초기 단계의 '마을교육공동체 지도'를 작성해보면 좋겠다. 현장 실천의 흐름을 보면서 연차적으로 심화·확대해가는 청사진을 만들었으면 한다. 이를 위해서는 초창기 교육청에서 이런 작업을 준비해야 한다. 실천 발굴과 지원, 지도 작성, 사업 구상, 인력 배치, 조직 정비 등이 그것들이다.

3. 마을교육공동체를 위한 나침반 2
: 지역사회 교육력 강화

학교와 지역사회의 연대 강화

지역사회 교육력은 지역 주민들이 교육적 필요를 인식하고, 교육적 실천을 위하여 참여와 희생을 공유하는 관계적 결속력에서 나온다. 이는 긍정적인 공동체 개념을 발전시키고 지역사회 생활을 개선하기 위하여 그 지역의 교육 자원을 개발하고 활용하는 평생교육 접근이며, 또 한편으로는 사회적 배움공동체를 만들기 위하여 학교와 지역사회의 연대를 강화하는 접근이기도 하다.

한 사회에서 가장 중요한 교육 기능을 담당하는 주체는 학교이다. 하지만 학교 외의 다른 지역사회 주체들이 그들의 교육적 역할을 지원하지 않을 때 공교육은 바로 설 수가 없다. 공교육의 내실화와 지속적인 발전이 학교의 노력만으로 되는 것이 아니라, 지역사회와 하나가 되어 교육공동체로서 상생할 때 비로소 얻어지는 결과임을 우리는 잘 알고 있다.

선순환하는 교육공동체

사회적 배움공동체는 학생들의 전인적인 학습과 올바른 배움을 위하여 지역사회의 교육적 인프라를 적극 활용하고, 그 결과를 다시 지역사회에 환원할 수 있는 선순환적 교육공동체 구성을 목표로 하는 개념이다. 이러한 관점에서 마을교육공동체 구축을 위한 선결 조건 중의 하나는 지역사회 교육력을 제고하는 것이라는 점이 중요하다.

학교공동체는 학생들의 학습 역량 신장에 초점을 두고, 전인적 성장과 공동체적 의식을 강화시키는 부분은 지역사회가 중심이 되어 그 역할을 해야 한다. 학생들이 습득해야 할 전반적인 학습 역량이라는 것이 명확히 구분되고 나뉠 수 있는 것은 아니다. 하지만 과거 대부분의 사회가 그랬듯이, 지역 아이들의 전인적 성장과 사회적 학습은 그 지역의 교육적 기능을 강화함으로써 이루어진다. 학습의 효과라는 측면에서도 그러한 정의적 교육은 학교라는 울타리 안에서 집체교육을 통해 이루어지는 것보다, 실천과 경험을 바탕으로 지역 현장에서 이루어지는 것이 보다 효과적이다.

마을교육력이란 이런 것이다
: 노원 공릉청소년문화정보센터

노원구 공릉 2동에 위치한 '공릉청소년문화정보센터'는 복잡한 이름에서도 드러나듯이 문화시설, 도서관, 카페, 상담실 등 다양한 형태의 융합형 센터 역할을 하고 있다. 일반적으로 많은 지역이 그러하듯이 처음에는 도서관과 문화센터를 분리해서 짓자는 의견도 많았다고 한다. 그러나 마을만들기의 본질을 경험한 사람들은 함께 소통할 수 있는 공간의 필요성을 알았기에 지금과 같은 융합적 공간으로 자리 잡을 수 있었다.

단지 도서관으로서의 기능만이 아니라 엄마의 품 같은 공간과 마을의 주인으로 참여할 수 있는 공간이었으면 좋겠다고 생각했습니다. 처음 융합된 것에 대해서 직원들도 불만을 가졌어요. 그래서 청소년 교육 관련 선생님은 이곳에서 도서관이 나갔으면 좋겠다고 했고, 반대로 도서관 업무 담당 선생님은 청소년 일도 해야 하는 건 이상하다고 했지요. 융합된 형태로 운영되면서 재정적 여유도 조금 생겼어요.

_공릉청소년문화정보센터 L씨

융합적인 시설인 만큼 직원들도 다양했다. 사회복지사, 사서, 청소년지도사, 상담사 등이 각각의 역할을 하면서 마을 교육력을 높이는 데크게 기여하고 있다.

엉성한 조직과 자발적 움직임

공릉청소년문화정보센터에는 16명의 정직원이 근무를 하고 있다. 서로 다른 영역의 일을 하면서도 함께 협업해야 하기 때문에 이 정도의 성과를 내기 위해서는 매우 끈끈한 조직일 것으로 생각했으나 예상외로 다른 답변을 들을 수 있었다. 조직이 엉성하게 얽혀 있었기에 그 틈으로 마을 사람들이 들어올 수 있었다는 것이다. 마을과 만나려면 틈을 내주어야 한다는 것이다.

우리 조직이 밖에서 보면 끈끈한 조직일 거라 생각하죠. 우리는 엉성한 조직입니다. 그동안 끈끈하지 못한 점이 단점이기도 하지만 장점의 역할을 했다는 의견이 많았습니다. 다양한 인력 구성이 있고 법인 자체가 종교적 행위를 요구하는 것도 아니니 끈끈히 묶어줄 수 있는 문화적 코드가 없었던 것이죠. 만약 끈끈했으면 우리들만의 논리를 만들어 더 문제였을 것으로 본 것입니다. 우리들 틈으로 주민이 들어오고 아이들이 들어와서 지금의 모습을 만들 수 있었지요. 문제를 해결할 때 주민이나 아이들이 없었으면 해결이 어려웠을 것입니다. 그렇기 때문에 한 직원을 주민과 아이들이 둘러싸 함께하고 있는 것입니다. 우리는 모두가 주민들과 같이 엉겨 있는 셈이죠. 지역으로 보면 끈끈해 보이지만 내부적으로는 엉성합니다.

_공릉청소년문화정보센터 L씨

미완결 구조의 플랫폼

엉성한 조직과 더불어 눈여겨볼 지점은 '미완결 구조의 플랫폼'이다. 서비스 구조는 완결적으로 구성되어야 하지만, 참여자를 적극적으로 유도하려면 큰 틀의 계획만 가진 미완결 구조여야 한다는 것이다.

초기 기획은 활동의 방향과 몇 가지 원칙만을 제시하는 느슨한 형태였는데, 구체적인 사안은 관심을 가진 참여자들이 들어와서 자신들의 활동을 하면서 결정을 하도록 하는 것이다. 보통 관심을 가진 3명 이상의 청소년들이 들어올 수 있도록 열린 체제를 유지하도록 되어 있으며, 이러한 미완결 구조의 플랫폼 전략은 센터 내 주민활동에도 적용되는 방식이라고 한다. 틈을 내주고 들어오게 한 후 그들의 자발성을 끌어내는 훌륭한 플랫폼이 된 것이다.

청소년들과 함께 하는 다양한 활동

이곳은 청소년시설의 법정기구인 청소년운영위원회를 구성하고 도서관을 공동 운영하기 위한 청소년, 어린이 도서관 일촌 선발, 청소년 유스카페 운영단 모집 등을 하였다. 이런 활동으로 청소년과 만남을 시작했지만, 이런 자치기구들은 활동이 다른 시설의 사례를 답습하면서 쉽게 정형화되었다. 운영을 담당하는 일꾼들의 생각과 결정에 쉽게 이끌려가면서 주체적인 활동을 하지 못하는 한계가 있었다.

그래서 도입한 새로운 방안이 '시작된 변화', '동아리 자율활동단', '누구도 하지 못한 프로젝트' 등의 앞서 언급한 미완결 구조의 플랫폼 활동들이다. 이러한 활동들은 청소년 진로교육과 직접적으로 관련이 있었다.

내용을 자세히 보면, 일반적으로 학교에서 이루어지는 진로교육보다 더 깊이 있고 꼭 필요한 활동들로 이루어져 있다. 다양한 강좌와 토론을 통해 인문적 경험을 확장하는 시도에서부터 청소년 스스로 만들어가는 마을만들기 활동, 온 마을을 꿈 배움터로 활용한 '꿈나르샤(꿈으로 날아오르자!)' 활동, 마을 속 스토리 만들기인 '누구도 하지 못한 프로젝트' 등이 모두 청소년들이 스스로 진로를 개척해갈 수 있도록 돕는 프로젝트였던 것이다.

공릉청소년문화정보센터와 마을이 함께 한 진로교육 사례

사업명	인문적 경험을 확장하는 시도들	시작된 변화	꿈나르샤	누구도 하지 못한 프로젝트
기간	연중	2011~현재까지 4년 차 진행, 연중 활동	2012년 9월 2일간, 이후 매년 9월	2014년 9월 ~12월 중 12주간
주요 내용	• 도서관 청소년 인문학 강좌 "꿈꾸니까 청소년이다." 그 외 주민 교육 • 꿈을 열어주는 열쇠 夢-Key(1, 2, 3) • 주민들의 삶의 스토리를 나누는 "백인백색" • 도서관 일촌 청소년 사서들이 만드는 "사람책 도서관" • 청소년예술학교, 연극, 음악 등의 동아리 활동	• 청소년 스스로 살기 좋은 마을만들기 프로젝트 진행 • 청소년 자발적 사회 참여 활동 담당 교사, 자원봉사자 워크숍 • 활동 보고서와 활동 포트폴리오 결과물로 제출, 노원청소년 마을만들기 활동 발표회	• 청소년 스스로 기획팀(꿈 날개) 꾸리기, 80여 명의 꿈 멘토 초청 • 다양한 체험을 할 수 있는 별별 마당 • 벽화 공공미술, 조형물 함께 만들기, 마을 선포식 등	• 아무나 할 수 있는 워크숍 • 네 가지 주제 중 하나의 활동 주제 선택 • 구체적 활동 계획 수립과 실행 • 활동의 경험 나누기

센터에서는 자신의 삶, 여가, 마을과 공동체에 대해 고민하고 있는 청소년들을 모았고, 그들의 자발적인 활동들을 지원했다. 그 과정에서 공동체가 가진 문제를 해결하기 위해 실천해가는 활동들이 번져서, 자신의 시간의 주인 되는 동아리 활동과 자신의 인생길을 찾기 위한 프로젝트들이 마을과 일상 속에서 벌어지고 있다. 이러한 대부분의 활동은 1년간 또는 2~3개월 단위의 프로젝트이며, 실천 활동을 통해

마을 문제의 해결을 도모함은 물론, 세상을 바라보는 넓은 시야와 비판적 사고 능력, 기획력과 실행력을 기르고, 활동의 과정에서 자신들의 꿈과 비전을 발견해나가는 결과를 얻어내고 있다. 무엇보다 활동에 참여하는 아이들은 자신이 선택한 이 활동으로 숨통이 트이고, 행복하다고 말한다.

센터에 붙은 청소년 사회 참여 활동 포스터

'공릉동 마을 사람들 이야기'라는 책자를 보면, 거기에는 평범한 마을 주민 100인에 대한 삶의 스토리가 담겨 있다. 공릉동 꿈마을 100인 100색이라는 프로젝트를 통해 나온 결과를 책으로 발간한 것이다. 눈여겨볼 점은 이들을 강사로 초청할 때 직업 정보만을 가르쳐주는 것이 아니라, 자신의 삶과 꿈을 이야기해주는 것에 초점을 맞췄다는 것이다. 이름난 사설 직업체험소나 학교에서 하는 진로직업박람회 등에서는 쉽게 접하기 어려운 것이다. 더욱이 마을에 함께 살고 있는 사람들로부터 그런 이야기를 듣는다는 것은 서로를 이해하고 지지해준다는 의미도 갖게 된다.

주민들도 오리엔테이션이 되어 있지 않아 아이들이 찾아가면 낯설어했습니다. 진로교육도 마을에서 하기 위해서 다양한 삶의 길을 보게 해야 한다고 생각했기에 그대로 진행했지요. 마을 사람들의 삶이 다 진로교육과 연계되어 있는 거고, 학교는 진로교육을 형식적으로 하는 것에 한계를 보이고 있습니다. 마을 사람들 중 뜻있게 일하고 있는 사람을 찾아가는 프로그램을 한 것이지요.

_센터 L씨

센터에서 이러한 프로그램을 하기 위해서는 직접 발로 뛰지 않으면 안 되는 일이었다. 공동체는 공문서로 만들어지는 것이 아니라 이렇게 직접 대면하고 마음으로 전할 때 가능한 것이다. 아마도 기관에서 공문을 보내서 이러한 일을 하려 했다면 성공할 수 없었을 것이다.

앞의 표에 나와 있는 것 중 '夢-Key(1, 2, 3)'라는 프로그램도 이와 관련된 것인데 단계별로 운영되고 있는 점이 독특하였다. 학교의 진로교육을 지역의 센터가 적절하게 돕고 있는 사례로 매우 의미 있어 보였다.

이 프로그램은 3가지 타입이 있습니다. 3가지 중 한 가지는 센터 내 버전으로, 한 학급이 센터에 오면 센터 내 사람들(청소년지도사, 자원 활동가 등)을 만나 인터뷰하고 공유하는 소통 게임입니다. 또 하나는 센터 공간에서 마을 사람들을 만나는 버전이죠. 커피 일하시는 분들(바리스타), 청년 사업가 등 이런 사람들과 네트워크가 되어 있습니다. 학교가 섭외 가능 여부를 묻고, 우리는 학교에서 방문하는 시간에 맞춰 센터로 관련 직업인을 초대해 인터뷰를 가능하게 합니다. 마지막 하나는 마을 여행 방식입니다. 한 학급 단위나 동아리 단위로 들어와서 지역 순회형으로 만들어진 코스에 따라 마을을 돌며 직업인들을 만나고 돌아오는 프로그램입니다. 그러다 보니 마을여행도 되겠다고 생각해 제작한 지도를 배부해 학교에서도 선택할 수 있게 했지요.

_공릉청소년문화정보센터 L씨

학교와 관계 맺기

공릉청소년문화정보센터의 진로교육 관련 프로그램들은 제대로 된 진로교육의 틀을 갖춰가고 있었다. 그러나 역시 학교와의 관계 문제를 꺼냈을 때는 학교의 폐쇄성이 지적되었다. 그러면서도 다른 지역과 다른 점은 학교와의 연대가 꼭 필요하기에 다양한 방식으로 접근하려는 시도를 하고 있다는 점이다. 위에 언급한 몽키 프로그램 등을 학교가 필요해서 찾게 하기도 하고, 지역 주민(학부모 포함)이나 학생들과 함께 일을 벌이면서 학교와 접하게 하는 방식 등으로 점점 학교 문턱을 낮추게 하고 있었다.

> 지역 내 학교를 다 찾아가 봤지요. 물론 적극적인 학교도 있었지만, 많은 학교가 폐쇄적이었습니다. 학교와의 연대는 꼭 필요하다 생각해서 저희들은 그 수단으로 주민과의 연대를 하고 있습니다. 주민들이 학교장에게 찾아가 이야기해주는 게 큰 힘이 됩니다. 또 프로그램을 학교로 제공하겠다는 것이 우리의 의견입니다. 학교로 보냈을 때 이 자료가 어떻게 쓰일지는 걱정하지 않아요. 우리는 조직 안에서 우발성도 중요시합니다. 이런 활동이 학교와의 사업 연계를 두는 건 아니지만, 이렇게 묶어두면 학교가 필요시 대응할 수 있고 지역 참여의 공기를 만들 수 있다고 생각합니다. 지역은 준비되어 있으니 학교만 원하면 됩니다.
>
> _센터 L씨

최근 D여고의 경우 교사가 먼저 의지를 가지고 찾아와 센터와 진로교육 관련 프로젝트를 함께 했다고 한다. 학생들이 직접 이동하기에는 다소 먼 거리라서 센터가 직접 학교로 찾아가 워크숍을 진행했다. 이처럼 학교에 관심 있는 교사가 한 명이라도 있다면, 준비된 마을에서는 학교와 마을이 쉽게 만날 수 있음을 보여준다.

가장 중요한 것은 자생력

학교 교사가 직접 나서 마을의 자원들을 만나고 그것을 교육과 연결시키기는 여러 한계점을 가지고 있기에 중간조직의 역할이 필요하다는 것이 현장 탐방 결과이기도 하고 그동안 논의된 전문가들의 견해라 할 수 있다. 이러한 센터를 새롭게 만드는 곳이나 이미 만들어져 있다 하더라도 공릉청소년문화정보센터처럼 융합형으로 운영되는 것이 여러 면에서 바람직하다. 방과

공릉동 꿈마을여행 포스터

후에 학생들이 편안하게 머물 수 있는 공간의 필요성은 여러 사례에서 볼 수 있듯이 마을공동체를 만드는 데 우선적으로 해결해야 할 과제이다. 이러한 곳이 새롭게 만들어지는 지역은 공릉청소년문화정보센터의 융합적 운영 형태를 들여다볼 필요가 있다.

여기 공릉청소년문화정보센터가 엉성한 조직이어서 마을 사람들이 그 틈으로 들어올 수 있었다는 사례를 눈여겨봐야 한다. 공동체는 자칫 조직 안에서 다른 사람들을 배척하는 상황이 생길 수 있다. 따라서 마을교육공동체를 구축할 때 누구나 주체로 참여할 수 있게 틈을 보여줘야 한다. 공동체의 개방성은 확산과 지속가능성을 위해 매우 중

요한 부분임을 잊어서는 안 된다.

앞서 언급한 '미완결 구조의 플랫폼'은 교육청에서 마을교육공동체 정책을 시행하는 데 있어 의미 있게 참고해야 할 부분이다. 교육청에서 모든 것을 다 만들어서 정책으로 내려보내면 실제 움직여야 할 주체의 자발성은 생겨날 수 없으며, 학교에 부담만 가중될 것이다. 큰 방향만 제시하고 학교별, 지역별 상황에 맞게 스스로 고민하고 만들어갈 수 있도록 지원해주는 역할이 필요하다. 이미 많은 지역에 마을교육공동체에 대해 고민을 하고 있는 교사나 주민, 센터들이 존재하고 있다. 이들에게 지금 무엇이 필요한지 듣는 일부터 시작하여 지원해줄 것은 지원해주되 자생력을 갖출 수 있도록 하는 방안을 함께 고민해야 할 것이다.

청소년과 주민이 운영하는
'우리동네 반짝매점' 모집 포스터

4. 마을교육공동체를 위한 나침반 3
: 협력적 교육 거버넌스

학교, 교육청, 지자체의 협력

마을교육공동체를 만들기 위해서는 교육청과 지방자치단체의 '강한 정책 의지와 협력'이 필요하다. 교육청과 지자체가 서로 중요한 역할을 다투는 경쟁적 관계가 아니라, 공교육 혁신의 새로운 문화를 창출하기 위한 협력적 관계를 유지해야 한다. 혁신학교가 풀뿌리 실천이 있은 후 제도화와 맞물려 성공한 것처럼, 마을교육공동체 사업 또한 교육감과 교육청이 중심을 잡고 지자체와 함께 정책으로 제도화해나가야 한다. 교육감이나 지자체장의 의지가 전폭적으로 반영되지 않으면, 4년 동안 풀뿌리 실천만 남고 제도로서의 정착은 어려울 것이다.

또한 마을교육공동체가 교육청의 의지와 노력만으로 될 수 없다는 점을 명확히 인식해야 한다. 기초 및 광역 지방자치단체의 예산과 인력, 혹은 행정력을 중심으로 학교 주변의 마을만들기가 활발하게 이루어져야 한다. 아울러 지역사회에 존재하고 있는 많은 실천가, 시민단체, 학부모회, 재능 기부자들의 참여와 협력을 확보하는 것이 마을교육공동체 구축의 관건이 된다는 점을 간과해서는 안 된다. 이러한 협력은 보다 적극적으로 민주적 의사결정을 위한 거버넌스 체계의 구축으로 이어져야 한다.

팀·네트워크제

정책 의지의 반영은 '마을교육공동체'를 담당하는 해당 조직 부서의 역할이 중요하다. 철저히 네트워킹과 교육생태계 변화에 초점을 맞춰 진행되어야 한다. 이를 위해 업무 흐름을 '팀·네트워크제'로 운영해 볼 필요가 있다.

팀·네트워크제는 '모두가 리더'라는 기본 개념으로 조직 단위를 수평적 조직 형태로 심화·확산시켜 조직 정체성을 확대·강화하는 제도이다. 팀과 그룹 중심의 수평적 정보 공유와 소통과 의사결정이 가능하다. 그러면서 창조적인 업무 생산과 처리가 이뤄진다. 이렇게 하면 무엇보다 마을교육공동체 중심의 교육 활동이 본질적으로 정책화될 수 있다. 이러한 움직임은 기업체를 중심으로 이미 도입되고 있고, 장점이 많은 시스템으로 인식되었다. 부서 간, 또는 개인 간 칸막이 문화를 없애고, 상시 협의 시스템을 도입하는 것이 업무 추진에 있어 가장 효율적이라고 볼 수 있다.

코워킹하는 조직

마을교육공동체를 운영할 조직은 조직 내에 코워킹 그룹co-working

group을 형성해야 한다. 코워킹 그룹은 내·외부 환경 변화에 민감하게 대처하면서 마을교육공동체를 지지해주는 기존 방식과는 다른 현장 발굴과 지원이 강한 네트워킹 조직체다. 이들이 지역을 발로 머리로 몸으로 부딪쳐가며 치열한 집단지성 작업을 하면서 전역에 있는 네트워크를 묶어 컨트롤 타워 역할을 하도록 한다.

교육청은 마을교육공동체 사업을 할 수 있도록 내부 재건re-building 작업이 있어야 한다. 교육청에 하나의 업무가 덧붙여지는 식이 아니라 기존 업무와 어떻게 결합하고, 제대로 된 학교 지원을 할 것인지 전망과 계획을 수립해야 한다. 사업성으로 추진하기보다는 오히려 사업 성격을 가진 사업을 제거하고, 그 위에 실제적인 역할과 기능을 가진 마을교육공동체 활동의 옷을 입히는 것이다.

5. 마을교육공동체를 위한 나침반 4
: 단기적 성과가 아닌 문화적 변화

단기적 성과 위주는 독!

마을교육공동체 만들기는 제도적인 접근이 아니라 문화적인 접근이 되어야 한다. 만약 마을교육공동체 만들기가 기존의 많은 정책이나 사업들과 같이 행·재정적 지원만을 기반으로 하는 제도적 접근이 된다면, 단기간의 그리고 가시적인 성과를 도출해야 하는 현실적인 문제가 발생한다.

공동체 구축은 본질적으로 문화적 접근이 될 수밖에 없다. 이러한 문화적 접근은 장기간의 안목과 계획이 있어야 한다. 작은 실천을 소중히 여기고, 이러한 실천이 하나의 문화로 정착될 수 있도록 충분한 기다림이 전제되어야 한다.

작은 성공을 문화적으로 일궈가기

마을교육공동체 구축은 '작은 성공을 크게 일궈나가는' 시간이어야 한다. 마을교육공동체 사업은 상당히 오랜 시간이 걸리는 난이도가 높은 정책이다. 성공한 혁신학교 사례처럼, 작은 성공을 이룬 마을교육공동체 학교와 마을을 발굴하고 만들어내며, 기초지방자치단체 수준의 의미 있는 운영 사례를 만들어야 한다.

혁신학교들은 혁신 사례를 마을교육공동체로 재해석하고 재도약하도록 해주고, 학부모들은 자치 사업 속에서 마을을 엮어내야 한다. 공동육아, 공부방, 마을카페, 방과 후 교육, 학교협동조합 등은 좋은 사례이다. 지역은 혁신교육지구 사업 전면화와 방과후학교 및 돌봄 사업에 대한 새로운 지향점을 제시하면서 지방자치단체와 교육청이 새롭게 협력하는 틀을 만들어나가야 한다. 조직 구성과 사업 전개에서 발생할 수 있는 비효율성의 측면이나, 학교와 교사의 부정적인 시각과 피로도 증대 문제도 잘 잡아내야 한다.

행정 업무가 아닌 의미와 창조의 일로

이런 방향에서 가장 유의할 점은 마을교육공동체 사업이 학교와 교사에게 행정 업무로 다가서지 않게 하는 일이다. 학교에서 시범 사업이나 경쟁적 공모 사업으로 가거나, 승진이나 인센티브로 접근하면 본래 의도했던 공교육 정상화의 길에서 학교는 멀어진다. 마을교육공동체 사업이 중요하다고 하더라도 학교를 기다려주고, 학교 안의 부담을 덜어줄 수 있어야 한다.

여기에 직결되어 있는 일은 우선 학교에서 '방과후학교'와 '돌봄' 사업을 꺼내는 일이다. 이를 학교에서 빼내서 외부의 센터를 만들고, 거기에서 학교협동조합, 방과후학교협동조합, 체험학습협동조합, 돌봄과 육아공동체를 하는 제2의 학교의 개념을 만들어보자는 것이다. 만약 공간이 나오지 않는다면, 영·미권 국가에서 추진하는 방과후학교를 따로 신설해보는 것도 좋을 것이다.

교사의 본래 일은 '수업하는 사람'이다. 혁신교육의 기본 개념은 교사를 수업하는 사람으로 바꾸는 일이었고, 혁신학교는 교사가 제대로 된 수업을 하도록 기다려주는 정책이었다. 교사들은 수업을 제대로 하면서 교육과정과 평가를 혁신했고, 학교 문화가 달라졌으며, 학생들의 변화가 일어났다. 이는 '학생을 중심으로 한 수업 공개', '수업을 통한 생활지도', '교육과정 재구성' 등이 이뤄지면서 가능했던 일이다.

마을교육공동체도 마찬가지다. 이 업무가 행정 업무로 다가서는 순간, 사업은 실패의 길을 걷게 된다. 필요성과 비전을 충분히 학교와 교사에게 설명하고 기다려주어야 한다. 스스로 움직일 수 있는 빼기 정책 등의 여건 조성과 교사들 입에서 서로 즐겁게 부추기는 정책 디테일이 필요하다. 마을 중심의 수업 디자인이나 마을교육과정 수립 등도 즐겁고 창조적인 일이지만, 결코 만만하거나 쉬운 일이 아님을 명심해야 한다. 이 양면성을 극복해나가는 일이 초기 단계의 핵심이다.

폐교 위기를 마을교육공동체로 극복하다
: 세월초등학교

경기도 양평군 강상면 세월리에 위치한 세월초등학교는 2007년 학생 수 급감으로 통폐합 위기를 맞았다. 이곳은 작은학교살리기운동에 적극적이었던 몇몇 교사들의 전입으로 교육과정을 새롭게 하고 학교 동문회에서 아이들을 위해 버스를 마련하여 통학을 시켜주는 등 마을 주민들과 함께 노력한 결과, 지금은 타 시·도에서도 학교를 보고 전입해 올 정도의 이름난 학교가 되었다.

학교와 마을을 맺어준 연극

학교를 살리기 위해 들어온 교사들은 교육과정을 마을 사람들을 만나는 일부터 시작하였다. 마침 2008년도에 문화관광부의 예술꽃 선도학교로 지정되면서 '공동체 연극'을 마을 주민들과 함께 준비하게 되었다. 학생과 교사, 마을 이장과 주민들이 함께 저녁마다 모여 연극을 준비하면서 공감대를 형성하는 계기가 된 것이다. 이렇게 준비한 연극을 무대에 올리고 마을축제도 함께 하면서 큰 화제가 되었고 언론에도 소개되면서 전입생 수가 급증하였다.

교육과정에서 마을과 만남

학교를 새롭게 하는 것의 핵심은 교육과정의 변화라고 본 교사들은 수업을 바꾸는 일에도 열정을 쏟았다. 아이들의 삶이 수업 속에 들어온 것이다. 아이들과 마을을 주제로 공부하는 일이 잦아졌다. 심지어 수업 중에도 필요하면 아이들은 언제든 학교 밖으로 나가 마을 주민들을 만나고 마을의 역사 이야기를 들었고, 이 내용을 인터넷 카페를 통해 전교생이 공유하면서 서로 소통을 하였다.

아이들이 교과서가 아닌 마을과 관련된 수업을 더 좋아했어요. 흔히 교육과정에 대한 고민이라고 말하는 교과서 재구성을 할 수 있었던 것은 교사의 마인드와 마을 사람을 외부 강사로 활용하는 것들이 있었기 때문에 가능했지요.

_N교사

마을의 달인 만나기

외부인 이주가 급격히 늘고 있는 상태에서 교사들은 학생들이 마을 주민들의 삶을 이해하고 소통하는 일이 필요하다고 느꼈다. 그래서 마을의 주민들을 찾아다니며 달인의 역할을 해달라고 청하였다. 이렇게 해서 짚풀공예, 판화, 동물 키우기 등의 달인들이 주기집중 교육기간을 통해 학생들과 만나게 되었다. 학생들이 마을 달인의 집 문패를 직접 만들어 달아준 것도 매우 인상적이었다. 이 프로그램은 해마다 지속적인 변화를 주어서 지금까지 이어지고 있다.

벽화 및 달시장

아이들과 마을을 산책하던 중 L교사는 마을 정미소 벽에 있는 쓰레기 더미를 보면서 아이들과 함께 벽화를 그리면 어떨까 하는 제안을 한다. 마을 주민들도 적극 동의하여 지저분하던 벽에 시골 풍경을 그려 넣기로 했다. 마을 주민들과 아이들이 함께 도안을 그리고 미술 시간마다 색칠하여 완성하게 된다.

벽화 완성을 축하하기 위한 자리를 마련하면서 새롭게 시작된 것이 달시장이다. 직접 생산한 농산물과 음식, 공예품, 재활용 옷 등을 사고파는 마을시장의 형태인 것이다. 여기에 학부모 풍물패 놀이와 공연도 곁들이면서 또 하나의 마을공동체를 만들어내는 장이 되었다. 리 단위 작은 마을이지만 매번 100여 명 정도 모이며, 심지어 외지에서도 소문을 듣고 찾아온다고 한다. 2012년부터 시작하여 올해만도

세월초등학교 학생들이 만든 마을이야기 문패와 벽화

벌써 4회가 열렸고 앞으로 매달 열 계획을 논의 중이다.

주민과 함께 하는 학교 축제 '달님과 손뼉 치기'

수업 시간에 배운 문화예술 관련 교육을 모아 무대에 올리고 마을 곳곳에 작품도 전시하며, 마을 주민들과 즐기는 축제가 매년 가을에 열리고 있다. 독특한 것은 마을 전체가 작품 전시의 무대가 된다는 것이다. 장소를 소개하는 명패를 꾸미는 등 마을 곳곳에 학생들의 손길이 닿아 있는 것을 볼 수 있다. 이와 같이 세월초등학교는 문화예술을 중심으로 한 마을축제를 통해 학교와 마을을 엮어내는 핵심적인 고리 역할을 하고 있다. 그 밖에도 지역 주민인 학부모들이 동화책 읽어주는 모임, 회복적 생활지도 동아리 등을 통해 학교교육에 적극 참여하는 모습을 볼 수 있었다.

세월초등학교 마을축제

헌신 이후의 시스템과 문화

세월초등학교에 5년째 근무하고 있다는 L교사는 마을에 살면서 아빠들과 축구하는 재미로 주말을 보내고 있다고 한다. 본인이 좋아서 하는 운동이기도 하지만, 아빠들에게 교육에 대한 관심을 갖게 하기 위한 포석을 깔고 시작한 일이라고 한다. 이처럼 세월초등학교의 마을교육공동체는 일부 교사들의 자발적인 움직임과 열의에 의해 만들어졌다. 다시 말해 학교 중심의 마을교육공동체 형성에는 교사들의 자발적인 헌신과 노력이 필요하다는 것을 볼 수 있다. 운동장에서 담소를 나누고 있는 학부모들을 잠깐 만났다.

선생님들이 늘 한결같이 주민들을 배려하면서 마을을 위해 많은 일
을 하고 있어요.

_학부모 A씨

세월초등학교에서 2007년부터 2013년까지 근무한 N교사나 L교사
모두 마을 주민들과 함께하고자 하는 노력이 남달랐다. 그렇지만 언
제까지 교사들의 헌신적 노력에만 의존할 수 없다는 문제도 생각해야
한다. 최근 세월초등학교의 고민도 같았다. 교원의 잦은 전출입과 더
불어 혁신학교를 가꾸는 데 집중하다 보면 마을에 대한 관심은 소홀
해진다는 자체 분석도 면담 중에 확인할 수 있었다. 아울러 시골 마
을에서 두루 나타나는 텃세를 극복하고, 함께 어우러지는 공동체 문
화를 만들어가려면 마을 이장의 역할도 중요하다고 N교사는 강조한
다. 특히 세월리처럼 학교를 보고 이주해온 사람들이 많은 곳은 토착
민과의 갈등을 조절하고, 학교와 그들을 연결해주는 매개자 역할을
할 사람이 필요한 것이다.

세월 문화사랑방과 포스터들

세월리 마을회관 2층에는 '세월 문화사랑방'이 있다. 이 공간은 학생들이 언제든 와서 책도 읽고 놀이도 하며 학부모나 마을 주민들도 들러 이야기를 나누는 마을학교와 사랑방을 겸하는 공간이다.

이곳에서 마을만들기 모임인 '모꼬지'가 운영되고 있다. 학부모, 교사, 문화 코디네이터가 모여 지역사회의 문제를 풀어나가기 위해 정기 모임을 갖는다. 세월초등학교 마을교육공동체가 지속가능할 것으로 기대되는 지점이다.

6. 마을교육공동체를 위한 나침반 5
: 90%를 위한 행복 교육

모든 학생을 위한 교육혁신

그동안 우리 사회의 많은 교육적 관심과 자원들은 상위 10% 학생들에게 집중되었던 것이 사실이다. 성적에 따라 학교가 나뉘고 반이 갈리는 수월성 교육, 시험을 위한 반복적인 문제풀이식 교육, 대학입시 위주 교육 등의 혜택이 절대 다수의 학생들이 아니라, 상위 10% 학생들을 위한 교육이었다.

대부분의 학생들은 학교, 학원 그리고 가정에서 이러한 일방적 주입과, 경쟁, 서열화를 참아내야 한다. 현재의 학교교육은 어쩌면 그들의 교육적 권리를 박탈하는 폭력적인 모습을 띠고 있는 것일지도 모른다. 한편 소수의 학생들이 엘리트 교육을 거쳐 좋은 대학을 가고 남들이 선망하는 직업을 얻게 되지만, 이들 역시 행복한 삶을 살면서 사회에 기여하고 있다는 소리는 별로 들리지 않는다. 이미 많은 학자들이 우리 교육의 이와 같은 문제를 지적하고 경고해왔다.

이러한 관점에서 마을교육공동체는 모든 학생들을 위한 교육개혁이라는 점을 분명히 하고 학교교육의 변화를 유도해내야 한다. 민선 교육감 시대에 접어들어 꾸준히 학교혁신을 추진해온 지역의 경우, 이 점에서 충분한 경험과 장점이 있기 때문에 그동안의 노력을 살려 마을교육공동체 구축을 적극적으로 시도해볼 수 있다. 즉, 혁신학교나 혁신교육지구 사업을 '마을학교와 마을교육공동체 사업'으로 전환해 나가야 한다.

학교 변화와 마을교육과정

성공한 혁신학교에서는 마을교육과정이 자연스럽게 이어지고 있었다. 경기 지역만 보더라도 죽백초, 세월초, 운산초, 두창초, 의정부여중, 장곡중, 광수중 등의 사례는 혁신학교의 미래 방향으로서 마을교육공동체의 면모가 가득하다. 여타의 혁신학교 역시 학부모와 주민, 지역사회와 지역의 환경이 학교교육과정 속으로 의미 있게 결합될 수 있도록 방향을 잡아갈 필요가 있다. 이런 학교를 '마을학교'로 지정해 지원하며 지속가능할 수 있도록 '마을 교사', '마을 담당 장학사'도 정책적으로 검토되고 도입되어야 한다.

꼭 혁신학교가 아니더라도 일반학교에도 마을학교 방향으로 전환하는 노력도 병행되어야 한다. 이 경우 교사가 '마을 중심의 수업 디자인'을 진행하거나 학년이나 학교에서 '마을교육과정'을 도입해볼 수 있다. '과정 중심의 마을축제'를 준비해보는 것도 마을학교로 가는 좋은 계기가 될 것이다. 일반학교에서의 '마을교육'에 대한 지속적인 실천과 노력이 가능하도록 교육지원청의 진정한 지원도 요구된다.

경기도의 경우 그동안 의미 있었던 혁신교육지구 사업 프로그램은 이어가되, '큰 마을형 프로그램 개발'이나 '큰 마을에 걸맞은 협의체나 센터' 구축이 절실하다. 여기서 '방과후학교'나 '돌봄' 사업을 '학교 내 마을'이나 '학교 내 제2교장제' 형태로 마을로 꺼내는 작업을 시도해볼 수 있다. 학부모, 시민단체, 전문가, 교사 등의 마을 사람들이 조직을 꾸려 이 사업을 진행한다면, 어쩌면 일자리 창출과 지역 경제 발전에 크게 이바지할 수 있을 것이다. 타 시도 교육청에서도 혁신교육지구 사업을 교육청과 지자체의 단순한 연계 사업으로 받아들이지 말고, 교육공동체의 비전을 가지고 좀 더 큰 그림을 그려나가도 좋을 것이다.

7. 마을교육공동체를 위한 나침반 6
: 주체의 발굴과 육성

모든 것은 사람으로 귀결된다

마을교육공동체의 안정적인 정책의 생산과 지속적인 실천을 위해서는 주체를 발굴하고 육성해나가야 한다. 실천이든 정책이든 사람이 중요하다. 주체 형성 없이는 신설과 운영이나 코워킹 그룹 활동이나 네트워킹 작업도 소용없다. 흔히 사람을 세우고 주체를 형성하는 방법으로 '연수training'를 생각한다.

경기에서 교원을 대상으로 진행되었던 교과연수년이나 혁신학교 직무연수 등에서 선보인 혁신교육 연수도 좋았지만, 마을교육공동체 연수는 기존과도 다른 구조가 필요하다. 제안하고 싶은 방식은 '강한 워크숍과 프로젝트 중심 활동'이다. 이는 함께 고민을 나누고 논의하면서 실제 프로젝트를 실시하는 방식의 연수 형태를 의미한다. 즉, 실천 사례를 듣기만 하는 것이 아니라, 수평적으로 나누고 직접 현장을 찾아가서 사람들을 만나고 자기만의 고유한 방식을 만들어가는 연수가 필요하다.

사람을 모으고 만드는 '소셜 테크놀로지'

모임과 연수 체계를 바꿔가는 방식으로 소셜 픽션, 월드 카페, 리빙 라이브러리, 오픈 스페이스 테크놀로지, 타운홀미팅, 이그나이트, 사회 참여 프로젝트법 등의 소셜 테크놀로지social technology를 마을교육공동체 연수에 본격 도입한다. 기존처럼 1명의 강사에 의존하는 형태에서 다양한 수와 방식의 강사가 등장하고, 청강생이 주체가 되는 방식이 연수 일상에서 이뤄진다.

연수 후에는 공동체를 만들게 하고 이들이 다음 기수의 연수를 도우면서 연쇄 고리를 형성해가는 일이야말로 마을교육공동체 주체 형성을 튼튼하게 하는 일이다. '모·떠·꿈 운동(모이자, 떠들자, 꿈꾸자)'이 가장 필요한 곳이 바로 마을교육공동체이다. 함께 고민할 주제를 던져주거나 만들고, 촉진자facilitator와 함께 논의하고 마을교육공동체 활동 책자를 만드는 작업을 연수에서 보여주었으면 한다.

연수 설계나 운영 역시 협업이 필요한데 연수를 담당할 연수원과 마을교육공동체 부서, 교육단체 등이 함께 연수프로그램을 만들고 진행한다. 정책과 연구 전문가를 위해 '마을교육공동체 전문가 과정'도 필요하다. 체계적으로 국내외 실천 사례를 모으고, 이론을 정립하며, 이를 지속적으로 현장과 공유하는 자리를 만들어내는 일을 했던 이들을 중심으로 마을교육공동체 전문가 과정을 운영해볼 만하다. 이는 상당 수준에 올라와 있는 역량 있는 실천가를 정책 전문가로 양성하는 일이다. 이런 일들이 장기적으로 대학의 다양한 교육 프로그램과 결합해도 좋을 것이다.

8. 마을교육공동체를 위한 나침반 7
: 교육청 내 협업 체제 구축

교육청 내 '열정의 문화' 심기

마을교육공동체와 관련하여 교육청 내 '협업 체제'가 구축되어야 한다. 교육청의 가장 어려운 점 가운데 하나는 '열정의 문화'와 '협업 시스템 부족'이다. 혁신교육 정책에서 보여주었던 열정의 문화가 교육청 안에서 마을교육공동체 사업으로 이어지길 기대해본다.

한 개 과의 일로 머물렀던 지난 정책사를 되돌아보며, 마을교육공동체 사업을 통해 여러 과 간의 협업 시스템 구축의 계기가 마련되었으면 좋겠다. 마을교육공동체 사업은 사업 내용도 그렇지만 전개 방식에 있어 여러 분야와 직간접적으로 연결되어 있다. 우선 직접적으로는 민주시민교육, 진로교육, 평생교육, 혁신교육, 학부모자치 등을 들 수 있다.

연결되어 있는 교육 분야들

학생자치를 포함하고 있는 민주시민교육은 마을교육공동체 사업의 최대 최고 이상 지점을 품고 있다. 민주주의학교는 지역사회학교, 마을학교이고, 민주시민성은 마을의 지역성, 정치성, 사회성을 포괄한다.

평생교육은 정규 과정 이외의 과정이 아니라 사실상 교육 전반을 포괄한다. 하지만 교육청이든 지방자치단체든 실제적인 평생교육의 흐름은 협소하고 주변적이었다. 마을교육공동체와 평생교육의 만남은 평생교육 자체의 부활일 수 있다. 혁신교육은 마을교육공동체 사업의 의미와 혁신학교의 미래 방향으로 가장 긴밀하게 논의해야 할 지점이다.

학부모 자치는 마을교육공동체에서 주민이자 교육 주체로서 학부모들에게 가장 중요한 사업이 될 수 있다. 많은 마을공동체가 공동육아에서 출발한 것을 보면 이를 알 수 있다. 학부모자치, 교육과정 재구성, 마을교육공동체가 만나면 극심한 사교육의 문제도 점차 줄어들 것이다. 장기적으로는 학부모자치와 지방자치단체의 연결이 마을교육공동체 성패를 좌우할 수 있는 중요한 흐름이 될 것이다.

다소 간접적이지만 저변의 연결망을 갖는 교육과정 지원이나 교수학습 역시 빼놓을 수 없는 협업 주체들이다. 예를 들면, 경기도의 경우 역량 중심으로 잡혀 있는 경기도교육과정이 마을교육공동체의 현장형 방식으로 실천될 때 가장 깊게 고민할 부분이 바로 '마을교육과정'이다. 교수학습 지원에서는 '배움중심수업 시즌 2'를 준비해야 한다면, 토론 수업, 협력 수업, 프로젝트 수업의 강화가 마을 중심 수업 디자인과 연동되어 구성될 수 있다.

네트워킹 거버넌스

이들 사이의 긴밀하고도 유의미한 협업 체계에 대해 세계적인 교육 정책 석학 볼 박사Stephen Ball가 말한 '네트워킹 거버넌스'를 눈여겨볼 필요가 있다(2012). 네트워킹 거버넌스는 기존의 형식적인 거버넌스와 달리, 실제 그 일을 담당하는 실무자가 대표가 되어 긴밀하면서도 실질적인 논의를 하고 신속 정확한 의사결정으로 업무를 추진하는 것을 말한다. 여기에는 교육청 내·외부를 망라한 사업의 실질적 구현을 위해 네트워킹을 넓혀나가는 것이 포함되어 있다. 다시 말해 여러 과가 협업하면서도 외부 직접 관련된 단체의 실무자가 함께 의사결정과 집행을 동시에 하는 것이다.

6부

마을교육공동체를 위한 제안

1. 실천한 후
   개념을 세우자

사업과 학교 실천의 연결

마을교육공동체의 성공적인 정착을 위해서는 기존 공동체 사업 및 실천들과의 연결이 필요하다. 이미 우리 주변에는 마을교육과정, 마을학교, 마을공동체 등을 실천해왔거나 하고 있는 학교나 단체가 실제로 많다. 이들을 연결하고 네트워킹을 하는 작업이 이루어지면 마을교육공동체 구축이 지금보다 훨씬 체계적이고 효율적으로 진행될 수 있다.

여기에 학교의 실천이 결합된다면 시너지 효과가 날 것이다. 이런 면은 기존의 혁신학교를 통해 확인할 수 있다. 적잖은 혁신학교에서 이미 마을교육을 접목시켜서 주민들의 호응을 받아왔던 선례가 있다. 이렇게 기존 공동체들의 실천을 잘 연결시키는 것만으로도 마을교육공동체의 출발을 수월하게 할 수 있다.

교육 주체들의 인식 전환

교육 주체들의 인식 전환도 필요하다. 마을교육공동체에 대한 인식을 확산하려면 많은 일들을 해야 하지만, 일단 교원, 학부모, 지역 주민들의 의견을 듣는 자리를 마련해야 한다. 간담회와 토론회 등을 기관 협력으로 지역별이나 거점별로 열 필요가 있다. 이렇게 할 경우 아래로부터의 요구가 어우러져 완성도 있는 정책이 마련될 수 있고 인식 확산과 공유에도 크게 기여할 것이다.

교육공동체 구축이 어떠한 방향과 모습이든 그것의 목적은 학교교육 강화에만 방점을 찍기보다는 지역사회가 함께 공감해나가는 교육 개혁에 초점을 맞춰야 한다. 교육공동체 구축이 자칫 학교에 부담으로 작용해서는 안 된다. 현재 학교는 기존의 교육 활동만으로도 벅차다. 교육공동체를 포함한 어떠한 변화도 이미 과부하가 걸려 있는 학교에 부담으로 작용한다면 마을교육공동체는 성공할 수 없다.

아울러 아이들이 경험해야 할 배움이 학교교육만으로 완성될 수 있다는 기존의 믿음에서 벗어나, 가정과 지역사회가 함께 공동의 권한과 책임을 지는 방향을 견지해야 한다. 그러기 위해서는 방과후학교나 돌봄교실 정책이 학교 밖으로 나오고, 혁신교육지구 사업이 지역사회에서 마을교육공동체 사업으로 펼쳐질 수 있는 방안을 마련해야 한다. 공교육은 지역사회가 교육적인 기능을 회복할 때 비로소 바로 설 수 있다는 점을 지역사회에 인식시켜야 한다. 이를 위해 문화적·제도적 노력과 홍보가 이루어져야 한다.

음악마을만들기
: 김포 콩나물 마을학교

콩나물 마을학교의 시작

마을에서 만나는 아이들 모두가 건강해져야 내 아이도 건강하고 안전하다. 그 건강함을 회복하려면 늘 정답만을 찾는 사람이 아니라, 자신만의 생각을 표현할 수 있어야 한다. 그리고 그 표현을 수용해줄 수 있는 사람이 되어야 한다. 그것이 콩나물 마을학교의 시작이다.

2013년 "나도 작곡가다"

지난 2013년 4월부터 9월까지 콩나물 마을학교에서 '나도 작곡가다' 프로그램을 진행했다. 작곡 수업 12강을 경험하는 동안 아이들은 실체를 선율에 담는 일, 감정을 리듬으로 표현하는 일, 아름답게 자신의 마음을 표현하는 방법을 익히고 음악을 도구로 마음을 표현하는 법이 있다는 것을 알게 되었다.

이 프로그램을 통해 아이들은 6곡의 작품을 탄생시켰고 그 작품들로 사람들과 소통하는 공연을 가졌다. 모든 예술이 마찬가지겠지만 음악이 주는 가장 큰 기쁨이자 교훈은 소통이다. 작곡을 해도 연주하는 사람 없으면 소용없고, 연주를 해도 듣는 사람 없으면 소용없다.

만든 사람과 표현하는 사람, 들어주는 사람이 서로 소통해야 완성되는 것이다.

아이들의 작품은 지역의 학생 아티스트들과 마을 동아리에서 활동하는 아마추어 아티스트들의 정성스러운 연주로 표현이 되었고, 아이들의 가족들과 친구들, 선생님들이 관객이 되어 소통하는 소중한 경험을 했다.

아이들은 수료증과 악보집을 받아들고는 자기들이 해낸 기적을 현실로 만들어준 무대에서 자신들의 이야기를 들어준 마을 사람들에게 감사를 표했다. 작지만 참 감동적인 무대였다.

2014년 청소년 작곡마을

2013년 '나도 작곡가다'의 경험을 바탕으로 2014년 4월부터 8개월간 중학생들을 대상으로 김포 아이쿱 생협과 함께 '청소년 작곡마을'을 진행했다. 이 프로그램을 통해 학생들은 동영상 BGM곡과 콘서트용 연주곡, 드라마 삽입곡 등을 창작했고, 마지막은 뮤직 드라마 〈거울〉 공연으로 마무리되었다. 공연 후에는 드라마 대본 큐시트와 대표곡 악보를 모은 자료집을 제작했으며, 음원은 CD로 제작되었다.

뮤지컬 음원 제작

청소년 작곡마을의 시작

비평준화라는 김포지역의 특성 때문인지, 작곡이라는 분야가 생소

해서인지 청소년 작곡마을은 학생 모집부터 쉽지 않았다. 스스로 찾아온 3명, 엄마들의 추천이나 강요로 온 4명, 이렇게 7명의 학생으로 시작했다.

그중 스스로 온 아이 한 명은 작곡을 가르친다면서 왜 자꾸 토론만 하느냐며 한 달 정도를 나오다가 중도 포기했다. 또 한 명은 토론도 작곡도 너무 어렵고 자기가 못 따라가겠다며 어머니를 통해 포기 의사를 밝혔다. 다른 아이들도 한 번 이상씩 슬럼프가 오고 중도 포기도 하고 싶어 했으나 워낙 적은 인원이라 자기가 빠지면 수업이 폐강될 수도 있다는 부담과 어머니들의 설득으로 끝까지 함께할 수 있었다.

사실 처음부터 뮤직 드라마를 만들 생각은 없었다. 작곡을 배우고 표현하며 그것을 발표할 수 있는 것만으로 좋겠다고 생각했었다. 아이들의 의견을 모으다 보니 대본이 만들어지고 뮤직 드라마가 만들어졌다. 우발적인 사고처럼 만들어진 셈이다.

스토리 구성

작곡 수업은 주로 작곡의 기초 이론을 배우고 주제 토론을 진행했다. 토론보다는 수다에 가까웠다. 이야기에서 나온 몇 가지 주제를 놓고 또 이야기를 이어가면서, 그 내용을 기록하기 위해 녹취를 했다. 그중 많이 언급되었던 이야기를 분류하여 주제를 정하고 그 주제에 맞는 에피소드를 모았다.

- 말해봤자 소용없어-사실 우린 아무 말도 안했잖아.
- 하려고 했는데.
- 꿈과 현실-우리들의 미래를 믿어주세요.

이 세 가지의 주제가 아이들이 만들어낼 스토리의 뼈대가 되었다.

아이들의 이야기를 들으며 어른들과 크게 다르지 않은 아이들의 세상에 저절로 공감이 됐다. 마음이 아프기도 하고 미안하기도 하면서 쓴웃음이 나왔다. 아이들 이야기, 주변 엄마들의 사례들을 모아 대본의 초안을 만든 후, 함께 읽어가면서 아이들의 언어로 수정하여 최종본을 완성했다.

작곡 과정

4마디 혹은 8마디로 만들어진 모티브 구성을 통해, 16마디나 24마디짜리 곡으로 완성하여 자기 자신을 소개할 수 있는 동영상 BGM, 또 지역의 아티스트들이 공연할 수 있는 연주곡, 그리고 드라마에 맞는 테마곡과 인트로곡, 브리지곡 등을 하나의 곡으로 만든 후 편곡을 하였다.

아이들은 악보를 그리는 것도 힘들어했다. 아이들이 노래를 흥얼거리면 그걸 듣고 악보를 그려주거나, 악보를 작성하는 핸드폰 어플을 이용하기도 했다. 아이들이 만든 음악은 한 곡 한 곡 재미있는 에피소드를 가지고 있다. 늘 슬프거나 음산하거나 우울한 멜로디를 만드는 친구가 있었다. 그중 가장 슬프고 우울했던 곡은 세월호 관련 행사 때마다 묵념곡으로 사용하였다. 한 친구는 밴드에서 일렉트릭 기타를 연주한 경험이 있어서 리듬감이 아주 뛰어났다. 간혹 한 번 들어서는 정확히 그릴

학생들이 만든 음악들

수 없는 새로운 리듬을 만들어내기도 하였다.

가장 흥미로운 곡은 〈지독한 타이밍〉이란 힙합곡이었다. 4마디에 같은 리듬과 반주를 주고 멜로디를 만드는 수업 중에 나온 곡인데 같은 리듬과 반주를 사용하다 보니 3곡을 한꺼번에 리믹스할 수 있었다. 덕분에 그 곡은 세 작곡가의 공동 작품이 되었다. 차마 겉으로 드러낼 수 없거나 자신도 인지하지 못하는 감성의 당김이 음악으로 표현되기도 하기 때문에 자신이 숨기고 싶은 자신의 모습을 음악을 통해 드러내고 위로받는다. 자기 자신을 표현하는 여러 가지 방법이 있지만 바로 이런 점이 음악이 주는 기적이라고 생각한다.

공연 준비

추운 겨울 아침 칼바람을 맞으면서도 공연 연습을 위해 꼬박꼬박 시간을 지켜 나오는 아이들이 늘 고맙고 기특했다. 처음 대본 리딩을 하고 연기를 시작할 때만 해도 오글거린다고들 했다. 하지만 아이들은 곧 자기가 만든 이야기와 자기가 만든 노래로 탄생한 뮤직 드라마 〈거울〉에 대한 애착과 재미에 푹 빠져들었다.

연습 이외에도 준비할 것이 너무 많았다. 아이들은 자기들이 만든 노래를 배경으로 자기를 소개하는 동영상을 직접 만들어야 했다. 휴대폰 어플로 직접 제작하도록 했는데 겨우 1~2분짜리 동영상인데도 묘한 감동이 있었다. 또한 팸플릿과 악보집까지 아이들이 직접 만들었다. 수다가 대본이 되고, 흥얼거림이 음악이 되며 배우가 되어 온몸으로 연기했다. 아이들의 말과 꿈이 현실이 되는 꿈의 무대, 그것이 바로 뮤직 드라마 〈거울〉이었다.

마을과 함께

청소년 작곡마을의 처음 기획도 마을의 협동조합과 함께 했지만, 마무리인 공연은 많은 이웃들의 격려와 도움으로 이루어졌다. 어떤 분은 재능을, 어떤 분은 장소를, 어떤 분은 시간을 아이들의 꿈을 위하여 기꺼이 내어주었다.

이 공연을 준비하면서 많은 이웃을 만났다. 동네 피트니스 댄스 강사, 아들 같은 학교 학부모, 지역의 대학생들, 실용음악 학원 강사, 아파트 관리사무소장, 장애인 복지관 관장, 주변 학교 교장과 교사, 주변 초등학교 어린이 합창단 등 많은 사람들에게 왜 이 공연을 하는지, 어떻게 하게 되었는지 등 공연의 가치에 대해 설명했다. 이 가치에 동의해주는 많은 이웃들의 크고 작은 도움과 응원이 공연에 힘을 실어주었다.

공연 당일은 정말 많은 사람들이 자리를 꽉 채워주었다. 아이들의 가족과 친구들뿐만 아니라 특히 많은 이웃 분들이 와주었다. 성공적인 공연이었다.

'콩나물 마을학교는 ○○○의 꿈을 응원합니다'라고 적힌 수료증을 건네면서 아이들은 스스로를 대견해하고 서로를 고마워하며 과정을 마무리했다.

뮤지컬 연습과 공연 피날레

2015년 콩나물 뮤지컬 제작 꿈의학교를 준비하며

거창하지만 사실 거창하지 않다. 욕심인 듯하지만 사실 참 소소한 것이다. 학교는 아이들이 꿈을 완성하는 곳이 아니라 아이들의 꿈이 시작되는 곳이기 때문이다. 꿈의 씨앗을 아이들이 스스로 심을 수 있도록 도와주는 학교. 그 나머지는 아이들 스스로의 몫이다. 하고 싶은 것이 생기고 하는 방법을 조금 경험해보고, 할 수 있겠다는 용기가 생겨서 꿈을 이루기 위한 도전을 시작할 수 있는 마음이 생기게 해주는 학교일 뿐이다.

2015 청소년 뮤지컬 '아재꽃집' 포스터

그 씨앗을 단단한 땅을 뚫고 새싹으로 키우는 것도, 그것을 나무로 키우는 것도 아이들의 의지와 노력의 몫이다.

사실 땅은 아무것도 안 한다. 그냥 버티고 기다려만 준다. 땅은 존재만으로도 의지가 된다. 마을의 아이들이 학교에서 꿈의 씨앗을 만나고 마을의 이웃들이 지렁이가 되는 것이다. 또 마을이 단비가 되고 햇살이 되어 잘 자라도록 응원해주고 든든한 땅이 되어준다면, 아이들은 안심하고 꿈을 위해 노력하고 도전할 것이다. 사랑을 받은 사람이 사랑을 줄 수 있고, 꿈을 지지받아본 사람이 다른 사람의 꿈을 지지해줄 힘이 생긴다고 믿는다. 2015년 꿈의학교 또 열심히, 행복하게 시작해보겠다.

2. 교육청은
지원 체제를 구축하자

탑다운 방식의 문제

그동안 교육청에서 탑다운 방식으로 학교에 교육과정 반영, 성과 보고, 우수 사례 보고회 등을 요구한 사례가 적지 않았다. 마을교육 공동체 사업을 탑다운 방식으로 진행한다면, 현재 잘되고 있는 학교의 몇몇 관심 있는 교원들을 중심으로 지역사회와 연계 시스템을 구축할 수는 있을 것이다. 그러나 거기까지다. 결국 관심 있게 참여하였던 교사가 빠져나가면 다시 퇴보할 수밖에 없다.

이런 식으로 일부 특정 교사에 기대어 마을교육공동체를 구축하거나 일반화를 기대하는 것은 지양해야 한다. 많은 교사들이 의지를 갖는 계기를 마련하는 것이 좋지만, 모든 것을 교사들이 해야 한다는 부담을 주어서는 안 된다. 마을교육공동체는 지역사회와 학부모, 교사가 톱니바퀴처럼 맞물려 함께 돌아간다. '한 명의 아이를 키우기 위해서는 온 마을이 필요하다'는 말처럼, 교사에게만 의지해서 이루어지는 교육개혁은 이제 탈피해야 할 때가 왔다. 마을교육공동체가 이루어지려면 학부모와 지역 주민들의 역할이 크다.

마을교육과정의 구축

마을교육공동체를 만들기 위해 중요한 것 중 하나가 마을교육과정이다. 마을교육과정은 혁신학교 등에서 이미 실천되고 있다. 따라서 사업이 시행되면 기존에 했던 방식대로 학교에 공문을 보내고 지시하는 등 이를 의무화할 가능성이 있다. 기존의 많은 시행착오에서 알 수 있듯이 많은 기대를 하며 만든 교육과정도 현장의 실천 속에서 성찰하며 그 필요성을 몸소 느끼기 전까지는 실제 교육의 변화로 이어지기는 매우 힘들다. 따라서 교사들이 마을교육과정에 대해 자율적으로 고민할 수 있도록 해야 한다. 마을교육과정 운영이 관 주도가 되거나 의무 사항이 되어서는 안 된다. 자연스럽게 "젖어 들어가는 방식"에 대한 고민이 충분히 있어야 한다. 이를 위해 관에서는 어디까지나 학교에 방향을 제시하는 정도의 역할을 하고 학부모, 지역 주민, 교원들의 인식 변화와 학습이 선행되어야 한다.

혁신교육지구의 방향에 대해서도 심도 있게 고민하면서 마을교육공동체와 연계해야 한다. 3년 동안의 혁신교육지구 사업은 협력적 교육 거버넌스 체제를 위한 모델을 제시해왔다. 이와 더불어 학교의 고립과 폐쇄를 극복하고, 지역과 연계한 교육 발전 모델을 제시해주었다. 그동안 지역사회에서 공교육의 내실화를 위한 협력적 거버넌스 체제가 부재했던 것이 사실이다. 교육청, 지방자치단체, 지역사회가 서로 분절적이고 독립적으로 역할을 해왔을 뿐, 서로 논의하고 협조하는 모습은 보여주지 못했다. 학교는 지역 주민들의 세금으로 운영되지만 지역과 분리되는 경향이 컸다.

혁신교육지구 사업의 전환

이제 본격적으로 혁신교육지구 사업의 방향을 마을교육공동체 사업으로 전환하여, 지역 특성화 교육과정 및 학교 발전 모델을 지역 내에서 제시할 수 있어야 한다. 경기도의 경우 지역별로 교육 양상과 과제가 확연하게 드러나고, 같은 도시에 속한 학교라고 해도 구도시와 신도시 간 교육 격차의 문제는 계속 발생하고 있다. 마을교육공동체 사업을 통해 학교 간 연대와 협력을 이루어 지역 전체 학교의 교육력을 제고하는 방향으로 전환해야 한다. 지역사회를 거대한 교육과정으로 놓고, 지역사회의 단체와 사람, 기관을 최대한 활용하면서 학교 간 공동 사업을 추진해야 한다. 구체적인 실행을 위한 5대 핵심 과제를 제안해보면 아래와 같다.

- 지역사회 기반 교육공동체 구축으로 혁신학교의 일반화와 이를 통한 공교육의 내실화를 도모한다. 학교와 지역사회뿐만 아니라 교육기관과 지방자치단체 모두가 참여하여 지역사회 어디에서나 학습과 배움이 일어날 수 있도록 공동체적 문화와 환경을 조성하는 데 집중한다.
- 지역 내 교육문화적 접근으로 진행한다. 기존의 사업과 프로그램 중심에서 벗어나 '교육혁신'이라는 취지가 보편화되면서도 지역을 기반으로 다변화된 사업 중심의 문화적 접근으로 추진되어야 한다. 이를 '지역공동체 교육문화' 사업이라고 부를 수 있다.
- 협력적 거버넌스 체제를 구축하기 위한 참여 주체 간의 역할이 재구조화되고 강화되어야 한다. 앞으로는 교육청, 지방자치단체, 지역사회가 보다 유기적이고 긴밀한 협조적 관계를 유지하여 학교와 지역사회를 네트워킹 시키고 학생들의 배움이 지역사회 어디에서나 일어날 수 있도록 나누고, 실천하고, 지원하는 교육문화를 이끌어야 한다.
- '마을교육공동체 지원센터'의 설립이 필요하다. 협력적 교육 거버넌스 체제를 구축하고 지역사회를 기반으로 교육공동체를 만들기 위해서는 좀 더 실천적으로 사업을 추진할 수 있는 지원센터가 필요하다. 지원센터는 지역사회와 학교의 교육 환경과 인프라 혹은 자원 규모에 따라서 다양하고 지역화된 형태와 수준으로 운영되어 지역의 교육공동체 구성 및 운영에 직접적으

로 관여한다.
- 교원의 주체적 참여와 역량 강화에 중점을 둔다. 교사가 마을교육공동체 사업의 주체가 될 수 있도록 교육적 부담을 덜어주고 학교의 역할을 지역으로 빼내어 지역사회가 이를 담당하는 방향으로 접근되어야 한다. 특히, 지역사회나 시민단체 혹은 학부모 집단과 소통하고 네트워킹 할 수 있는 역량과 인식을 배양해야 한다.

아이들 동네에 사는 마을 교사, 마을 장학사

마을교육공동체 활성화를 위해 교원 인사제도도 개편할 필요가 있다. 승진제도가 적합하다면 역량 있는 교사가 승진할 수 있는 구조여야 하고, 이는 마을교육공동체 사업에서도 마찬가지이다. 지역사회와 함께하는 이들이 교장, 교감 등 관리자가 될 수 있는 제도가 필요하다. 이러한 승진제도는 마을교육공동체에 대한 확산이 보다 원활하게 이루어지는 데 든든한 뒷받침이 될 것이다. 물론, 단순 인센티브로 자율성을 끌어내려는 방식은 지양해야 한다. 마을교육공동체에 적합한 승진제도가 도입된다면 현재까지 누적된 승진제도의 부작용은 어느 정도 완화될 수 있다. 승진점수가 있는 지역에서 필요한 점수를 쌓고, 교육과 직접적인 연관이 없는 행정 업무에 매달리는 교원들의 인식을 변화시킬 수 있다. 교육을 위한 일이 자연스럽게 승진과 연결되도록 한다면 교육의 질에도 긍정적인 영향을 미칠 것이고 공교육에 대한 불신을 해소하는 데에도 도움이 될 것이다.

여기에서 더 나아가 교원들의 인사이동 규칙도 개정해야 한다. 마을교육공동체가 되려면 한 곳에 10년 이상 정주하는 교사가 있어야 한다. 현 제도는 한 학교에서 근무한 지 5년이 되기 전에 이동해야 하는 규정 때문에 한계가 있다. 물론 모든 교사가 한 학교에 정주한다면 고인 물이 될 우려도 있다. 하지만 5년 안에 대부분의 교사가 떠남으로 인해 발생되는 지속성의 한계를 극복해야 하는 시기가 분명 도래했다. 학교 안에 '마을 교사'라는 제도를 만들어, 이 역할에 충실할 수 있도록 수업 부담과 행정 업무의 부담을 줄여줄 수 있는 방안을 도입할 수 있다. 이들에게는 승진 점수보다는 근무지 이동이나 전보유예를 검토할 필요가 있다.

한편 혁신교육지구나 지방자치단체 자체로 운영하는 혁신교육지구 사업이 나름의 성과를 가져오고 있지만, 어떤 지역에서는 아직도 방향에 대해 갈피를 잡지 못하는 실정이다. 잘되고 있는 지역의 경우도 교육청의 역할은 미비한 편이고, 잘 안 되고 있는 지역에서는 전시 행정이라며 서서히 주민들이 외면하는 곳도 있다. 이러한 문제는 마을교육공동체로 전환하여 전 주민들이 참여할 수 있는 계기를 마련함으로써 해소할 수 있다. 관 주도의 방식에서 탈피하고 지역사회가 자기 역할을 제대로 구현해낼 수 있도록 도와야 한다. 이를 위해 이 일을 맡아서 추진할 주체에 대해 고민해야 한다. 마을교육공동체를 지속적으로 전개해나가려면 교육청 파견 교사나 장기 출장 형태의 교사도 좋지만, 제도권에서 이를 주도하고 끌어줄 역량 있는 이들이 필요하다.

마을교육공동체가 활성화되려면 역량 있는 장학사를 선발하여, 그 지역에서 적어도 5년 이상 마을네트워크 사업을 담당하도록 해야 한다. 지역을 잘 알고 지역에 네트워크가 있으며, 정주할 수 있는 인원을 별도로 선정해서 일반 전문직 선발과는 다른 특별 전형 트랙으로 선발하는 방안을 검토해볼 수 있다. 특별 전형 트랙의 전문직의 경우 우선적으로는 현재 혁신교육지구와 지역네트워크가 활발한 지역을 먼저 선정하고 이들은 마을교육네트워크만 담당하면서 지방자치단체와 긴밀한 협력 체계를 구축해야 한다. 앞서 보았듯이, 전북 완주교육지원청의 경우, 그 지역을 잘 알고 있는 장학사가 마을교육네트워크 역할을 담당하면서 지역을 의미 있게 변화시키고 있다.

지금까지 교육지원청은 도교육청에서 보내는 정책을 받아서 학교에 통보하거나, 실적을 압박하는 기관으로 인식되어왔다. 이 때문에 학교 현장으로부터 비판을 받은 것도 사실이다. 따라서 혁신 교육청을 지정해서 역량 있는 교육장과 국·과장을 공모해서 배치하고 그동안의 권위적 이미지를 벗고 '지원'을 하는 기관이 되도록 변화해야 한다. 이를 위해 인력풀 확대와 역량 있는 사람을 중심으로 하는 인사와 조직 구성이 필요하다. 또한 교육장은 승진의 수단과 영전이 아니라 실제 지역사회와 함께 일할 수 있는 사람이어야 한다.

지역에서 교육장이 갖는 권한과 역할은 상당히 크다. 여기에 마을교육네트워크 담당 장학사가 배치되어 실제적인 역할을 수행한다면 큰 시너지 효과를 낼 수 있을 것이다. 혁신 교육청에서 지역사회-지방자치단체-마을 네트워크 담당 장학사-마을 교사의 연계가 이뤄지는 것이 마을교육공동체 인사와 조직에서 핵심이다.

초·중·고의 연계

초·중·고 연계 시스템(혁신학교 벨트화) 구축은 마을에서 커가는 학생을 위한 최소한의 조건이다. 그동안 혁신학교의 추진은 학교 연계의 필요성을 제시하였다. 초등학교는 곳곳에 있지만 중·고등학교는 그렇지 않다. 초등학교에서는 마을과 함께 하는 교육을 자주 하고 있지만, 중·고등학교에서는 입시 때문에 쉽지 않다. 이것을 해결하는 방안이 지역을 중심으로 한 초·중·고의 연계 시스템 구축이다.

아무리 학교와 지역사회가 연대하더라도 초·중·고등학교가 서로 분절적이라면 진정한 마을교육공동체가 되기 어렵다. 초·중·고를 혁신학교 벨트로 묶으려던 시도를 이어나가면서, 그 지역에서 정주하며 마을에 애정을 가질 만한 학생들을 키워내고 다시 지역의 인재로 돌아올 수 있도록 하는 계기를 마련해야 한다. 이를 위해 도교육청에서는 혁신 교육청(마을 교육청) 선정 이후, 우선적으로 학교 연계 시스템을 갖출 수 있도록 고려해야 한다. 초·중·고 연계 마을교육과정이나 마을축제를 진행할 수 있고, 초·중·고 학생 동아리를 마을과 연계하여 활동할 수도 있으며, 교육 자원봉사센터의 역할을 초·중·고로 연계하는 일도 가능하다. 신설학교에 대한 급지 선정을 할 때도 이러한 연계 시스템이 고려되어야 한다.

학교에서 사전에 해결할 문제들

마을교육공동체의 한 축이 될 학교에서 해결해야 할 문제들도 있다. 우선 학교 공간을 학부모와 주민들에게 점차 개방해야 한다. 이를 위해 교육청에서는 학교가 자율적으로 개방할 수 있는 분위기를 조성하고 학교 개방에 대한 부담을 덜도록 규정을 개정하고 안전 확보와 책임 소재 분산을 추진해야 한다. 더불어 학교장의 권한과 의무도 강화시킬 필요가 있다. 학교장의 부담을 완화할 수 있도록 방과후학교 보험과 안전보험 도입을 요구하는 목소리도 있다. 마을교육공동체 현장 면담에서 많은 사람들이 공통적으로 지적했던 점이 바로 학교 공간에 대한 개방 요구와 교원들의 인식 변화였다. 특히 가장 우선적으로 교장, 교감의 인식 변화가 필요하다고 말했다.

　이러한 변화가 현상만 놓고 보면 사람의 문제로 보이지만, 더 중요한 것은 제도의 변화다. 이런 생각을 갖고 있는 이들은 마을교육공동체를 제대로 시행하려면 교육제도의 불합리성을 풀어야 한다고 말한다. 학교 공간을 개방했을 때 발생하는 안전사고로 인해서 담당 교사가 처벌받고, 관리자의 연대 책임을 요구하는 교육 시스템이 있는 한 공간 개방은 한계가 있을 수밖에 없다. 이 점은 교원의 인식 변화 이전에 제도의 변화가 우선되어야 할 부분이다. 학교 공간 개방 유도의 핵심은 학생 안전사고에 대한 우려를 불식시키는 데서 출발한다. 외부인으로부터 학생을 보호하기 위한 장치를 마련하고, 학교 안전에도 신경을 써야 한다. 우선 학교 당직 기사 문제부터 해결해야 한다. 현재는 대부분 한 명의 당직 기사가 월 70만 원 안팎의 급여를 받고, 주당 70시간 이상의 근로를 하고 있다.

　마을교육공동체가 이루어진다면 주말이나 야간에도 수시로 많은 이들이 왕래할 텐데, 이를 책임질 수 있는 다른 방안을 만들어야 한다. 주민 자율로 해결하는 방법도 있겠지만, 가장 좋은 방안은 지방자치단체의 예산으로 안정적인 일자리를 지역 주민에게 만들어주는 방안이다. 학부모 자율방범대(아버지회) 조직도 보완할 방안 가운데 하나이다. 일부 시·군이나 민간단체에서는 자체적으로 비용을 들여서 안전보험을 들고 있다. 혁신교육지구 정책연구(2013, 경기도교육청)에 나왔듯이 '방과 후 보험'을 통해서 학부모, 학생, 교원, 지역 주민이 학교 공간에서 발생한 사고에 대해서 책임을 면할 수 있도록 해야 한다.

3. 가장 중요한 것은
학교공동체다

아이들을 위한 교육공동체 교사

마을교육공동체 구축을 위하여 학교가 담당해야 할 가장 중요한 역할은 '아이들을 위한 교육'이다. 아이들이 마을교육(마을을 통한, 마을에 관한, 마을을 위한)을 할 수 있도록 통합적인 교육과정을 설계하고 운영해야 한다. 그런데 만약 학교나 교사들에게 마을의 교육 자원과 인프라를 발굴하고 지원하며 연대하는 일까지 부과한다면, 그것은 과도한 요구일 것이다.

지금까지는 공동체 교육을 위하여 일선 학교 교사들이 직접 지역사회 교육 자원을 발굴하고 연결하는 역할까지 맡아왔다. 하지만 지역사회가 교육공동체가 된다면 이러한 역할은 지역사회나 지원센터에서 할 일이지 교사가 전적으로 책임져야 할 부분은 아니다. 마을교육 혹은 공동체 교육을 위한 통합 교육과정을 설계하고 운영하기 위해서는 학교 차원의 노력의 핵심은 교사들이 자유롭게 의견을 나누고 고민하는 학습공동체를 만들 수 있도록 학교 조직 문화와 여건을 만드는 일이다.

마을교육공동체 활성화를 위해 학교에 '마을 교사'를 자율 지정하여 학생들의 지역 활동과 학부모 및 지역 주민 프로그램 운영을 전담할 수 있어야 한다. 이들은 수업과 함께 지역사회의 네트워크를 연결하고, 마을교육과정과 마을축제를 주도하는 역할을 한다. 마을 교사의 주된 역할을 제시하면 아래와 같다.

- 지방자치단체, 지역 사회단체, 지역 주민과의 교류와 협력
- 지역사회 개방 공간 관리와 운영
- 학부모와 지역 주민을 위한 프로그램 개발과 운영
- 학생의 지역사회 참여 프로그램(자원봉사, 진로 체험 등) 운영

학교 공간의 활용

교육청에서 제도적으로 학교 공간을 열게 되었을 때, 학부모와 지역 주민들의 활동을 지원할 수 있는 공간을 학교가 만들어 지역사회에 제공해야 한다. 이 공간은 학생들의 방과후학교나 동아리 활동에도 활용할 수 있다. 마을 교사가 이 공간을 주로 활용하는데, 필요한 공간은 두 가지 형태로 이루어질 수 있다.

- Spot: 지역의 다양한 단체, 프로그램, 행사 등의 공식적·비공식적 홍보물과 광고가 자유롭게 전시되고 소통할 수 있는 공간이다. 크지 않은 공간에 게시판, 책꽂이, 책상 등이 있고 간단하게 스스로 차와 다과를 먹는 시설이 있을 수 있다.
- FabLab: fabrication laboratory의 준말로 번역하자면 '유쾌한 실험실'로 목공방, 철공방, 바느질 공방, 주방시설 등을 갖추어놓고 누구나 무엇이든 만들어볼 수 있는 공간을 제공한다. '공공 공작소'라 부르기도 하는데 취미활동도 가능하지만 이 공간에서 다양한 스타트업이 일어날 수 있다.

학부모와 지역 주민이 학교나 지역사회에 필요한 일을 스스로 발굴하고 동아리를 만들어 공부하며 시작할 수 있는 프로그램을 운영하는 것도 필요하다. 개별 학교 단위로 진행하기보다는 초·중·고에 연결되어 있는 지역 단위에서 학교에 연합하여 프로그램을 운영하는 것이 효과적이다.

이 프로그램은 교육청 담당자, 지방자치단체 담당자, 마을 교사가 함께 기획하고 운영하며 공동 학습, 동아리 구성, 활동비 지원을 연계하여 지원 효과를 높인다. 현재 시흥시와 시흥 관내 학교에서 이처럼 운영되는 사례가 있다. 소액의 활동비 지원 후 학교에서 지원할 수 있는 활동은 학교가 지원하고, 지방자치단체가 지원할 수 있는 활동은 지방자치단체가 지원하는 거버넌스 형태로 운영할 수 있다.

지역과 함께 하는 학교교육 활동

이렇게 될 경우 운동회나 학예회를 학교별로 하는 것이 아니라, 지역 참여 프로그램이 운영되는 단위에서 연합하여 운영할 수 있다. 운동회, 학예회가 학교만의 행사가 아니라 지역 주민 전체의 행사가 될 수 있도록 전환하는 것이다. 공간도 학교가 아닌 마을의 다양한 공간을 활용할 수 있다. 학생, 교사, 학부모, 지역 주민이 함께 모여 일 년 동안의 마을교육공동체 활동을 총화하여, 서로 나누고 격려하는 축제를 개최할 수 있다. 이때 지역의 상품 판매, 전시, 공연 등 다양한 방식으로 프로그램을 자발적으로 기획하고 운영할 수 있도록 지원하는 것도 지역사회, 지방자치단체와 함께 논의할 수 있다. 학교나 학생뿐 아

니라 학부모, 지역 주민이 함께 참여하는 마을축제, 지역 주민 축제로
운영되는 것이 마을교육공동체 축제의 초점이다.

삶을 마을교육과정으로 연결하다
: 의정부여자중학교

삶 중심 '교과 통합 프로젝트'

의정부여자중학교는 지난 2011년 혁신학교 1년 차에 교육과정을 재구성하면서 수업을 아이들의 삶과 연관시키면서 자연스럽게 마을에 대한 고민을 담게 되었다. 통합 교육과정을 운영하면서 학교에서 마을로 공간 이동이 이루어진 형태이다. 첫 고민이 삶터 교육에서 출발한 것이다.

교과 통합 프로젝트의 목적이 아이들의 교육이 교실 안의 수업에서 끝나는 것이 아니라 삶과 연계되어 있기 때문에 직접 삶으로 나가서 이 것들을 경험해보고 삶 속에서 지식이 다시 통합되는 것을 배웠으면 좋겠다는 것이었어요. 그래서 교과가 통합된 프로젝트를 학기마다 1회씩 연 2회 해요. 예를 들어 1학기에 했던 프로젝트 중 하나가 의정부 지역을 알아가는 프로젝트였어요. 교과가 삶과 연계되었다고 하면 내가 살고 있는 지역과 마을을 볼 수밖에 없죠. 마을교육과정의 소재가 마을인 것이 아니라 삶과 연결하다 보니 자연스럽게 마을에 대한 이야기들이 나올 수밖에 없어요.

_의여중 K교사

의정부여중 2014학년도 2학년 교과 통합 프로젝트

연번	탐구 주제	세부 내용
1	환경에 대한 원리 이해하기	우리가 먹고 자고 입고 움직이는 모든 과정에서는 에너지가 소비된다. 우리는 대부분의 에너지를 화석연료에 의존하고 있기 때문에, 소비한 에너지가 많을수록 이산화'탄소'가 많이 배출되는 셈이다. 탄소를 흡수하기 위해서는 더 많은 나무들이 필요하므로 탄소 배출을 줄이기 위한 노력이 필요하다. 친환경적인 에너지 절약 및 에너지 생산 활동에 대해 기획해볼 수 있다.
2	유기농에 대한 이해 유기농 매장 견학	사람이 먹을 음식을 만들기 위해서 자연에게 피해를 주고 있다는 것을 알고 계신가요? 사람도 자연의 한 부분인 만큼 최대한 자연과 환경에 피해를 주지 않는 방법으로 음식을 만들어 먹어야 하지 않을까요? 여기 자연에 착한 방법으로 만들어진 음식들이 있습니다. 유기농. 유기농식품을 이용하는 것은 내 몸을 깨끗이, 자연을 평안하게 만드는 우리의 실천입니다!
3	마을공동체 탐험하기	남보다 잘되기 위해, 나 먼저 일어서려는 현실에서 스스로 돕고 서로를 살리려는 의지, 더불어 살아가는 태도를 가지려는 시도! 지역을 중심으로 일상적인 삶의 공간을 회복하는 마을만들기. 보육시설도, 학교도, 가게도, 게다가 축제도 마을 주민들끼리 뜻을 모아 만들 수 있다고? 더 많이 갖지 않아도 행복하고, 남에게 나누어주면 더 행복한, 소소한 일거리들이 가득한 마을공동체를 탐험해보자.
4	한국의 전통적인 삶 엿보기	우리 조상들은 자연과 균형을 이루며 조화로운 삶을 추구하였다. 나무의 원형을 그대로 살린 기둥, 궁궐의 꽃담, 헝겊으로 만든 신발, 자연물의 무늬를 활용한 문창살, 아름다운 곡선미가 느껴지는 한복 등 생활 주변에서 자연환경의 멋을 잘 살린 전통의 아름다움을 찾아볼 수 있다.
5	자연과 벗 삼아 놀기	오늘날의 생활은 자연 속에서 보내는 시간이 많지 않다. 그러나 잠시 눈을 돌려보면 아름다운 자연이 어느덧 우리들 마음속에 들어와 자리하고 있음을 느끼게 될 수 있다. 자연과 함께하려는 다양한 활동들을 알아보고 우리가 실천할 수 있는 방법을 찾아볼 수 있다.
6	생태하천 복원하기 (물 따라 길 따라)	물 따라 길 따라 같이 걸으면서 하천 생물들과 만나본다. 하천 복원 사례들의 추진 현황을 조사하고 복원 결과가 하천 환경 및 생태계에 어떤 영향을 주었는지를 파악하는 데 목적을 두고 있다. 생태하천 복원하기의 긍정적 혹은 부정적 측면에 대한 향후 개선 및 보완 방안을 생각해보고 실천 가능한 일들을 찾아보고 실천해본다.
7	아낌없이 주는 나무 찾기	국가에서 지정하는 보호수의 배경 및 의의와 그 효과를 알고, 우리가 속한 의정부 및 양주 시내의 보호수에 대한 정보와 지정 경위, 지역사회의 관리 실태 등을 조사한다. 이로써 우리 동네의 소중한 나무를 돌아보고 지키고자 한다.
8	사회적 기업	사회적 기업(사회적 목적을 우선으로 추구하면서 영업 활동을 수행하는 기업 및 조직)이 무엇인지 알아보고 우리 주변에 있는 사회적 기업을 조사해보고 체험해본다.

새로운학교경기네트워크, 2014

의정부 제일시장 상인 인터뷰와 1학년 학생들의 '의정부 마실 가자' 수업 재구성 그림

해마다 고민의 깊이를 더하여 2014년에는 1학년 학생들이 '우리 마실 가자' 프로젝트를 하면서 학생들 스스로 마을의 문제를 해결해가고 삶을 개척해나가는 고민까지 하기에 이르렀다. 이 프로젝트를 시작하면서 처음에는 학생들이 마을공동체의 개념을 잡을 수 있도록 기존의 이름난 마을공동체를 탐색했다. 나아가 우리 마을에도 그런 공동체가 있는지 찾아보고, 없다면 직접 만들어보자는 이야기가 나오면서 학생들이 마을의 주체로 서는 계기가 되었다.

지역 청소년들이 함께 만든 '비몽사몽 토론회'

학생들이 마을의 주체로 서게 되었다는 것을 입증하는 것이 바로 '비몽사몽 토론회'라고 할 수 있다. 지역의 청소년들이 모여 마을에서 꿈꾸는 이야기를 나누는 자리를 마련한 것이다. '경기도마을교육공동체 밴드'(http://www.band.us/#/band/50044092)에 소개된 글을 통해 그 진행 과정을 살펴보면 다음과 같다.

"행복한 마을은 어떤 마을일까?"라는 질문으로 토론회 준비를 하면서 눈여겨볼 것은 학생들이 직접 토론회를 기획, 홍보, 토론할 수 있도록 수차례 모여 모둠 토의를 진행했다는 것이다. 처음에는 학년 격차

마을에서 놀고, 배우고, 만들고, 꿈꾸는
"Be. 몽(夢). 사(四). 몽(夢)" 토론회

2014년 11월 21일 금요일 5시 반. 의정부중학교 강당에서 의정부, 양주, 포천 등의 경기 북부 청소년, 청년들이 모여 마을에서 꿈꾸는 이야기들을 나누는 자리가 만들어질 예정입니다.

이 토론회는 "한 아이를 키우려면 온 마을이 필요하다", "마을이 학교다"라는 이야기가 화두로 떠오르는 요즘, 아이들이 원하는 안전하고 행복한 마을은 무엇일까? 학교 너머 마을에서 어떤 배움이 필요할까? 우리가 마을에서 꿈꾸는 것들은 무엇일까? 이런 물음들에 대해 청소년들이 모여 서로의 생각을 나누고 확인하는 자리입니다. 그리고 이것들을 요구하기만 하는 것이 아니라, 이런 꿈을 직접 실현하기 위해 우리가 할 수 있는 일을 모아보려고 합니다. 이 토론회를 위해 세 달 전부터 마을의 청소년들이 모이기 시작했습니다. 초등학교 5학년부터 고등학교 2학년까지, 지역의 초·중·고에 다니는 친구들, 그리고 학교에 다니지 않는 홈스쿨러, 대안학교 학생 등 30명의 청소년 기획단 친구들이 모였습니다. 그리고 이 토론회에 대한 소문을 듣고 지역에서 고등학교를 졸업하고 대학과 사회 등으로 진출한 마을 청년들이 관심을 갖게 되었습니다. 이들이 하나둘씩 청년기획단으로 모여 마을에서 청년들이 자리매김하기 위한 고민을 하기 시작했습니다.

청소년들이 직접 기획, 홍보, 준비하는 11월 21일 토론회는 한 모둠당 8~10명으로 구성되어 "나에게 1년의 시간이 주어진다면"이란 주제로 이야기를 나누게 됩니다. 그리고 이 토론회를 준비한 기획단 청년들과 고2 학생들이 각 모둠에 촉진자인 퍼실리테이터(facilitator)가 되어, 학교, 학원, 취업 등으로 꿈을 꿀 시간조차 없는 청년과 학생들에게 덴마크 사례처럼 1년간 시간이 주어지면 어떤 것을 하고 싶은지에 대한 서로의 생각들을 나누고 아이디어들을 공유하게 됩니다. 그리고 그것을 하기 위해 비슷한 꿈을 가진 마을 친구들과 먼저 해결할 과제들을 풀어나가며, 마을에서 하고 싶어 하는 일을 꿈꾸어보는 프로젝트 방식으로 진행될 예정입니다. 100~150명 정도의 경기 북부 초·중·고에 다니는 학생, 학교 밖의 청소년, 청년 학생들이 참여하며, 이 토론회 이후 꿈들을 만들어가기 위한 청소년, 청년 마을배움터 위원회가 조직될 예정입니다. 그리고 이 고민들이 헛되지 않도록 청소년, 청년들의 요구사항을 바탕으로 지역의 교사, 학부모, 지역 교육단체, 교육청, 지자체를 중심으로 어른들이 모여 심포지엄을 갖고, 교육공동체의 역할과 방향을 논의하게 될 것입니다.

가 심해 서로 알아가는 공동체 훈련부터 진행하고 놀이도 하면서 마을배움터에 대한 논의를 진행했다. 어른들은 힘을 보태기 위해 시장, 시의회 의장, 경기도의회 의장, 경기도 교육위원 등을 만나 경기 북부에 마을배움터가 필요하다는 것을 강조하였다. 그 과정에서 뜻이 있는 24~25살 의정부 청년 15명 정도가 모여 토론회를 같이 준비했다. 150명 초청을 목표로 한 토론회에 250명이 참여한 것을 보면 마을에 대한 청소년들의 관심이 어느 정도인지 가늠해볼 만하다.

토론회 이후 참여한 사람들의 희망을 받아 100여 명의 마을배움터 기획단이 꾸려졌는데, 이 기획단은 이후 꿈이룸학교로 이어졌다. 이 토론회를 기점으로 지역의 청년, 어른들이 청소년 활동에 관심을 갖는 계기가 되었다.

촉매제 역할, 교육복지사업

의정부여자중학교가 교육복지 대상 학교가 되어 학교에 교육복지사가 들어오게 되면서 적잖은 변화가 있었다. 교육복지사가 추진하는 '교육복지우선사업'은 교육 취약 아동 청소년의 교육 기회, 과정, 결과에서 나타나는 주요 취약성을 최대한 보완하기 위한 교육, 문화, 복지 등의 통합 지원 체제를 구축하는 사업이다. 이 사업의 주요 목적은 교육 취약 아동 및 청소년의 교육적 성장 도모에 있는데 이를 위하여 학교가 중심이 되는 지역교육공동체 구축을 통해 학습, 문화 체험, 심리 정서, 보건 등을 통합적으로 지원하고자 한다.

그동안 헬스클럽, 병원과 협약을 맺고 진료를 받게 하는 등 여러 활동을 진행하였는데, 2013년부터 교육복지사에 의한 방과 후 활동 중 하나로 '마을학교 열린교실'이라는 프로그램을 운영하였다. '마을학교 열린교실'은 문화적 지원이 부족한 학생들에게 다양한 문화 체험의 기회를 가질 수 있도록 지원하였다. 일방적인 수혜 프로그램이 아니라 학생들 스스로 지역을 조사하고 배움터를 발굴하여 학교뿐만 아니라 학교 밖에서도 다양한 배움터를 가지며, 문화 감수성을 키우고 지속적·실질적으로 지역사회 교육공동체가 형성되어 많은 아이들이 이웃이 되도록 도왔다. 이 고민을 가지고 시작한 '마을학교 열린교실'은 의정부여자중학교에서 학교와 마을을 잇는 또 하나의 축으로 자리를 잡고 있다.

4. 지역사회와의 협력이
   관건이다

교육청과 지자체의 연계

마을교육공동체를 중심으로 한 교육청과 지자체의 연계는 매우 중요한 부분이다. 사실 두 기관이 별개로 움직인다는 것 자체가 지역 주민들에게 상식적으로 이해되지 않는 일이다. 교육에 있어 정치나 이념의 갈등은 배제되어야 한다. 순수하게 지역 주민과 학교현장에 초점이 맞춰져야 한다.

경기도의 경우 도교육청의 평생교육과와 도청의 평생교육과의 취지나 이해는 상이하다. 서로 결합되기 어려울 뿐만 아니라 상충되기도 한다. 이것이 유관 기관의 협력 체계가 구축되어야 하는 이유이다. 마을교육공동체 사업에 있어서 기관 간 업무 조율은 필수이다. 애초에 명확한 역할 구분 자체는 존재하지 않고, 존재할 수도 없다. 협의를 통해서 적절하게 나누어 할 수 있는 방안을 만들어가야 한다.

교육지원청의 교육장은 교육감이 임명하기 때문에 직속 기관의 성격을 띤다. 주민들의 선택을 받지 않는 구조였기 때문에 지역 주민보다 교육감의 인사권에 치중된 면이 크다. 교육지원청이 독자적인 색깔을 갖기 어려웠던 이유다. 교육지원청이 기초지방자치단체와 직접적으로 협력 구조를 만들었던 것은 혁신교육지구가 처음이다. 마을교육공동체 사업은 앞으로 지방자치단체의 관리 능력과 노하우를 배우면서 끌어와야 하는 과업을 가지고 있다.

지역 간 정책과 실천 교류

현재 혁신 교육감이 들어선 13개 지역에서는 정책 교류가 활발하게 진행되고 있다. 전국적으로는 경기도교육청이 시작한 마을교육공동체에 대해서도 기대 반 우려 반의 시각이 있다. 실제로 전북교육청이나 강원교육청에서는 마을교육공동체라는 명칭만 쓰지 않았지, 경기도교육청보다 앞서 이 정책을 추진하고 있다. 이러한 시도 교육청의 마을교육공동체 정책은 함께 공유해나가야 한다. 여기서 다양한 사례 수집과 공유가 체계적으로 이루어진다면 지역 주민들의 이해를 돕기 쉬울 것이다. 제도적으로 보완해야 하거나 필요한 부분이 있다면 시·도교육감협의회 의제로 올리고, 마을교육공동체를 위해서 교육지원청 간 자매결연을 맺는 방식도 고려해볼 만하다.

마을교육공동체를 성공적으로 확산시키기 위해서는 기초 지자체와의 협력적 거버넌스 체계를 구축하는 것이 중요하다. 기초지방자치단체와 교육청은 서로 이해는 다르지만 교육에 있어 추구하는 최종 목적지는 학교현장의 변화와 학교와 지역사회의 만남이기 때문이다. 이것이 지자체와 교육청에게 바라는 시민사회, 학부모, 학생들의 현재 요구이다.

또한 마을교육공동체에서는 외면당하거나 소외되는 계층이나 사각지대가 있어서는 안 된다. 현재 도교육청이나 지방자치단체 모두 공교육에 대하여 많은 고민을 하고 있다. 하지만 공교육이 미치지 못하는 곳이나 탈학교 학생들에 대한 고민과 지원은 부족한 편이다. 교육은 누구나 누려야 할 권리이기 때문에 공교육 제도권에 있는 학생에게만 지원이 집중되고 있는 현실을 개선해야 한다. 따라서 학교 밖 청소년들에 대해 고민하는 민간기관, 다문화, 탈북, 특수학교 등도 마을교육공동체 네트워크로 연결되어야 한다. 이는 단순히 예산 지원만을 의미하는 것이 아니다. 인적·물적 네트워크 작업만으로도 이들의 요구를 상당 부분 수용할 수 있다. 결국 이런 작업을 제대로 할 수 있는 제도적 지원과 더불어 안정된 장소의 제공과 인력 지원이 요구된다.

로컬에듀 정책으로 풀다
: 완주교육지원청

완주교육지원청과 완주군청은 '로컬에듀' 정책을 통해 지역사회의 학교교육 목표와 가치에 대해 공유하고 관련 예산을 통합적으로 사용한다. '로컬에듀'는 예산 집행의 효율과 교육의 질을 함께 높이고 이 과정에서 지역사회가 적극적으로 참여하는 방식이다. 여기에 완주 커뮤니티비즈니스는 지역사회의 인적, 물적 자원을 연결해주는 중간조직으로서의 역할을 하고 있다. 완주교육지원청 주도로 추진하고 있는 로컬에듀를 통해 지역교육공동체를 만들기 위해 지역의 교육지원청이 어떠한 노력을 기울였는지 살펴보자.

'로컬에듀'로 찾아오는 완주

로컬에듀의 목적은 아이들을 잘 가르치기 위하여 교육적, 경제적, 사회·문화적 환경이 더 나은 도시로 이사하거나 유학을 보내지 않고, 자신이 태어난 완주에서 학교를 다니며 마을 사람들과 함께 자라는 것이다. 지역의 다양한 유·무형의 자원을 활용하여, 아이가 성장할 때 (적어도 고등학교)까지 가르칠 수 있는 교육적 환경을 지역사회가 마련하고, 궁극적으로는 마을의 일터에서도 행복한 삶을 살아가는 지역사회 교육공동체의 구현이다. 로컬에듀를 추진했던 이유는 교육을 위해 타지로 떠나는 현실을 극복하고, 완주지역에서 아이를 중등교육 단계까지 안심하고 키울 수 있는 여건을 마련하며, 궁극적으로는 완주에 남기를 희망하는 아이들이 지역에서 일자리를 가지고 행복하게 살아갈 수 있도록 하는 것이다. 학교-교육청-지자체-지역사회가 창의적 교육혁신을 주제로 실질적 연대를 통해 학교를 지원함으로써, 미래 가치를 창출하는 새로운 교육 협력 모델 구축 및 모두가 상생하는 지역교육공동체를 구현한다. 학교는 아이를 중심에 두고 교육과정 운영과 수업, 생활지도 등 학교교육 본질에 집중함으로써 모두가 성장과 배움의 기쁨을 누리는 행복한 학습공동체를 실현함으로써 지역사회의 공교육에 대한 신뢰감을 향상시킨다.

학교-교육청-지자체-학부모 및 지역사회가 모두 참여하는 '로컬에듀 추진위원회(가칭)'를 구성하여 지역교육의 현 실태와 수준을 진단하고, 지역교육의 질적 수준을 한 단계 높일 수 있는 종합적이고 체계적인 중장기 계획을 수립하며, 지역의 다양한 교육 인프라를 적극 발굴하여 활용하고 상생하는 지역교육공동체를 실현한다. 지자체 교육협력 예산의 일부를 학교교육에 실질적으로 도움을 줄 수 있는 방향으로 사용할 수 있도록 '창의적 교육혁신지원센터'를 교육청과 지자체가 공동으로 운영하여 교육과정 운영 인력 지원과 학교가 담당하기 힘든 분야를 전담 운영한다. 교육청과 지자체의 행·재정적 지원과 지역사회의 협력과 참여를 통해 학교는 교육과정, 수업, 생활지도 등 본질에 집중함으로써 모두가 행복한 학습공동체를 구현한다.

'창의적 교육혁신지원센터'를 통해 지역사회와 연계한 민주시민교육, 문화예술교육, 환경생태교육, 인성 및 인권 감수성 교육, 마을 단위 방과 후 및 돌봄 지원 등 지역사회 특성 및 요구에 기반을 둔 사업을 추진한다. 학교의 철학과 학부모와 학생의 특성과 요구에 기반을 둔 창의적 교육과정 운영 지원과 아이의 삶과 배움을 중심에 두고 수업하는 교원의 수업 전문성 신장을 위한 다양한 연수 프로그램, 각종 연구회, 교원·학생 자생 동아리를 운영한다.

교육 주체별 주요 역할

로컬에듀 정책이 완주지역교육지원청에서 추진될 수 있었던 핵심 동력은 한 장학사의 철학과 아이디어에서 기인했다. 한 사람의 역할이 얼마나 큰지를 보여주는 대목이다. 로컬에듀 정책을 입안한 완주교육지원청 C장학사의 인터뷰 내용을 통해 로컬에듀가 어떻게 진행되었는지 그 철학적 배경과 절차를 살펴보았다.

'로컬에듀'와 경기도의 '혁신교육지구' 사업은 유사하지만 다른 지점이 분명 존재한다. 완주교육청 관계자의 이야기를 보자.

로컬푸드는 사실 경기도에서 영감을 받았어요. 약간의 차이는 존재해요. 경기도의 혁신교육지구에 대한 이야기를 듣고 이것이 우리에게도 필요하다는 생각에 교육장에게 보고하고 진행하게 되었죠. 경기도와 차이가 있다면 이것을 교육지원청에서 직접 한다는 겁니다. 경기도 관계자들의 이야기를 들어보면 지역교육청의 어려운 점을 많이 이야기했어요. 아마도 경기도는 도에서 추진해서 그런 면이 있었으리라 봅니다. 이것을 사업으로 접근하면 옛날과 똑같아져요. 경기도는 도교육청과 지자체가 관 대 관으로 했다면, 여기는 마을의 필요, 요구, 절박함이 있었어요. 그것을 지역교육청이 연결해주는 형태입니다.

학교

- 철학이 있는 창의적 교육과정 운영
- 학생 중심 수업혁신(협력 학습, 토의토론 학습, 실습 등)
- 교육과정 재구성 및 교과(주제) 통합 프로젝트 학습
- 수행평가, 서술형 평가 등 과정 중심 질적 평가로 대전환
- 자생적 교사·학생 학습 동아리 운영
- 기초학력 미달 비율 학생 감소를 통한 공교육 책무성 강화
- 학생 인권 감수성 향상과 돌봄과 치유의 생활지도
- 문예체교육, 환경생태교육, 진로진학교육 등을 통한 참학력 신장
- 고교진로진학 집중 과정 및 전문심화 과정을 통한 학력 신장

로컬에듀 추진위원회

- 로컬에듀 최고 의사결정기구
- 학교, 교육청, 지자체, 지역사회, 학부모가 참여 운영
- 교육협력사업 평가, 분석, 기획, 조정 등 전반적인 사업 관리
- 운영 재원 확보 및 질 관리
- 홍보 및 평가
- 정책 대안 및 로드맵 수립

완주 창의적 교육혁신지원센터

- 교육청과 지자체 공동 운영
  - 교육청: 사업, 프로그램 운영
  - 지자체: 행·재정적 지원
- 로컬에듀 실질적인 운영
- 교육과정 운영 인력 지원 및 질 관리
- 학교 부담 프로그램 운영
- 창의적 교육과정 및 수업혁신 지원

도교육청/완주교육지원청

- 로컬에듀 추진위원회 및 창의적 교육혁신지원센터 설립 및 참여
- 인사 및 행정, 시설 지원
- 인력 및 프로그램 지원
- 철학이 있는 창의적 교육과정 운영 지원
- 학생 중심 수업혁신 지원
- 민주적 학교 문화 및 운영 시스템 지원
- 질적수업연구소 및 학생 중심 수업 연수 기관 설립

완주군청

- 로컬에듀 추진위원회 및 창의적 교육혁신지원센터 설립
- 기존 교육협력 예산 중 일부 지원(연 51억씩 4년간 총 204억)
- 지역사회 교육공동체 실현을 뒷받침할 다양한 지원(조례, 규칙 등 제정)
- 지역사회 인프라 구축 및 지원
- 청소년 진로진학지원센터 운영

지역사회, 학부모

- 로컬에듀 추진위원회 참여
- 지역사회 다양한 인적 물적 기반 조성 및 지원
- 학교교육과정 편성 운영 및 적극적 참여
- 지역사회 자원을 활용한 진로진학교육, 문화예술교육, 환경생태교육 등 다양한 분야에서 학교 지원
- 학부모 교육 기부 활성화

완주가 완전한 자족 기능이 있는 도시가 되려면 학교가 제대로 갖춰져야 합니다. 초등학교까지는 시내에서도 완주로 보냅니다. 초등학교는 장점이 많기 때문이죠. 초등학교에서는 생태교육과 아이들 하나하나에 집중할 수 있어서 많이 보냅니다. 하지만 중·고등학교로 갈수록 많이 빠져나가요. 사실 학교는 이런 것들을 잘 모르고, 마을 사람들과 학부모

들이 늘 이런 이야기를 많이 합니다. 나는 사람들을 만나고 학부모들과 네트워크를 하다 보니까, 이것은 선택의 문제가 아니라 반드시 진행되어야 할 문제였어요. 이것이 다른 지역과 차별점인 자발성이라고 생각해요. 처음 이런 내용을 제시했을 때 지역사회와 학부모들이 환영하면서 반드시 이루어졌으면 했어요. 그래서 학부모를 등에 업고 지금까지 일을 해왔어요.

엊그제 군과 협약을 채결했는데 약간 미흡한 점은 있어요. 우리가 생각하는 로컬에듀는 현재까지 군이 학교를 지원하는 방식을 바꾸는 것이었어요. 예산이 많이 들어오죠. 작년에 143억, 올해는 132억이에요. 물론 여기에는 급식비가 포함되어 있습니다. 그렇다 하더라도 굉장히 많은 예산이 들어오는데, 정작 학교는 변화가 없죠. 우리는 학교의 교육과정과 수업을 지원해서 표시가 안 난다고 할지라도, 공교육을 선반석으로 살려야 합니다. 그러나 관은 바로 표시 나는 직접 효과, 가시적인 효과를 원합니다. 학교를 보다 근본적으로 지원하자고 해서 시작했는데, 아직 군과의 입장 차이를 좁히지 못하고 있어요.

다음 주 화요일에 워크숍을 또 합니다. 학부모들이 우리에게 조금 천천히 갔으면 좋겠다고 해서 결국 합의하고 협약을 채결했어요. 사실은 앞으로 갈 길이 더 멀어요. 완주 사람들은 로컬에듀가 무엇인지 잘 알아요. 로컬푸드는 완주의 트레이드마크니까요. 지역의 질 좋은 농산물을 지역에서 소비할 수 있어 빅 히트를 쳤어요. 최종 목적은 결국 지역의 일자리에서 지역 사람이 살아갈 수 있는 환경을 만들어주자는 거죠. 그 길이 좀 멀기는 하지만 그것을 목표로 삼는 가정하에 일을 합니다. 그러려면 학교, 교육청, 지자체만으로는 안 돼요. 마을 전체가 붙어서 '완주는 살 만한 곳이다'라고 생각해야 하고, 완주에 있는 아이들이 완주에 있는 학교를 갈 수 있는 기본적인 조건을 만들어줘야 합니다.

아이들은 마을 사람들이 어떻게 살아가는지 모릅니다. CB(완주 커뮤니티비즈니스)에서의 진로 체험처는 이 점과 연관되어 있어요. 우리 지역 사람들이 어떻게 사는가를 아는 거죠. 지금까지는 진로 체험이 학교교육과정에 맞춰서, 특정한 날 대규모로 이동해 멀리 훑어보고 오는 형태였어요. 이것은 정말 형식적인 것으로 아무런 의미 없는 국가적 낭비예요. 진로 체험은 진로교육 연장선상에서 해야 하고, 체험이 없어도 되요. 다만 체험을 하려면 제대로 된 체험을 해야 합니다. 체험은 일자리가 아닌 사람이어야 해요. 마을 사람이 어떻게 살아가느냐는 겁니다. '현대 자동차'도 거기를 가서 보고 만지는 단순 체험이 아니라, 회사 현장에서 일하는 사람의 이야기를 바로 그 현장에서 듣는 것이 더 중요하지 않나 싶어요.

_C장학사

로컬에듀를 지자체와 함께할 수 있었던 것은 학부모의 역할 또한 컸던 것으로 보인다. 학부모들과 관계 맺고 지속적으로 소통할 수 있었던 방법은 이렇게 설명했다.

소셜네트워크서비스(SNS) 밴드가 있어요. 처음에는 이것을 혁신학교 학부모로 시작했어요. 내가 학교에 있다가 작년 3월에 교육지원청에 왔어요. 업무 중 하나가 혁신학교 업무였죠. 혁신학교 대표자와 만나면서 대표 학부모와 만나기 시작했죠. 대표 학부모와 계속 만나서 혁신학교를 어떻게 지원할 것인가를 이야기했었어요. 혁신학교를 돌아다니면서 학부모들과 자기 학교 상황을 공유하다 보면, 어떤 학교인지 알 수 있게 되었죠. 그렇게 계속 만나면서 학부모들과의 관계가 끈끈해졌고, 밴드도 같이 하게 되었어요. 올해 완주의 와일드 푸드 행사가 있었어요. 올해는 모든 학교를 대상으로 교육과정을 홍보했는데, 작년에는 혁신학교 8개교를 공동으로 홍보했어요. 혁신학교가 좋은 학교이고 다르기 때문에 혁신학교로 보내자는 것이었죠. 계속 만나면서 서로를 신뢰하는 관계가 되었어요. 혁신학교 학부모회가 끈이 되어서 올해 이 사업을 학부모 대표자 협의회 때 제안했고 우리가 필요하기에 꼭 하자고 했어요. 그때부터 혁신학교 대표자 협의회가 집행부로 바뀌고, 전체 학교에 공문으로 안내해서 전체 학교 네트워크를 조직했어요. 학부모회 회장과 임원을 학교별로 2~3명씩 해서, 이 사업의 방향을 이야기하고 권역별로 조직도 만들어 임원도 뽑았어요. 그게 바로 앞에 이야기했던 8개 권역이에요. 그분들이 계속 활동을 하고 있고, 그 밴드가 '51.8'로 바뀌었어요. 51개의 학교 8개 권역이란 뜻입니다. 이것을 이용해서 계속 소통을 해요. 모든 학교의 학부모가 참여하죠. 물론 학교별로 잘 안 되는 학교도 있어요. 그래도 40개 이상 대부분 학교가 참여합니다.

앞으로 갈 길이 멀고 해야 할 일이 많아요. 사업 계획서를 내고 학교를 대상으로 해야 해서 투명하게 열어놓고 해야 해요. 그렇지 않으면 학부모들 사이에서 우리 학교만 빠졌다고 할 수 있어요. 그러기 위해서는 학부모들과의 계속적인 만남, 소통, 이해가 필요해요. 월요일에 수업축제 토크콘서트를 하는데, 끝나고 학부모들과의 자리도 있어요. 화요일에는 군청과 공동 워크숍을 진행합니다. 방향 자체가 좀 달라서 우리가 지향하는 로컬에듀의 본질이 훼손되지 않도록 잘 풀어나가야 할 것 같아요.

_C장학사

완주교육지원청이 지향하고 있는 로컬에듀 사업 방향과 지자체의 방향이 충돌하고 있는 지점을 이렇게 설명하고 있다.

로컬에듀 사업 방향은 크게 세 가지입니다. 하나는 교육과정 운영 인력 지원입니다. 이것이 학교에 제일 필요한 거죠. 행정, 수업 협력, 기초학력 지원, 상담, 복지 이것은 일단 보류되었어요.

두 번째로 지향하는 것은 학교에 예산이나 사업, 프로그램을 주면 학교가 더 힘들다는 관점에서 오히려 '빼오자'는 거예요. 그것이 방과 후, 돌봄, 진로직업, 문예체, 학부모 교육입니다. 그것을 빼와서 제3의 단체인 CB나 로컬에듀 추진위원회가 하자는 거죠. 이것은 반영이 되었어요. 방과 후는 학교에 가장 지장을 주는 겁니다. 선생님들이 방과 후 수업을 하느라 모여서 토론하고 수업을 나누고 책을 읽을 시간이 없기 때문에 통으로 빼오려고 합니다. 최종 목표는 시설과 공간도 빼오려고 하는데 현재는 시골에서는 학교만큼 인프라가 갖추어진 곳이 없어요. 그래서 한시적으로 어떤 효과가 있는지 해보려고 해요.

세 번째로 사업이 창의적 교육과정인데 이것은 예산을 확보했어요. 예산이 3억 6,500입니다. 현재는 지자체가 기획을 해서 학교에 공모하고 선정되면 돈이 내려가요. 이것을 5월에 합니다. 완벽하게 그 돈이 학교로 흩어지죠. 교사들은 안 하고 싶어도 교장 선생님들이 낼 수밖에 없어요. 우리가 이 사업을 완벽하게 바꿔보기로 했어요. 1·2월에 학교에서 계획서를 받아 학교가 진로교육, 독서 체험으로 300권 읽기 등을 하는 특색 있는 교육과정 계획서를 냅니다. 사업을 위한 사업이 아니라, 교육과정에 녹아 들어가 수업에 도움이 되는 사업인지 검토를 해서 1·2월에 예산을 내려보냅니다. 그러면 이 예산은 학교교육과정에 녹아들게 되죠.

이것은 합의를 했어요. 그래서 우리가 이 사업을 받은 겁니다. 이런 것들을 하려면 계획을 세우고 공모를 해야 해서, 12월부터 2월까지는 계속 복잡할 거예요. 이것을 사업으로만 접근하는 것보다, 우리는 학교를 찾아가서 사람을 만날 겁니다. 사업이 사업으로 끝나지 않으려면 선생님들의 마음이 바뀌어야 합니다. 선생님들의 마음이 바뀌기 위해서는 만나서 공감하고 수업을 바꾸기 위한, 그리고 공교육을 살리기 위한 노력을 해야 해요.

_C장학사

발로 뛰는 학교별 '공감 토크'

완주교육지원청 지원자의 자세는 로컬에듀를 만들어가는 과정뿐만 아니라, 학교를 찾아다니며 '공감 토크'를 진행한 것을 보면 더 자세히 드러난다. 교육지원청에서는 공감 토크를 하면서 학교에 부담을 주지 않기 위해 해당 학교 이름표까지 직접 출력해서 갔다.

이를 보면 교육지원청이 어떠한 관점으로 학교현장을 지원하고 있는지 짐작이 된다. 로컬에듀 또한 이렇게 직접 발로 뛰는 자세가 있었기에 가능했을 것이다. 공감 토크에 대한 내용 역시 C장학사와 K과장의 말을 통해 살펴보자.

우선 소속 중학교 14곳을 대상으로 했어요. 우리 교육지원청 장학사 전체랑 교육지원과장, 교육장까지 해서 해당 학교로 직접 찾아가, 교사, 교장, 교감, 행정실장 등 모두가 참석한 가운데 진행됐죠. 가장 짧게 한 학교가 3시간, 길게 하면 5시간으로 쉬는 시간도 없이 진행되었어요. 전체 중학교를 다 한 거죠. 거기서 나온 내용이 많았어요. 그것을 조목조

목 다 나눴죠. 학교 관리자에게 건의할 것, 지역청에 건의할 것, 시설팀에 건의할 것 등 분야별로 다 나눴어요. 교육감에게 건의할 것, 교육부에게 건의할 것까지요. 결과 보고서를 만든 다음에 직급별로 한 곳에 모여 또 공감 토크를 했어요. 마지막 날은 교장들만 오라고 하고 교육감과 함께 공감 토크를 했습니다. 이것을 하고 나니 교사, 부장교사, 관리자들과의 벽이 많이 좁아져서 성공적이었어요. 나도 앉아서 말을 많이하는 것을 싫어해서 그때는 몸살이 났었는데 끝나고 보니 좋았어요. 참석했던 분들의 설문도 다 받아서 보고서를 만들어 관리자, 교육감, 부장들에게 전달했습니다. 학교의 건의 사항들까지 다 있었어요. 이러한 건의 사항들도 최대한 들어줬죠. 왜냐하면 학교를 서로 발전시키자고 하는 것이기 때문입니다. 심지어 천장에서 도색이 떨어진다고 해서 바로고쳐준 것도 있어요.

_K과장

준비하는 과정에서 우리 과 전체가 다 움직였어요. 예를 들어 50명인 학교는 50개 테이블에 이름표를 제작해서 자리 앞에 배치했습니다. 학교 홈페이지에 들어가서 학교장, 교감, 행정실장이 누구인지 알아보고 만들었죠. 이름표 만드는 것조차 학교를 귀찮게 하지 않으려고 우리가 만들었습니다.

취지나 방향이 좋다고 그냥 학교로 들어가면 안 돼요. 학교는 상당히 폐쇄적이고 변화에 대한 불편함이 있습니다. 우리가 좋은 의도를 가지고 들어갔다고 하더라도, 경계를 하고 마음을 열기가 쉽지 않아요. 관계가 중요하다고 봅니다. 평소 선생님들과 만나서 계속 이야기하고 '이 사람이 우리를 도와주려는 마인드가 있구나.' 하는 관계가 되어야 들어가서 이야기가 가능합니다. 처음에는 다소 딱딱한데 나중에는 마음을 많이 열었어요. 처음 한두 학교는 마음을 열기 위해서 우회로 접근하다 보니까 나중에는 이야기가 봇물 터지듯 나왔어요. 그러다 보니 시간이 부족해져서 나중에는 바로 본론으로 들어갔습니다.

30년 이상 근무했던 사람들도 처음 있었던 일이라고 했어요. 90% 이상이 좋다고 했고 반응이 괜찮았어요. 학교의 중요한 현안 사업이나 어려움이 많이 해소되었죠. 결국은 우리가 학교를 지원하려고 들어갔는데 오히려 큰 성과는 우리 교육청이 얻은 것 같아요. 그래서 틀 자체를 바꾸려고 해요. 후속 조치를 하다 보니 교사들에게 가장 필요한 것이 교육과정이었어요. 학교별로 교육과정을 어떻게 짜야 할지를 다시 고민하고, 교육과정을 짜기 위해서 필요한 강사들과 책을 신청 받았어요. 그러다 보니까 중학교에서 80% 정도 신청이 들어왔어요. 이것을 초등학교까지 확대를 해서 22개 초·중학교에 강사와 도서를 우리가 지원해주고 있습니다. 그게 가장 의미가 있었던 것 같아요. 사실 지원은 지원에 불과하고 모든 문제에 대한 해답은 학교 안에 있어요.

_C장학사

완주교육지원청의 사례는 마을교육공동체를 추진하는 데 있어 지역의 교육지원청이 어떠한 철학과 자세로 임해야 하는지에 대해 시사하는 바가 크다. 우선 지역의 교육지원청이 학부모들과 끊임없이 소통하며, 지역의 교육을 살리기 위해 자발적으로 지자체를 만나 설득하고 있다는 점이다. 이렇게 각 지역의 교육지원청도 주도적으로 기초지자체와 함께 교육과 관련된 협의 체제를 구축해야 한다.

또한 학교현장의 고민을 직접 찾아가 들어보고, 지원해줄 부분을 찾는 일도 교육지원청의 역할이다. 완주교육지원청이 현장감 있는 지원뿐만 아니라 지원자적 입장이라는 진정성이 느껴지는 이유는 직접 발로 뛰는 지원청이기 때문이다.

사실 완주교육지원청에서 이러한 일이 가능했던 것은 철학과 진정성이 있는 한 사람의 힘이 크게 작용했다. 그러한 면에서 보면 마을교육공동체를 구축하려면 교육지원청에서도 철학과 진정성을 갖춘 일꾼을 발굴하기 위한 인사정책이 매우 중요하다. 또한 전북과 같이 100% 교육장 공모제도 적극 검토해볼 필요가 있다. 완주교육지원청의 교육장 동의와 지원이 없었다면, 한 장학사의 기획은 기획으로 끝났을 수도 있었기 때문이다.

5. 학교와 마을,
이제는 만나야 한다

학교와 마을 사이의 중간지대

학교와 지역사회의 연대 강화를 위한 방안으로 중간지대의 지원센터가 필요하다. 마을교육공동체 지원센터의 형태에 대해서 구체적으로 살펴보자. 지금과 같이 학교와 지역사회가 서로 긴밀하게 연결되어 있지 않은 상태에서 자연발생적인 교육공동체를 구축하는 것은 요원한 일이다. 따라서 마을 단위나 기초행정 단위(시군구)에서 '마을교육공동체 지원센터'를 설립해야 한다. 센터는 기초지방자치단체의 지원으로 설립하되 교육지원청과의 긴밀한 협의를 필요로 한다.

센터는 공동체나 협력적 교육 거버넌스의 실현이라는 차원에서 실무 역할을 담당해야 한다. 센터의 주된 역할은 지역사회 교육 자원 개발, 교육 프로그램 개발, 학교와 지역사회의 네트워킹, 학부모나 재능기부자 지원 및 교육 등의 업무를 포함한다. 센터가 이용할 수 있는 적절한 공간도 필요하다. 만약 센터에 공간이 없다면 학교 공간에 대한 협조 요청 등을 통해 공간을 확보해야 한다. 센터 업무 담당자의 경우 일부는 지역사회 인사의 교육 기부를 고려해볼 수 있지만 장기적인 관점에서 볼 때는 안정적인 일자리를 만드는 것이 중요하다. 이와 관련된 원칙을 제시해보면 아래와 같다.

마을교육공동체 지원센터 설립과 운영 원칙

- 지방자치단체가 자원을 출자하는 형태 또는 교육청과 공동 출자 형식의 교육공동체 지원센터를 설립한다.
- 지역 특성과 여건에 맞게 지방자치단체와 교육청의 공동 운영 혹은 민간 위탁 경영 등의 운영 방식을 선택할 수 있다.
- 센터는 지역사회 교육 자원 개발, 교육 프로그램 개발, 학교와 지역사회를 네트워킹, 학부모나 재능 기부자 지원 및 교육 등의 역할을 수행한다.

이미 마을교육공동체가 어느 정도 잘 운영되고 있는 지역이 있다면 지역사회를 움직이는 핵심 구성 인자key-man를 찾아야 한다. 지역의 핵심 구성 인자 주변에는 많은 이들이 연결되어 있다. 따라서 마을교육과 관련된 위원회를 만들 때에도 이름뿐인 명망가보다 이들 핵심 구성 인자가 지역 전문가로 결합되어야 한다. 한편 핵심 구성 인자가 없는 지역에서는 교육공동체 구축을 선도할 수 있는 활동가, 교사, 지원자들을 조직하고 육성해야 한다. 인터뷰에 응했던 경험 있는 마을활동가와 교사들은 한결같이 교육공동체 성공의 관건은 '사람'이라는 점을 강조하였다. 실제로 초기에 교육공동체를 구축하는 과정에서 올바른 인식과 활동력을 가지고 있는 사람들이 주도적인 역할과 실천을 보여주는 것이 필요하다.

마을교육과 함께하는 사람들 만들기

교육공동체를 구축하는 과정에서 처음부터 모든 구성원들의 희생과 헌신, 참여와 협력을 이끌어내기란 쉬운 일이 아니다. 교육과 지역사회를 잘 알고, 교육공동체 구축의 열정을 가진 활동가, 교사, 지원자들을 육성하여 적절한 곳에 배치해야 한다. 이들에 대한 연수 지원은 교육청에서 담당해야 한다. 연수는 교육청에서 단독으로 기획하는 것이 아니라 지자체 등과의 공동기획으로 보다 세밀하고 연속성 있고 실질적인 내용을 다루어야 한다.

교사들 또한 마을교육에 대해서 연대하고 함께할 수 있도록 학습공동체를 구축해야 한다. 교육지원청 단위로만 하는 것이 아니라, 때로는 비슷한 이해관계를 가진 몇 개의 교육청과 지방자치단체가 함께 기획해도 좋다.

학교는 마을교육을 위한 통합 교육과정을 설계하고 운영하는 데 힘쓰도록 하고, 마을은 교육적 인프라와 자원을 활용해 교육 프로그램을 개발하고 운영하도록 유도해야 한다. 교육공동체 구축을 위해서 초기부터 학교가 마을(지역사회) 만들기에 직접 나설 수는 없다. 학교는 마을을 통한, 마을에 관한, 마을을 위한 통합 마을교육과정을 설계하고 이를 운영하는 데 집중해야 한다.

다양한 공간과 마을교육 프로그램 만들기

한편 지역사회는 마을의 학생들을 위하여 정선된 교육 프로그램을 운영해야 한다. 마을에 분포된 교육 자원과 인프라가 그 자체로 학생들의 배움터가 될 수는 없다. 교육 전문가들의 컨설팅을 통해 마을의 교육 자원을 교육 프로그램화하고 이를 지역사회가 운영하도록 해야 한다. 몇 가지 방향을 제시하면 아래와 같다.

마을교육 프로그램 운영 원칙과 방향

- 학교가 직접 마을교육 프로그램을 운영하는 것을 지양한다.
- 교육과정과 교육 프로그램 이 명확히 분리되기 어렵지만, 학교가 마을교육 과정을 내실 있게 설계하고 운영할 수 있도록 장려하고 지원한다.
- 지역사회(혹은 센터)는 마을의 교육 자원과 인프라를 활용한 마을교육 프로그램을 개발하고 운영한다.
- 교육청과 학교 등은 교육 전문성을 바탕으로 지역사회가 마을교육 프로그램을 개발하고 운영할 수 있도록 컨설팅을 지원한다.

지역을 기반으로 하는 마을교육공동체 구축 이전에 구성원들의 소규모 모임(작은 공동체)을 활성화시켜야 한다. 성공적인 교육공동체 사례들이 보여주는 공통점은 관 주도나 기획에 의해 만들어진 것이 아니라, 지역, 학교, 학생, 학부모 등 주체들의 자발적 요구를 실현시키기 위해 스스로 고민하고, 문제를 찾아내며, 해결책을 강구하는 과정을 거쳐서 이루어냈다. 이렇게 지속가능성이 높은 공동체를 구축하려면 교육 주체들이 자발적으로 참여하고 실천할 수 있도록 적극적으로 지원해주어야 한다. 이를 위하여 다음과 같은 제안을 한다.

마을교육공동체 구축을 위한 작은 공동체 운영

- 아이디어, 공부, 토론, 취미 활동, 수다, 체험 등 공통 주제를 위하여 만들어지는 사람들의 자발적 모임을 적극 지원한다.
- 이들을 위한 공간, 시간, 강사, 물질 자원 등을 확보하여 제공한다.
- 이들의 활동을 학교, 교육청, 지방자치단체, 지역사회 등과 연결시킬 수 있는 네트워크를 만들어낸다.

좀 더 구체적으로 살펴보면 지역 주민, 학생, 학부모, 교원이 주기적으로 모일 수 있는 공간과 함께 이동수단이 있어야 한다. 도심 지역의 경우 대중교통이 잘되어 있어서 큰 문제가 없겠지만, 그 외 농촌지역이나 도·농 복합 지역은 이와 관련된 문제가 해결되지 않으면 공동체 형성에 큰 차질을 빚을 수 있다.

이에 대한 해결책으로 협동조합 형태의 버스나 택시를 고려해볼 수 있다. 야간이나 주말에도 이동할 수 있는 수단을 마련하는 것이 핵심이다.

마을교육공동체가 학교와 지역 주민들의 화합으로 연결되는 것도 의미가 있지만, 결국에는 지역의 발전과 지역 주민들에게 이익이 되는 모델이 창출되어야 한다. 그래야 양질의 일자리가 창출되고, 정주하는 인구가 늘어 학생 숫자도 증가한다. 지역 발전의 선순환 구조가 마련되는 것이다.

완주군청은 이러한 부분을 '로컬푸드', '로컬에듀'라는 아이템으로 성공시켰으며, 전국적으로 이 사업을 배우려고 많은 사람들이 완주로 모여들고 있다. 성공한 모델에 대한 벤치마킹도 해야 하고, 소소한 아이템을 연구하며 지원하는 시스템도 필요하다. 학교협동조합과 같은 예가 좋은 방안이다. 학교라는 공간에는 공영버스, 교복협동조합, 방과후협동조합이나 수학여행협동조합 등 공공성 높은 다양한 사업 아이템들이 있다. 이러한 부분을 개발하고 지원하면 지역 주민, 학생, 교사, 학부모에게 모두가 도움이 되는 그림을 그릴 수 있을 것이다.

마을교육과정으로 성장한다
: 시흥 장곡마을학교

혁신교육지구 5년 돌아보기: 격차 해소에 대한 숙제

시흥은 인구 42만의 도농복합도시이다. 전체 면적의 60%가 넘는 땅이 개발제한구역으로 묶여 있어 기존의 부락 또는 개발이 가능한 지역을 중심으로 새로운 주거지역을 조성하다 보니 마을이 드문드문 떨어져 있다. 인구 밀집 지역으로 묶어보자면 시흥은 세 개의 권역으로 나눌 수 있는데 권역별로 소득 및 문화적 차이가 크다.

첫 번째는 구도심과 대규모 아파트 단지가 공존하는 지역으로 구도심 공동화, 학교 쏠림 등의 문제점을 안고 있다. 두 번째는 시화공단과 인접한 다세대 주택지역으로 외국인 근로자가 많고 생활환경이 매우 열악하다. 나머지 하나는 비교적 안정적이고 생활수준이 비슷한 사람들이 모여 있으며 원주민들의 거주 비율이 높은 지역이다. 하나의 시지만 세 곳의 색깔과 주거환경이 확연히 다르고 여기에 대중교통이 매우 열악하다는 조건을 더해져 시흥은 마치 세 개의 작은 시가 있는 듯한 모습을 하고 있다.

2009년 경기도에서 본격적으로 혁신교육의 바람이 불기 시작하면서 맞물려 혁신교육지구에 대한 논의가 시작되었다. 지자체의 교육 경

아이들이 만든 장곡마을학교 개교식
축하 그림

비를 경기혁신교육의 방향과 맞게 사용해보자는 시도였다. 시흥시가 이러한 시도에 적극적인 반응을 보였고, 혁신학교에 근무하고 있는 교사 몇 명이 시와 함께 혁신교육지구 사업 계획서 작성에 들어갔다. 안타깝게도 사업 계획서 작성 과정에 지역교육청은 자의든 타의든 거의 참여하지 못하였고 일부 교사들이 계획서를 작성하다 보니 시흥의 전반적인 특징을 반영하지 못하였다.

관내 73개교를 전부 혁신교육지구로 지정하는 것은 무리가 있다는 판단에서 위에서 언급한 세 개의 권역 중 한 개 권역에 집중해서 혁신의 불길이 일게 하고 그 불이 번져 시흥 전역을 활활 타오르게 하면 어떻겠냐는 의견으로 모아졌다. 하중초등학교, 장곡중학교 두 개의 혁신학교가 제법 자리를 잡아가고 교사들의 연구모임이 활발하며 마을의 모습도 안정적으로 갖추고 있는 세 번째 권역을 혁신교육지구로 지정하기로 결정되었다. 경기도 31개 시군 중 16개의 지자체가 혁신교육지구 계획서를 제출했고 시흥은 1차에서 바로 선정되지 못하고 조건부 예비 지정이 되었다. 교육 여건이 어려운 지역이 배제되었던 것이 선뜻 혁신교육지구로 지정되지 못한 이유였다.

이것이 계기가 되어 낙후되고 교육 여건이 열악한 지역에 전면적으로 시선을 돌리게 되었다. 교육복지가 우선 필요하다고 판단되는 13교를 추가하여 계획서를 다시 제출했고, 추가로 시흥이 혁신교육지구 사업 지역으로 선정되어 운영을 시작했다. 혁신교육지구 전담팀에서 근무를 하면서 그렇게 오랫동안 시흥에 살면서도 알지 못하고 보지 못했던 모습들을 마주하게 된 것이다.

2013년 통계청 자료에 따르면 시흥시 ○○동(시화공단 인접 다세대 주택지역)은 전국에서 읍, 면, 동 단위 중 1인 가구 등록 비율이 서울시 강남구 역삼 1동에 이어 2위를 차지한다. 두 지역 1인 가구 등록 비율이 1, 2위를 다투지만 1인 가구로 살아가는 이유나 모양은 확연히 다르다. 시흥시 ○○동의 경우 외국인 등록 인구가 전국 최고이고 더 심각한 것은 미등록 인구가 얼마나 되는지 파악이 안 될 정도이다. 외국인 비율이 높은 반면 투표율은 낮고 투표율이 낮으니 정치인들의 관심이 우선순위에서 벗어날 수밖에 없어 지역의 낙후는 점점 더 심각해지는 악순환이 여전히 이어지고 있다.

마침 수업 협력 교사 공개 수업이 있어 이 지역의 한 초등학교에 수업 참관을 하게 되었다. 학교에 들어서니 한겨울인데 아이들이 실내화는커녕 양말도 안 신은 맨발로 찬 복도를 오가고 있었다. 한두 명이 아니라 한 교실에 절반 이상이 한겨울에 보기 어려운 복장과 맨발을 하고 있었다. 수업 참관이 끝나고 그 학교 선생님들과 이야기를 나누다가 아이들 사정을 듣고는 너무 속이 상해서 울음을 터뜨리고 말았다.

아! 어떻게 할 것인가? 교사들이 수업보다 아이들 밥 먹이기에 더 많은 에너지를 쏟고 있었고, 다른 학교의 경우 한 학년에 한두 명 있을까 말까 하는 수준의 아이들이 각 반에 절반 이상이어서 정상적인 교실 운영이 어렵다고 했다. 극단적인 사례이긴 하지만 이런 지경을 학교 교사들에게만 맡기는 것은 너무 가혹한 일이라는 생각이 들었다. 학교가 정상적으로 기능하고 이 아이들이 적어도 또래 아이들이 누리는 기본적인 것들을 누릴 수 있게 하려면 어떤 지원이 필요하고 누가 그 역할을 할 것인가? 여전히 해결되지 않은 숙제지만 적어도 혁신교육지구를 통해 학교를 들여다보고 소외 지역 학교의 교사들과 함께 고민하는 계기는 마련되지 않았을까 싶다.

지자체와 교육지원청의 협력

혁신교육지구 5년의 가장 큰 성과는 시흥시와 시흥교육지원청 간의 긴밀한 협력 관계다. 그동안 시가 교육 예산을 어떻게 쓰든 지원청은 관여할 수 없었고, 지원청이 어떤 교육행정을 펼치는지 시는 알지 못했다. 예산과 행정은 철저히 분리되어 있었고, 그 가운데서 학교는 두 개의 상급 기관이 존재하는 불편함을 감수해야 했다.

하지만 혁신교육지구 운영이 시작되면서 적어도 혁신교육지구 내 학교의 모든 행정은 교육지원청으로 단일화해 공문 시행은 물론 예산 사용도 교육지원청을 통해서만 가능하게 되었다. 교육지원청은 교육에 관해 시와 상시적으로 논의해 시의 방향과 지원청의 방향을 맞춰가는 작업을 지속적으로 해왔다. 처음에는 각자 알아서 하면 될 일도 일일이 상의하는 것이 일 진행을 더디게 만들고 불편하다는 생각도 있었다. 생각이 다르고 일을 추진하는 방식도 달라 서로에게 서운한 마음도 있었다.

그러한 불편함을 감수하면서 함께 발 맞춰온 지 5년, 여전히 의견이 다를 때가 있지만 요즘은 오히려 서로에게 의지가 되고 있다. 이렇게 쌓아온 신뢰로 올해는 지원청과 시청이 매주 1회 정기적으로 만나 2016년 시흥교육 비전 세우기를 함께 하는 단계에까지 이르렀다. 학교를 지원하고 공교육을 탄탄히 세우자는 궁극적인 뜻이 같은데 각자의 길을 가면서 오히려 학교를 힘들게 하는 일이 있어서는 안 된다는 생각을 공유하고 힘들지만 차근차근 어깨를 나란히 하고 있는 것이다. 각자가 가진 전문 영역이 다르고 그 다름을 인정하니 오히려 상대가 가진 전문성이 서로에게 큰 도움이 되고 있다.

지역 일꾼들의 성장

혁신교육지구 시작과 동시에 교사 연구회가 움직이기 시작했다. 물론 혁신교육지구가 시작되기 전부터 혁신학교 교사들을 중심으로 자체적인 연구모임을 갖고 있었지만 연구회라는 공식 모임을 조직할 수 있는 계기가 되었고 예산도 지원돼 안정적으로 모임을 유지하는 데 큰 도움이 되었다. 연구회는 또한 각 학교에서 모인 초중등 교사들의 정보 교류의 장이 되었다. 내신을 쓰는 시기가 되면 한 학교로 모여서 혁신학교를 만들어보자는 의기투합의 장이 되기도 했다.

각 분야의 전문가를 초청해 강의를 듣던 사람들이 최고의 강사로

'마을 속으로 들어간 학교' 학생 학습지와 현장체험학습지

성장했고, 혁신교육지구가 풀어야 할 현안이 발생하면 브레인이 되어주기도 했다. 교사들이 이렇게 활발히 모이는 모습을 보고 일반직도 행정혁신연구회를 만들어보겠다고 나섰다. 늘 조력자의 역할만 할 것이 아니라 본인들도 혁신의 주체가 되려면 왜 혁신이고 어떻게 혁신할 것인지 공부를 해야 한다는 것이었다. 매우 바람직한 움직임이었기에 아무 이견 없이 행정혁신연구회 예산을 편성하였다. 안타깝게도 적극적 주동자가 없어 2년 만에 연구회가 해산되었지만 그 2년의 활동이 결코 헛되지는 않았을 것이다.

혁신교육지구마다 사업을 심의 의결하는 혁신교육협의회라는 조직이 있다. 이 조직은 시와 교육청, 학교, 시민단체로 구성되어 있는데 혁신교육협의회에 참석한 시민단체에서 지역의 학부모들과 주민들도 혁신에 대해 공부할 수 있는 기회를 달라는 제안을 했다. 지역과 함께 하고자 혁신교육지구를 만들었으면서도 지역이 배제되었다는 지적이었고 그 지적이 타당했기에 이견 없이 지역혁신교육연구회 예산이 지원되었다. 생각보다 지역 분들의 학습 열의가 뜨거웠고, 그것이 가능했던 것은 어느 조직이나 그렇듯이 모임을 헌신적으로 이끄는 사람이 있었기 때문이었다. 혁신학교 교사를 불러 혁신교육에 대한 강의도 듣고 마을만들기 우수 지역도 탐방하고, 다양한 책을 읽고 토론하는 자리를 가지면서 교사연구회 사람들과의 만남도 꾸준히 이루어졌다. 그러던 중에 경기마을교육공동체 정책을 만나게 되었다. 의도하지는 않았지만 결국 지역혁신교육연구회 분들이 경기 마을교육공동체 정책을 시흥에서 펼치는 데 든든한 기둥이 되어주었다.

과감한 투자

2015년 시흥의 교육 분야 지원 경비는 약 280억 원이다. 이는 시흥시 전체 예산의 약 8%에 이른다. 이 중 무상급식 지원비 126억을 제외하면 154억이 순수하게 교육 경비로 지원되는 예산이며 그 안에 48억이 혁신교육지구 운영비이다. 전체 예산 대비 교육 분야 투자도 경기도에서 최고 비율이며 예산 규모도 만만치 않다. 이렇게 과감한 시의 예산 지원이 가능했던 것은 그만큼 교육에 중요한 비중을 두고 있기 때문이다.

이와는 별도로 지역에 가스안전공사 연수원으로 사용하던 부지와 건물을 400억이라는 거액을 들여 매입해 시민들의 평생학습타운으로 리모델링했다. 건물 매입비와 리모델링비를 합하면 어마어마한 예산이다. 이 안에 혁신교육지구의 새로운 대안 모색으로 행복교육지원센터라는 새로운 공교육 지원 시스템도 갖췄다. 시가 지역 자원을 개발하고 교육청이 그 자원을 학교와 연결해주기 위해 만들어진 시스템이다. 이러한 과감한 투자가 있었기에 교육과 관련한 여러 가지 상상을 할 수 있었고 그 상상을 현실로 옮기는 작업이 가능했다. 지난 5년 동안 시행착오와 긍정적 성과를 반복하며 여기까지 왔고, 그간의 노력들이 앞으로 펼쳐질 마을교육공동체 만들기에 중요한 밑거름이 되어줄 것이라 믿으며 올해 시흥에서 벌어지고 있는 일을 소개하고자 한다.

온 마을이 교과서 '창의체험학교'

네모난 책가방에 네모난 책들을 넣고

네모난 버스를 타고 네모난 건물 지나

네모난 학교에 들어서면

또 네모난 교실 네모난 칠판과 책상들

주위를 둘러보면 모두 네모난 것들뿐인데

우린 언제나 듣지 잘난 어른의 멋진 이 말 '세상은 둥글게 살아야 해'

「네모의 꿈」이라는 노래 가사의 일부다. 정해진 틀 속에 갇힌 일상에서 교과서 속에 묶여 있는 지식을 배우고 있는 아이들에게 교과서를 넘어 살아 움직이는 경험을 하게 해주고 싶었다. 비단 시흥뿐 아니라 우리나라는 지자체마다 나름의 역사를 담은 유적지나 자연경관이 빼어난 장소가 있다. 하지만 그 지역에 사는 주민들이나 아이들이 자긍심을 갖거나 찾아가는 경우는 많지 않다. 그래서 아이들에게 내 지역을 통해 삶의 지혜를 배울 수 있도록 시흥의 곳곳을 교과서로 만들어보자는 생각으로 '창의체험학교'를 운영하게 되었다.

학교는 왜 다양한 체험을 하지 못하는가? 어떤 어려움을 해결해주면 아이들이 일상적으로 살아 있는 교과서를 만날 수 있을까? 첫째, 초중등을 막론하고 학교 바로 옆에 체험처가 있지 않는 한 이동수단이 해결되어야 했다. 학교를 힘들게 하지 않고 원할 때마다 이동수단을 제공할 수 있도록 행복교육지원센터에서 버스회사와 계약을 체결했다. 학교에 버스비를 지원하면 버스를 계약하고 비용을 지불하는 불편함이 있으니 필요한 날짜, 필요한 시간에 버스를 보내주는 방법을 마련한 것이다.

둘째, 학교는 다양한 체험처에 대한 정보가 부족하다. 우리 지역에 어떤 역사유적이 있고, 어떤 생태환경이 있는지 시의 담당 부서를 통해 수집했다. 각 부서가 담당하고 있는 장소에는 학생들이 찾아왔을

'길은 마을로 통한다' 교육과정 템플릿

때 안내 및 설명을 해줄 수 있는 전문 인력을 배치했다. 그 후 홈페이지를 구축해 학교가 원하는 날짜에 원하는 장소를 클릭해 신청할 수 있도록 안내하였다. 특정한 장소에 같은 날 집중해서 신청이 되었을 경우는 해당 학교들과의 조율을 거쳐 최종 승인을 했고 승인 후에는 행복교육지원센터에서 버스, 강사비 등 모든 행정 처리를 맡는다. 하지만 학교도 반드시 해야 할 작업이 있다. 체험처에 가기 전에 어떤 수업을 했으며 체험처에서는 어떤 내용의 이야기를 듣고 싶은지 체험처의 전문 인력과 사전 조율을 거쳐야 한다. 그래야 교실에서 배운 내용과 체험학습이 연결될 수 있기 때문이다.

한 학기를 진행하는 가운데 보완해야 할 점도 여러 가지 발견되었다. 우선 초등은 신청이 300% 이상 초과될 만큼 폭발적인 관심이 있었던 반면 중등은 30%도 채 되지 않는 저조한 신청률을 보였다. 담임제로 운영되는 초등은 담임이 의지만 있다면 얼마든지 신청할 수 있는 반면 교과 담임제로 운영되는 중등의 경우 몇 시간씩 소요되는 체험학습을 신청하기에는 여러 교과 교사들의 합의의 과정이 필요했다. 단지 합의만이 아니라 해당 교과 교사들의 교과통합수업이 전제되어야 의미 있는 체험이 가능하기 때문에 교육과정 재구성에 대한 활발한 논의도 전제가 되어야 했다. 그래서 신청한 학교를 보면 대부분 교육과정 재구성이 활발하게 진행되는 혁신학교들이었다.

　다음은 안전에 대한 문제이다. 물론 일과 중이기 때문에 학교안전공제회에서 보험 처리가 되지만 버스를 타고 이동하는 데 대한 부담으로 여행자보험 처리를 요구하는 학교장들이 있었다. 여행자보험 가입 여부는 학교에서 자체적으로 판단해서 해결할 것을 권고하는 가운데 행정실과의 갈등이 발생했다. 행정실 입장에서는 굳이 하지 않아도 될 일이 늘어난 것이니 체험학습을 희망하는 담임들이 보험료 수납과 계약을 알아서 해야 한다고 주장했고, 담임 입장에서는 당연히 행정실에서 스쿨뱅킹 처리와 계약을 해야 한다는 목소리가 나왔던 것이다. 일의 경중을 떠나 행정실에서는 일의 이유에 대한 설명 없이 늘 일의 주체가 아니라 시키는 대로 해야 하는 존재로 취급받는 것이 서운하다는 반응이다. 긴급하게 행정실장을 대상으로 왜 이 일을 추진하게 되었으며 어떤 역할을 해야 하는지에 대해 설명하는 자리를 가졌다.

　이제 시흥의 21개 모든 중학교에서 자유학기제가 시작된다. 아이들이 다양한 체험을 할 수 있는 절호의 기회다. 아직 교과통합수업에 도전하기 힘든 학교들도 자율과정 시간표만 잘 짜면 교실 밖에서 다양한 사람, 역사, 환경을 만날 수 있을 것이다. 그래서 오늘도 행복교육지원센터에서는 땀 흘리며 체험처를 발굴하고 있다. 방학 또는 주말을 이용해 단위 학교 교사들도 체험처를 둘러볼 수 있는 기회를 제공한다. 희망하는 날짜와 시간만 알려주면 버스와 전문가를 제공하여 교사들이 체험처를 직접 둘러볼 수 있다. 시흥 전역이 아이들의 재잘거림으로 들썩이기를 바란다.

지역이 제안하는 '마을교육과정'

시민단체에서 일하고 있는 지인으로부터 푸념을 들었다. 자신이 일하는 단체는 시가 민간에게 위탁하여 운영되고 있는데 위탁 조건에 학생들을 대상으로 교육을 해야 하는 예산이 포함되어 있다는 것이다. 그런데 학생들을 모집하는 것이 너무 힘들어서 사무실 근처의 학교에 찾아가서 학급당 1시간씩만 교육을 하면 안 되겠느냐고 물었다고 한다. 학교 측의 대답은 안 들어도 알 만했다. 지인은 이렇게 좋은 내용(친환경 먹거리와 시흥의 특산품)을 공짜로 해주겠다는데 왜 안 된다는 것인지 도무지 이해가 안 된다며, 학교는 너무 콧대가 높다는 반응이다.

물론 학교의 높은 담장에 어느 정도 동의는 하지만 지역도 학교를 너무 모르고 있었다. 교육과정이 펼쳐지고 있는 학기 중에는 아무리 좋은 제안을 해도 비집고 들어갈 틈을 만들기 어렵다. 매일 수업을 하는 교사들도 끊임없이 수업에 대한 고민과 공부를 하는데 아이들과의 교감도 없이 좋은 프로그램으로만 수업을 하겠다고 나서는 것이 얼마나 무모한 일인지 모르고 있는 것이다.

2014년 10월 지역 사람들을 만나기 시작했다. 그동안 학교에 프로그램을 가지고 들어가서 수업을 했던 경험이 있는 단체, 앞으로 학교에 들어가서 수업을 하고 싶은 단체들은 수업 안을 보내라고 했다. 지역 사람들이 보내온 수업 안을 가지고 '초중등혁신교육연구회' 교사들이 모였다. 모인 교사들 가운데는 실제 프로그램을 운영해봤던 교사들이 있었고 어떤 프로그램이 학생들에게 재밌고 의미 있었으며, 또 보완이 필요한지를 가릴 수 있는 자리였다. 신규 프로그램에 대한 면밀한 검토까지 마치고 각 단체들에게 수정 보완이 필요한 부분을 일러주고 교사들의 요구가 반영된 프로그램을 정리하여 1월에 각 학교에 안내 자료를 만들어 보냈다. 2015년 교육과정 협의 시에 참고가 될 수 있도록 하기 위함이었다. 하지만 자료로만 제공된 것은 한계가 있었다. 우선 프로그램이 다양하지 못했고, 내용을 잘 알고 있는 연구회원이 속한 일부 학교에서만 자료가 활용될 뿐 지역과 학교의 만남이 활발하게 전개되지 못한다는 생각이 들었다.

2월과 3월 학교 모니터링 결과를 보고 본격적인 지역 자원 발굴을 위한 노력이 시작되었다. 시 평생교육원을 통해 배출된 동아리, 시에서 예산을 지원하고 있는 각종 기관이나 단체는 시에서 홍보를 맡고 자생적 시민단체들은 시민단체 연대회의를 통해 홍보하여 학교에 교육과정으로 제안하고 싶은 프로그램이 있는 단체 및 개인이 모두 모이는 자리를 마련하였다. 4월 14일에 열린 '지역이 제안하는 마을교육과정'(이하 제안 사업) 설명회 자리에 300명이 넘는 사람들이 찾아와 큰 관심을 보였다. 학교는 무엇이 필요한지, 왜 마을과 학교가 연대해야 하는지 등 하루 종일에 걸쳐 제안 사업에 대한 안내 및 질의응답으로 뜨거웠다. 물론 개중에는 아르바이트 개념으로 온 사람들도 있었고, 시에서 뭔가 한다고 할 때마다 기웃거리는 사람도 있었겠지만 정말 아이들에게 주고 싶은 것이 있고, 교육자로서의 꿈을 펼쳐보고 싶은 사람도 있을 것이라는 믿음으로 제안사업 계획서를 기다렸다.

계획서 제출 마감일(4월 30일)까지 접수된 제안 사업은 35개 프로그램이었다(표 참조). 1차 서류 심사를 통해 25개 프로그램을 선별했고, 2차 심사에서는 사업별로 PPT 설명을 듣고 최종 21개 프로그램이 선정하였다. 이렇게 선정된 프로그램이 바로 학교교육과정으로 들어가는 것은 아니다. 각 학교에 교육과정 담당자 4~5명이 모여 지역에서 학교와 함께 하고 싶은 프로그램에 대한 설명을 하고 학교는 그중에서 원하는 단체의 원하는 프로그램을 선택하도록 안내하였다.

순	기관명(성명)	제안명	대표	비고
1	능곡휴먼아이마을학교	학교교육과정과 연계한 마을 학습여행		비영리민간
2	한발두발놀이터협동조합	보드게임과 떠나는 경제탐험		
3	한발두발놀이터협동조합	놀이인문학		
4	한발두발놀이터협동조합	놀이여행 타임캡슐(전래놀이)		
5	한발두발놀이터협동조합	자연을 담은 친환경 공예		
6	한발두발놀이터협동조합	행복더하기 체험장		
7	에스엠아트텍	3차원 모형 제작을 통한 지역 브랜드 만들기		
8	㈜마이크로저널리즘	학교신문 발간 지도		
9	시흥챔버오케스트라	교실음악회		비영리민간
10	꿈드림평생학습센터동아리	학습 맵핑을 활용한 나만의 진로 찾기		
11	놀이의 신	전래놀이 할 사람 여기 모여라		
12	밥상구조대	식생활 교육을 통한 식원성증후군 예방		
13	시흥학습진로코칭연구회	행복한 진로 가벼운 공부 기술		
14	이음교육	다문화 이해교육·외국어교육 ·다문화인권교육		
15	시흥여성인력개발센터	세상은 넓고 할 일은 많다 (진로탐색 및 직업체험)		비영리법인
16	시흥여성인력개발센터	인성교육을 통한 꿈 찾기 프로그램		비영리법인
17	시흥여성인력개발센터	직업체험과 직업세계 탐방		비영리법인
18	작은자리종합사회복지관	캐스팅(연극)		
19	작은자리종합사회복지관	DIY WOODWORK(목공)		
20	작은자리종합사회복지관	달라서 좋아요 (다문화 인식개선 교육)		
21	작은자리종합사회복지관	COOKING CLASS(제과)		
22	작은자리종합사회복지관	우리노리(전래놀이 교육)		
23	작은자리종합사회복지관	筆(필) SO GOOD(캘리그라피)		
24	시흥시학교급식지원센터	찾아가는 건강 식생활 교육		비영리법인
25	대야종합사회복지관	자기관리 프로그램 '꿈꾸는 슈퍼스타'		비영리법인

순	기관명(성명)	제안명	대표	비고
26	락아카데미협동조합	생태-과학·사회 통합교육		
27	락아카데미협동조합	교과서 속의 오감 체험교실		
28	락아카데미협동조합	푸드아트-국어 통합교육		
29	락아카데미협동조합	원예-과학 통합교육		
30	시흥시향토민속보존회	징검다리(시흥문화를 건너며)		비영리민간
31	노갑렬(개인강사)	디베인트(토론학습반)		
32	노갑렬(개인강사)	키즈스피치		
33	박현주(개인강사)	천연비누·천연화장품 만들기		
34	김태형(개인강사)	리틀 브레인트레이너		
35	김영수(개인강사)	너 나 우리 (더불어 함께하는 우리 사회)		

그리고 해당 단체와 학교가 세부적인 시수나 내용을 조율하는 과정을 거쳐 2학기부터 코티칭 형식의 수업이 진행될 예정이다. 단순히 방과 후 동아리 운영이 지역에 맡기는 것이 아니라 정규교육과정 내에서 교사와 마을 전문가가 함께 마을교육과정을 만들어가는 것이 목표이다. 가장 크게 환영을 하는 곳은 자유학기제를 앞둔 중학교다. 교육과정으로 아이들의 학생부 종합전형을 책임져줘야 하는 고등학교에서도 뜨거운 관심을 보였다. 지역 주민이 때로는 전문가로, 때로는 보조요원으로 아이들을 만나게 된다. 강사료는 학교에서 수업 확인서만 제출해주면 센터에서 일괄 지급한다. 물론 학교 문을 열고 싶지 않으면 열지 않아도 된다. 준비가 된 학교부터 천천히 그러나 깊게 지역과 관계 맺기를 할 수 있도록 지원하고자 한다.

학교 밖 학교 '시흥 마을학교'

해마다 시청과 교육청 담당자들이 기획하는 학부모 연수는 많다. 혁신교육지구가 시작된 2011년부터 우리 부서에서 실시한 연수와 연수비만 해도 해마다 2천여만 원씩 1억여 원에 이른다. 이러한 연수가 학부모와 혁신교육이 함께 가는 데 긍정적 기여를 했음에는 의심의 여지가 없지만, 뭔가 아쉬움이 남았던 것도 사실이다. 그 아쉬움이 무엇일까를 들여다보니 그렇게 길러진 학부모의 역량이 지역이나 학교로 다시 환원되지 않고 있다는 생각에 이르렀다.

연수를 받은 학부모들이 아이들을 위해서 일할 수 있었으면 좋겠다는 생각을 해보았다. 그 즈음하여 경기도에서는 이재정 교육감 당선과 동시에 인수위에서 마을교육공동체에 관한 논의가 활발히 일어났다. 경기새로운학교네트워크 교사들도 그에 발 맞춰 마을교육공동체 관련 연수 및 현장 탐방을 진행했는데 충북 제천의 덕산마을공동체 탐방 때의 일이다. 마을카페라는 곳으로 안내되어 마을의 이모저모에 관한 설명을 듣는데 카페 안은 청소년들로 북적거렸다. 그동안 봐왔던 카페는 어른들이 조용조용 이야기를 나누는 곳이었는데 그곳에서는 학생들이 테이블마다 책을 펼쳐놓고 모여서 수행평가 협의, 혹은 과제를 해결하는 낯선 장면이 펼쳐지고 있었다.

그 장면을 보며 우리 동네에도 이렇게 아이들이 편안하게 갈 곳이 있었으면 좋겠다는 생각을 하게 됐다. 당일엔 그저 카페에 대한 욕심

장곡중학교 마을 수업

뿐이었다. 이후 완주, 진안, 제주 등을 돌며 마을만들기를 고민했던 새로운 사람들도 만나고 그들의 노력과 헌신에 숙연해지기도 했고, 그렇게 내로라하는 사람들도 학교의 벽을 넘지 못하는 고민을 듣기도 했다.

밖에서 학교의 벽을 허물기는 힘들지만 안에서는 할 수 있지 않을까? 어떻게 하면 학교가 지역을 향하여 문을 열 수 있을까? 지역이 학교로 들어오는 것은 아직 힘들어도 학교가 지역으로 나갈 수는 있지 않을까? 학교가 지역으로 나간다는 것은 무엇을 의미하는 것일까? 지역은 받아줄 의지와 역량이 있는가? 질문이 꼬리에 꼬리를 물며 머리를 어지럽히는 가운데 학부모 연수 계획을 세우게 되었다. 다시 학교에 기여할 수 있는 기회를 주는 연수여야 한다는 막연한 생각만 가지고 당시 마을만들기 탐방을 통해 알게 된 전문가에게 자문을 구했더니 연수를 통해 다양한 마을 사례를 듣고 연수가 끝나면 참가자들이 관심 있는 분야의 동아리 활동을 해보도록 계획을 세워보라는 조언을 해주었다. 그리고 동아리 활동이 결실을 맺을 수 있도록 시흥의 마을만들기팀과 상의를 해볼 것도 덧붙여주었다.

그저 연수만 듣고 마는 것이 아니라 연수를 듣는 동안에도 서로 관

시흥장곡마을학교 아이들

심 분야가 같은 사람들과 삼삼오오 모여 이야기도 나누고 연수 후 한 달 동안 동아리 활동도 하면서 우리 아이들이 학교 밖을 나섰을 때 지역에서 맞아줄 공간에 대한 그림을 그리기 시작했다. 학교 앞 공간 만들기까지는 아직 시기상조라는 생각으로 여기까지에 만족하고 있을 즈음 한 학부모 그룹이 스스로 학교 앞 건강한 문방구를 차리겠다고 나선 것이다. 건강한 문방구를 생각했던 분들은 지역에서 공동육아를 해왔던 엄마들이다. 처음 다섯 명의 엄마들이 모여서 시작했는데 3년이 지난 지금은 20명의 엄마들과 23명 아이들의 규모로 커졌다고 한다. 학부모 연수를 통해 아이를 함께 키우는 것의 중요성을 다시 한 번 되새기는 계기가 되었고 그렇다면 우리 아이들뿐 아니라 동네 아이들이 언제든 올 수 있는 공간을 만들어보자는 의견을 모았던 것이다.

학부모 연수와는 별개로 지역에는 앞에서 언급한 지역혁신연구회가 운영되고 있었다. 지역연구회에서도 공동육아 사례를 담은 책을 읽고 난 후 돌봄과 학습이 가능한 마을공간이 있었으면 좋겠다는 이야기들이 오고 갔다. 아이들에게 안전한 먹거리를 제공하고 어른과 아이들의 수다방을 목표로 건강한 문방구를 추진하겠다고 나선 사람들과 아이들이 쉬며 하고 싶은 일을 찾을 수 있는 공간을 마련해보겠다는 지역연구회 사람들이 의기투합해 제대로 된 공간을 만들어보자는 데까지 이르게 됐다. 동네 신문을 만들던 분, 연구회 활동을 같이 하던 분들이 십시일반 뜻을 모아 보증금 1,000만 원과 리모델링비 1,900만 원을 모았다. 월세 걱정을 하니 연구회 회원이며 동시에 동네 청년회장이기도 한 분이 관리하는 건물의 한 층을 싸게 내어주어서 그나마 월세 걱정을 조금 덜고 시작을 할 수 있었다. 감사하게도 학교 밖을 나선 아이들을 맞아줄 준비를 지역 사람들이 하기 시작한 것이다.

혁신교육지구로 시작된 마을사업들이 경기 마을교육공동체 정책과 자연스럽게 연결되면서 장곡마을학교는 경기 꿈의학교로 지정되었다. 시흥에서 8개의 단체가 꿈의학교 계획서를 제출했고, 아무런 경력도 없이 그저 마음 하나로 시작한 장곡마을학교와 오랫동안 지역에서 활동해온 시흥YMCA 두 곳이 꿈의학교로 지정되어 운영된다. 탈락한 6개의 단체 계획서는 시흥에서 자체적으로 지원하기 위한 검토와 면담도 마쳤다. 혁신교육지구 마을학교 운영 예산으로 내년도 꿈의학교 지정을 위한 준비 차원에서 시흥 마을학교라는 이름으로 추가로 운영될 계획이다.

동네 곳곳에 아이들이 갈 곳이 생겼다. 아무것도 안 해도 된다. 그냥 친구들끼리 마음 편하게 앉아서, 뒹굴뒹굴하며 이야기 나눌 수 있는 공간이다. 그러다 하고 싶은 일이 생기면 하고 싶다고 말하면 된다. 어른들이 그 아이들이 하고 싶은 일을 할 수 있는 연결 고리가 되어주기로 했으니 그저 우리는 기다릴 뿐이다. 하루는 비가 추적추적 내리는 오후, 마을학교에 중학생 한 학급이 찾아왔다. 창체 수업을 하러 나왔는데 비가 와서 이곳으로 온 아이들이다. 누군가 아이들에게 이곳이 어떤 곳으로 운영되었으면 좋겠냐는 질문을 했다. 가장 많은 대답이 학교 끝나고 학원 갈 시간까지 잠시 잘 수 있는 곳이었으면 좋겠다는 것이다.

이 정도로 아이들이 맘 놓고 쉴 곳이 없단 말인가? 마을학교라고 해서 꼭 뭔가 프로그램을 마련하고 아이들을 모집하고 수업을 하는 곳이 아니다. 때론 쉬는 공간으로 때론 아이들끼리 뭔가를 도모하는 공간으로 자리 잡아 갔으면 좋겠다.

마을+교육+공동체!

'마을+교육+공동체!' 어려운 낱말 세 개가 만나서 마을교육 공동체라는 새로운 단어를 탄생 시켰다. 마을교육공동체가 어떤 모습이어야 하는지 정책이 펼쳐 지고 있는 지금도 여전히 의견이 분분하다.

장곡마을학교 개교식 포스터

분명한 것은 파편화되어가는 사회에서 공동체성의 회복은 중 요한 화두라는 것이다. 지역은 10년 이상 마을만들기를 통해 공동체성 회복을 위한 노력을 해왔다. 학교도 그에 못지않게 학교 바 꾸기를 위한 다양한 시도와 노력이 있었다. 이제 이런 각자의 노력이 만날 때가 된 것이다. 마을과 학교가 함께 살아가기를 도모할 수 있을 만큼 서로의 고민이 무르익었기에 이러한 마을+교육+공동체에 대한 논의가 시작된 것이 아니겠는가?

그 모습이 어떠하든 마을과 함께하는 교육공동체가 담고자 하는 정신에 집중하자. 교육과 돌봄이라는 이름으로 서로의 영역을 나누 고 책임을 나눌 것이 아니라, 입시와 취업에 집중되어 있는 국가와 사 회 탓만 할 것이 아니라 마을교육공동체라는 작은 실천으로 결국 사 회 문화를 바꾸는 진정한 자치의 실현도 가능할 것이라 확신한다. 아 직도 시흥의 큰 숙제로 남아 있는 지역 격차 해소의 문제도 이 방향에 서 해결 방안을 찾아야 할 것이다.

적어도 공적 영역 안에서는 어떤 차별도 받지 않아야 하며 그러기 위해서는 경제, 문화적 차이를 뛰어넘는 공평한 기회가 주어져야 한다. 개인의 문제, 가정의 문제, 학교의 문제가 아니라 함께 해결해야 할 우리 모두의 문제로 전환하기 위해 시흥 마을교육공동체는 오늘도 더딘 발걸음을 맞추고 있다.

더 읽기 1

일본의 마을교육공동체
: 벳푸 시 커뮤니티 스쿨

　최근 일본은 학교 운영 개선을 위한 노력으로 2006년 6월 「지방교육행정의 조직 및 운영에 관한 법률」의 개정에 의해 학교운영협의회제도를 도입했다. 학교가 가지고 있는 과제 전부를 포함해서 지역사회와 함께 교육을 고민한 결과이다. 각 지역의 실정에 맞는 다양한 형태의 커뮤니티 스쿨을 보급하여, 2011년 기준 향후 5년간 전 공립 초중학교의 10% 확대를 목표로 하고 있다.

　일본 문부과학성은 이지매와 부등교 학생에 대한 해결책이 시급한 상황에서 이를 학교에만 의존해서는 어려움이 많다고 판단했다. 지역과 함께할 수 있는 커뮤니티 스쿨에 대한 필요성을 절실하게 느끼고 있었다. 이에 커뮤니티 스쿨 확대를 위해 의식개혁, 조직 운영 체제, 인재 구성, 인재 확보 등의 순서로 계획을 수립하고, 지역 아이들의 실태를 조사하는 등 다양한 정보를 수집하는 과정에 있다.

　다음은 일본 문부과학성에서 각 지역 교육위원회와 학교 관계자에게 배부한 커뮤니티 스쿨 설치 지침서를 참고하고, 벳푸 시 마을만들기 전문가와 교육청 관계자를 인터뷰한 내용이다.

이지매와 미등교 문제

문부과학성에서 나온 자료를 보면 커뮤니티 스쿨은 삼위일체형을 추구한다. 즉, 학교·가정·지역의 협동을 가장 큰 목표로 하고 있다.

커뮤니티 스쿨이 중점으로 고민하는 것은 학력을 정착시키는 일이다. 특히 이지매와 학교에 오지 않는 학생에 대한 해결책이 시급하다는 판단이다. 다양한 노력의 결과 최근 어느 정도 효과가 나오고 있다. 작년 기준으로 학교에 오지 않는 학생이 127명(초중고)이고, 이지매는 584명인데 이 중 84%를 해결했다. 하지만 아직 학교 간의 차이와 학급 간의 차이, 학년 간의 차이가 어느 정도 발생하고 있다.

커뮤니티 스쿨이 등장하게 된 배경은 지역의 교육 문제에 대한 진지한 고민에서부터다. 이지매와 미등교 학생들이 매년 늘어나고 학생들의 학력이 지속적으로 하향하게 되자 벳푸 시 전체 학교가 참여하여 학력 문제의 해결 방법을 모색했다. 여기서 이지매 문제와 미등교 문제에 대한 4건의 계획이 마련되었고, 이지매를 방지하는 유초중고 학교·학생 지도연구회가 꾸려졌으며, 3일 이상 결석한 학생들에 대한 비율을 일람표로 만들기로 했다. 그리고 학교 카운슬러를 조직했다. 이들은 상담 활동을 충실히 시행하고, 이지매의 조기 발견과 대응에 대해 노력하였다.

그런데 이렇게 이지매와 미등교 문제를 해결하려고 노력하다 보니 교사들이 수업 시간 외에 학생들과 함께할 수 있는 시간이 많이 줄어들었다. 그래서 지역과 함께할 수 있는 커뮤니티 스쿨에 대한 필요성을 절실하게 느낀 것이다.

커뮤니티 스쿨의 개념 및 확대에 대한 사고방식[3]

일본 커뮤니티 스쿨 개념 및 흐름도

지역과 함께하는 학교
숙의(심의)·협동·매니지먼트

▲

커뮤니티 스쿨
(지교행법에 근거한 학교운영협의회를 설치하는 학교)

학교운영협의회의 정의
·교육위원회가 학교 지정 및 위원을 임명
·기본 방침의 승인
·학교 운영의 의견
·채용 기타 임용의 의견

▲

지교행법에 근거한 학교운영협의회를 설치하고 있지 않으나 보호자와 지역 주민이 학교 운영에 참가하거나 지역과 학교의 파트너십 만들기를 위해 의도적인 시스템을 갖는 학교
(예: 학교관계자평가위원회, 학교지원지역본부 방과후어린이교실 등)

▲

학교에 있어서 보호자와 지역 주민의 협력·지원을 얻기 위한 지역과 학교의 파트너십 만들기의 의도적인 구조를 갖고 있지 않은 학교

커뮤니티 스쿨의 특징

커뮤니티 스쿨은 지교행법에 의거하여 학교운영협의회를 설치한 학교에 한해서만 운영이 가능하다. 학교운영협의회는 세 가지 권한을 가지고 있는데, 첫째는 교육과정이 아닌 학교 운영에 대하여 승인하는

---

3. 아이들의 풍부한 배움을 창조하고 지역의 유대를 잇다(학교 운영의 개선 방법 등에 관한 조사연구협력자회의, 2011).

것이다. 두 번째는 그 운영에 대해서 의견을 제시할 수 있는 권한이 있다. 세 번째는 교사 임용과 인사이동에 대해서 의견을 제시할 수 있다. 세 번째의 경우 교사들이 가장 우려하는 점인데 이는 시정청 교육위원회의 규칙에 의해서 정해진다. 현재 교사 임용과 인사인동의 60%는 학교운영협의회에 맡기고 40%는 별도로 학교 자체에 맡기고 있다. 학교 경영 자체는 어디까지나 교장의 권한이지만 학교의 운영에 있어서는 운영협의회가 의견을 제시한다. 그렇지만 경영과 인사에 있어서는 운영협의회에 부담을 하지 않는 경우가 많이 있다.

실제로 교사의 인사이동에 대한 내용이 운영협의회에 상정되면 논쟁이 많다. 따라서 운영협의회가 자주 연수를 갖고, 여러 전문가들이 모여 교사들에 대한 평가를 반복한다. 이를 토대로 전근(순환)과 초빙을 결정한다.

벳푸 시는 현재 과도기로 3년 전부터 실시를 했는데, 첫해 2년은 과도기이고 지금은 커뮤니티 스쿨로 가는 과정이다. 내년에는 27개교를 목표로 하고 있다.

커뮤니티 스쿨의 목적 및 구성

커뮤니티 스쿨은 현재 일본이 처한 상황 때문에 시작되었다. 가정교육열의 저하와 해체로 소외된 아이들이 늘고 있고, 이 아이들이 다양한 위험에 노출된 문제를 해결하기 위해서는 마을의 참여가 있어야 한다고 생각한 것이다.

문부과학성에서 배부한 커뮤니티 스쿨 설치 지침서[4]를 보면 학교

---

4. 커뮤니티 스쿨 설치 지침서(문부과학성, 2005).

운영협의회제도(커뮤니티 스쿨) 도입의 목적을 다음과 같이 제시하고 있다.

> 최근 공립학교에는 보호자와 지역 주민의 다양한 의견을 정확하게 반영시켜서 지역에 열린, 신뢰받는 학교 만들기를 추진해가는 것이 요구되고 있다. 이 때문에 학교평의원제도의 도입과 자기점검·자기평가의 운영이 도모되고 있다. 학교운영협의회제도는 지금까지의 학교 운영의 개선 노력을 더욱 진보시키는 것으로, 2006년 6월의 「지방교육행정의 조직 및 운영에 관한 법률」의 개정에 의해 도입된 것이다. 학교운영협의회를 통해서 보호자와 지역 주민이 일정한 권한과 책임을 가지고 학교 운영에 참가한다. 그 수요를 신속하고 정확하게 학교 운영에 반영시킴과 더불어 학교·가정·지역사회가 일체 되어 보다 좋은 교육 실현에 노력하는 것이 이 제도의 목적이다. 또, 지역의 창의연구를 살린 특색 있는 학교 만들기가 추진되면 지역 전체의 활성화도 기대된다. 또한, 학교운영협의회를 설치하는 학교에 대해서는 법률상의 명칭은 정해져 있지 않지만 각 교육위원회의 판단으로 '지역운영학교', '커뮤니티 스쿨' 등으로 적정한 명칭을 부여하는 것도 가능하다(문부과학성, 2005).

커뮤니티 스쿨에서는 학교운영협의회의 위원 인원과 구성 등에 관해서는 학교 실태 등에 따라서 교육위원회가 판단하는 것이 바람직하다고 생각해서 법률로 정하지 않고, 각 교육위원회의 규칙 등에서 정한다. 단, 일반적으로 학교 규칙 등을 고려해서 해당 지역의 주민과 보호자 등의 의향을 충분히 반영할 수 있고, 협의별로 필요한 위원의 참가를 얻을 수 있으며, 실질적으로 활발한 토의를 통해서 학교운영협의회로서의 일정 방향성을 결정할 수 있을 정도의 인원 등을 고려해서 구체적인 인원을 결정하는 것이 바람직하다고 제시하고 있다.

또한 위원의 구성으로는 법률상 보호자와 지역 주민은 반드시 위원에 포함되지만, 그 외에도 학교 교장과 교사, 대학교수 등 교육행정과 학교교육에 식견이 있는 자, 사회교육 관계자 등을 포함하고 있다.

그리고 학교운영협의회에서 필요하다고 인정되는 경우에는 아동·학생의 발달 단계에 배려해서 해당 학교의 아동·학생에게 의견을 제시할 기회를 부여하는 등의 연구를 실시할 수 있다. 하지만 학교운영협의회는 교직원의 인사도 포함해서 학교의 관리 운영에 일정한 권한을 가지고 관여하는 기관이기 때문에 아동·학생을 그 위원으로서 참가시키지는 않는다.

커뮤니티 스쿨 운영 방식(학교 지정 및 평가)

커뮤니티 스쿨 지정에는 학교와 지역의 실정을 충분히 고려한다. 특히 학교가 지역 커뮤니티의 거점인 것에 유의해서 보호자와 지역 주민의 주체적인 의욕과 요구를 존중하면서 적극적인 검토를 실시하고 있다. 구체적인 절차는 각 교육위원회 규칙에 의해서 정해진다. 보호자와 교장 등으로부터 면접 조사 등을 실시해서 사전에 폭넓게 의견을 청취하고, 시정촌교육위원회 소관인 초·중학교를 커뮤니티 스쿨로 지정할 경우에는 사전에 도도부현 교육위원회에 협의를 실시하고 있다.

커뮤니티 스쿨 지정 여부는 학교를 설치하는 지방공공단체의 교육위원회가 결정한다. 예를 들어 이미 보호자와 지역 주민 등이 학교평의원 제도를 통해서 열심히 학교교육 활동에 참가하고 있는 경우에는 보다 적극적으로 지정을 한다. 또, 학교운영협의회를 설치해서 지역과의 연계를 높이는 것으로 외부 강사와 자원봉사자의 의뢰가 쉽게 되는 경우와 학교 운영의 활성화를 예측할 수 있는 경우 등에도 상정된다.

학교운영협의회는 학교 관리 운영의 개선을 도모하기 위해서 설치된 것이다. 따라서 운영협의회가 그 목적에 반하는 경우, 예를 들어 위원회끼리 의견이 대립해서 학교운영협의회로서의 의사 형성을 할 수 없는 상태, 교장과 학교운영협의회의 방침이 현저하게 대립하고 결과적으로 학교의 원활한 운영에 지장이 발생하고 있는 상태, 학교운영협의회로서의 활동 실적이 인정되지 않는 상태 등 그 활동에 따라 반대로 학교 운영에 지장이 생기거나 장래에 지장이 생길 우려가 강하다고 인정되는 경우에는 지정을 실시한 교육위원회는 설치자의 책임으로서 신속하게 지정을 취소하고 학교 운영의 지정을 제거할 의무가 있다. 또한 그 같은 경우 교육위원회는 지정을 취소하지 않을 수 없는 상황에 이르기까지, 교장과 연계해서 필요한 지도 조언을 하거나 일부 위원을 교체시키는 등 그 운영 개선에 노력해야 한다.

지정 취소의 구체적인 절차에 관해서는 사전에 교육위원회 규칙에서 정해둘 필요가 있다. 학교운영협의회를 두는 학교에 대해서는 학교의 운영 상황 등에 관한 평가를 실시하는 등 충분한 자기점검·평가를 위해 노력함과 더불어 학교운영협의회의 운영 상황과 협의 내용 등도 포함해서 지역 주민의 보호자에 대한 정보 공개에 관해서 한층 더 노력해야 한다. 또 교육위원회로서도 학교운영협의회를 포함한 학교의 운영 상황 등에 관해서 정기적인 점검·평가를 실행하고, 제3자 평가에 관해서 적극적으로 받아들이는 게 필요하다. 또한 점검·평가 결과들에 관해서 보호자 등에게 정보 공개를 철저하게 해야 한다.

학교운영협의회의 의사 공개와 협의 내용의 공표 등의 구체적인 취급에 관해서는 각 교육위원회에서 교육위원회 규칙과 해당 지방공공단체의 정보공개조례 등에 맞춰서 판단하는 것으로 되어 있다. 평가의 구체적인 방법과 체제에 관해서는 사전에 교육위원회 규칙에서 정해두는 것이 적당하다고 생각한다.

커뮤니티 스쿨 진행 과정

2013년부터 벳푸 시에서는 커뮤니티 스쿨을 본격적으로 하고 있다. 문부과학성 지침에 따라서 움직인 학교가 초등 4개교 중 3개교가 있고, 거기에 추진위원회가 설치되어 학교를 둘러보며 아이들 실태를 조사했다. 23개교 중에 7개교가 작년부터 시작했다. 2014년 나머지 학교가 전부 대상이 된다. 결국 2년간의 검토 기간을 둔 셈이다.

2년간의 검토 중점은 의식개혁, 조직 운영 체제, 인재 구성, 인재 확보 등의 순서로 계획을 수립하였다. 의식개혁과 공통 이해에 대한 내용인데, 먼저 교사와 지역 주민을 커뮤니티 스쿨을 안내하고 역할과 필요성에 대한 연수를 실시했다.

두 번째는 어떻게 홍보를 해서 커뮤니티 스쿨이 하고 있는 일을 알리느냐였다. 학교 측에서는 학생들의 학력, 생활, 체력 등을 학부모들에게 전달하고 있다. CS(커뮤니티 스쿨) 추진위원회에서는 가정에서는 어떻게 교육이 이뤄지는지에 대한 정보를 수집하고 있다. 홍보 방법으로는 가정통신문, 커뮤니티 스쿨 정보지를 지역 단체에 보내고 있다.

세 번째는 조직 운영과 체제를 갖추는 것이다. 커뮤니티 스쿨은 학교 주도형과 지역 주도형이 있다. 일본 전체에서 커뮤니티 스쿨이 지역이 움직이기 전에 학교가 먼저 움직여서 한 경우가 약 23%이다. 이런 학교들은 커뮤니티 스쿨을 주로 교장, 교감이 먼저 움직이고 그걸 교사에게 전달하는 형태가 많다.

커뮤니티 스쿨의 부서는 대개 학습지원부, 생활지원부, 학생정비부로 나뉘어 있다. 벳푸 시에는 이런 형태의 학교가 많다. 두 번째 패턴은 추진위원회 위원들이 결정사항에 대해서 자기 파트의 내용을 학생자원봉사단 등에 가서 전달하는 것이다. 세 번째 패턴은 CS추진위원회와 교부에 있는 지원네트워크를 연결하는 CS디렉터의 역할을 추진하고 있다. 아직 완성된 것이 아니다. CS디렉터의 역할은 위원회에서도 가능하고 인재, 경로회, 지역 유지 등에서도 나올 수 있다. 확정은 아니지만 중립적 역할을 할 수 있는 사람을 많이 찾고 있다. 네 번째는 인재 구성과 인재 확보에 대한 내용이다. CS추진위원회 멤버로는 PTA, 교직원 등이 있다. 커뮤니티 스쿨 지정 전까지 이런 사람들이 필요하다고 생각하고 있다. 학교 측에서는 이런 멤버들의 연령대가 높은 사람도 필요하지만 좀 더 젊은이들이 지역에서 협조를 해줬으면 좋겠다고 생각한다.

커뮤니티 스쿨의 과제

학교에는 학교운영협의회가 별도로 있다. 정확하게 10여 년 전부터 교육의 다양화, 지역의 다양화가 일어나고 있는데 이것은 교사 혼자서는 할 수 없다. 따라서 지역교육의 힘을 키우기 위해 지역민들이 머리를 써서 짜내야 하는 시대가 되었다. 방과 후 수업을 실시할 수 있는 체험학습 활동을 중심으로 지역에 대한 교육을 실시해보자는 말이 나왔다. 이에 학교에 지원 본부를 설치하게 되었다.

학교운영협의회에는 지역 멤버들이 반드시 참가하게 되어 있다. 학교 교사들과 학교운영협의회가 하나가 되어 아이들을 지원할 수 있는 체제가 설립된 것이다. 결국 학교에서 짊어질 수 없는 무거운 프로그램을 학교운영협의회를 설립하면서 학교 보호자, 지역민이 하나가 되어 함께 책임을 지고자 하는 것이다. 여기에는 앞으로 풀어가야 할 두 개의 큰 과제가 있다. 첫째는 커뮤니티 스쿨을 운영하면서 교사들이 할 일이 많아진다는 것이다. 둘째는 운영협의회 기능을 어떻게 할 것인지에 대한 방향성 문제이다. 즉 운영 과정에서 운영협의회의 정체성 문제가 드러나기 시작했는데, 협의회 형식인지, 학교교육에 직접적으로 참여하는 것인지에 대한 깊은 고민이 더 필요하다.

의식개혁부터 인재 확보까지

한국과 일본은 교육의 문제점 해결을 지역에서 찾고 있다는 공통점이 있다. 일본 사회는 가정, 교육이 모두 복잡하게 이루어져 있다. 이에 가정의 환경마저 저하되면서 아이들이 올바르게 성장하려면 지역 사람들의 참여가 필요하다는 것을 인식하고 있다. 또한 교실 안 아이들의 환경과 학업 능력 등이 다양해지면서 한 사람의 교사가 아이들 모두를 다 책임지고 교육하기가 어려운 상황이 되었다. 이에 일본은 커뮤니티 스쿨을 도입했으며, 한국은 마을교육공동체를 구상하고 있다.

한국과 일본의 전체적인 교육적 흐름의 공통분모는, 공교육이 학교 안에서만 이루어지는 것이 아니라 지역사회가 함께 책임져야 한다는 인식에 있다. 일본에 지역 만들기 프로그램(벳푸 시의 ONPAKU 프로그램 등)이 있듯이, 한국에는 초록우산 어린이재단 우리마을 의정부, 시흥 참이슬 마을학교, 서종면 마을만들기운동, 공릉청소년문화정보센터, 완주 고산향교육공동체 등 지역 곳곳에서 다양한 활동들을 하고 있다.

오늘날 한국과 일본은 지역에 있는 교육 자원에 관심을 가지고 있다. 그 과정에서 학교와 연계할 수 있는 방법을 고민하고 있으며, 그 대안으로 일본의 커뮤니티 스쿨과 한국의 마을교육공동체가 등장한 것이다. 2006년 시작된 일본의 커뮤니티 스쿨은 이제 시작 단계지만 한국의 마을교육공동체보다 한 걸음 나아간 상황이다. 커뮤니티 스쿨의 과정을 보면 의식개혁, 조직 운영 체제, 인재 구성, 인재 확보 등의 순서로 2년간 계획을 수립했다. 또 커뮤니티 스쿨 추진위원회를 만들어 지역 및 가정에 대한 정보와 아이들 실태 조사, 홍보 등을 실시해 전국적으로 전 공립 초·중학교의 10% 확대를 목표로 하고 있다.

일본의 커뮤니티 스쿨의 과제는 교사들의 과도한 업무와 불확실한 학교운영협의회의 정체성 확립에 있다. 한국에서 마을교육공동체가 진행되면 해결해나가야 할 과제이기도 하다. 따라서 앞으로 일본의 커뮤니티 스쿨의 진행 상황을 주시할 필요가 있다.

자유학교는
마을학교이다

자유학교에 대한 설계

자유학교는 마을학교이다. 2013 경기도교육감직 인수위원회에서는
공립형 대안학교인 '자유학교'를 이렇게 제안했다.

▶ 공립형 대안학교인 '자유학교' 설립 운영
- 생명, 자유, 지성을 갖춘 '공교육 대안 특성화 중·고등학교'
- 공교육의 다양성을 구현하는 경기교육의 새로운 모델 학교 구축
- 교육과정의 다양화와 특성화로 새로운 상상력과 실천 구현
- 지역사회 연대와 협력을 통해 마을교육공동체 실현

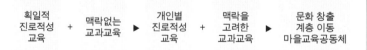

▶ 자유학교 추진 방침
- 경기 북부지역 신설학교로 추진 또는 농촌지역 소규모 학교나 도심 외곽에서 기존 학교를 공립형 대안학교로 지정 운영
- 폐교를 활용한 마을 중심의 작은 학교, 지역사회 참여 중심의 새로운 학교 실현
- 학생 개인의 성장과 특성에 맞는 교육과정 편제와 내용 재구성
- 중·고 연계 통합 교육과정 개발·적용 후 혁신학교와 일반학교 적용
- 연구자이자 실천가로서의 새로운 공교육 교사상 구현

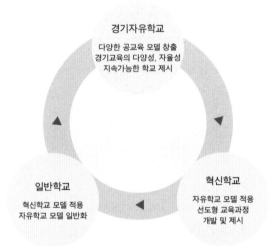

자유학교 위상과 역할

경기자유학교
다양한 공교육 모델 창출
경기교육의 다양성, 자율성
지속가능한 학교 제시

일반학교
혁신학교 모델 적용
자유학교 모델 일반화

혁신학교
자유학교 모델 적용
선도형 교육과정
개발 및 제시

출처: 김용련 외(2014), 「경기도 혁신교육지구사업 발전방향 연구」, 경기도교육청.

2002년 경기대명고를 필두로 각지에서 공립형 대안학교 설립을 추진 중이다. 공립형 대안학교의 형태에는 '각종 학교', '대안교육특성화중학교', '대안교육특성화고등학교'가 있으며, 모두 학력인정을 받고 있다. 하지만 공립형 대안학교가 교육과정의 자율권을 전면 보장받는 것은 아니다. 대안특성화중학교는 최대 30퍼센트, 대안특성화고등학교는 최대 70퍼센트의 자율권만 인정받는다. 여기에서 말하는 자유학교는 대안특성화중학교, 대안특성화고등학교에 해당한다.

2013년 현재 11개 대안교육특성화중학교 중에서 공립은 2개(전북동화중, 전남청람중), 24개 대안교육특성화고등학교 중에서 공립은 3개(경기대명고, 전남한울고, 경남태봉고) 학교가 있다.

왜 '자유학교'라고 했을까?

그런데 왜 '자유학교'라고 했을까? 대안학교라는 이름은 1990년 대에 대안학교법이 법제화되면서 생긴 이름인데 기존 교육에 대한 대안Alternative적 측면을 강조하고 있다. 영어권 국가에서는 'ProgressiveEducation'이라는 용어를 더 많이 사용한다. 대표적인 대안학교인 풀무학교나 간디학교는 공동체학교, 민주주의학교를 지향했다. 공동체를 이루고, 민주주의를 실천하기 위해서는 어떤 권위에도 구속되지 않고 스스로 선택하고 배울 수 있는 자유의지가 있어야 한다. 이러한 자유의지의 바탕 위에 창조성이 발현되고, 자신이 배운 것을 사회적으로 실천할 수 있다.

그럼 왜 지금 이 시기에 자유학교가 필요한 것일까? 간디학교나 이우학교와 같은 대안특성화학교들은 공교육, 특히 혁신학교에 많은 상상력을 불어넣었다. 기실 초기의 혁신학교는 교육과정이나 운영에 있어서 이 두 학교를 참고하여 해당 학교의 여건에 맞게 재창조하였다. 그 결과 혁신학교는 공교육의 개혁 가능성을 보여주었으며 이제 실험이 아닌 대안으로 자리를 잡아가고 있다. 그러나 현행 교육 시스템으로는 한계가 많다. 우선은 국가교육과정으로부터 자유롭지 못하다. 학교를 외부에서 바라보는 분들은 혁신학교이니까 교육과정을 좀 자유롭게 운영할 수 있으리라 생각할 수 있지만 아쉽게도 그렇지 않다. 혁신학교를 비롯한 일반학교에서는 큰 틀의 교육과정 재구성, 즉 특성 있는 교과를 개설한다든지, 틀을 부분적으로라도 수정하기가 힘들다. 더군다나 학교들의 덩치가 크다 보니 교사의 공동체성을 확보하기도 쉽지 않고 일 년 단위로 학교를 운영하고 담임이나 가르치는 교사가 바뀌면서 아이들을 장기적인 전망 속에서 기다려주기가 힘들다.

그렇다고 사립 대안학교를 보내기에는 집에서 통학할 수 있는 곳을 찾기 힘들뿐더러, 학비는 또 그리 만만치 않다. 또한 학교가 작은 사회로서 다양한 계층의 친구들을 만날 수 있는 장이어야 하는데, 대체로 대안학교는 비슷한 중산층 부모들이 모여 있다. 특히나 공립형 대안학교의 경우는 입학생을 선발할 때, 사립과 달리 대체로 학교 부적응아들만을 중심으로 받는다.

다음은 인터넷 신문에 실린 공립 대안학교의 방향에 대한 글이다. 자유학교의 운영 방식을 깊게 고민해보게 한다.

미국의 경우 1970년대 들어서 공립 대안학교들이 곳곳에 생겨났다. 부적응 청소년들을 위한 대책이 아니라, 학교의 패러다임을 바꾼 획기적인 실험을 시도했다. 필라델피아 시의 박물관과 미술관을 교육현장으로 삼는 '파크웨이 프로그램', 뉴욕 시의 '시티애즈스쿨(City As School)' 같은 파격적인 모델들이 생겨났다. 시 교육위원, 교장, 교사가 바뀌고, 부모들이 바뀌면서 십 년도 못 가서 다들 일반학교에 가깝게 변질되어버렸지만, 그 실험은 다른 공립학교에도 상당한 영향을 미쳐 지역사회와 학교의 벽이 낮아지고, 90년대 후반에는 메트스쿨 같은 개혁 모델도 생겨나기에 이르렀다.

무작위로 받아들인 지역 아이들을 대상으로 성공적인 모델을 만들어낸 메트스쿨은 차트스쿨과 또 다른 방식의 공교육 개혁의 좋은 사례다. 미국의 상황이 한국 상황과 많이 다르긴 하지만, 우리는 우리 실정에 맞는 모델을 만들어내야 한다. 선별적으로 받아들인 아이들을 대상으로 하는 대안학교는 사실 공교육의 모델이 되기 어렵다. 어찌 보면 땅 짚고 헤엄치는 것과 비슷하다. 다양한 계층의 다양한 아이들이 어울려 함께 배우면서 성장하는 모델을 만들어내야 한다.

요즘 자유학기제 얘기가 한창이다. 그런데 1학기에 국한하지 않더라도 학교현장은 자유학기제와 같은 교육과정 운영의 가능성이 충분히 존재한다. 자신의 꿈을 찾아 다양한 경험을 하고 시험이 아닌 배움을 목적으로 학교생활을 해야 한다는 진정한 자유학기의 의미를 찾으려면 3년 전 과정, 나아가 중고등학교 6년의 장기적인 시야를 갖고 운영해야 한다. 앞의 마을교육과정에서도 이야기했듯이 경남의 공립형 대안학교인 태봉고는 졸업할 때까지 한 가지 이상의 인턴십을 한다. 아이들은 교과서에서, 학교에서, 인터넷에서 배우지 못하는 사회, 사람, 마을을 직접 만나며 자존감과 성취감을 찾고 결국은 졸업생의 80퍼센트 이상이 자신이 수행한 인턴십 관련 학과에 진학하고 있다. 마을의 자원을 활용하고, 마을을 배우고, 마을을 위할 수 있는 진정한 마을학교의 모델을 만들어낼 수 있다.

현재 많은 대안교육특성화학교는 그 학교의 교육철학을 실현할 수 있는 특성화 교과를 운영하고 있는데 그 특징을 크게 세 가지로 꼽아볼 수 있다. 첫째, 학생들이 학습의 주체가 될 수 있도록 자기주도적으로 다양한 체험과 활동을 하도록 하고 있으며, 둘째, 자연·지역사회 및 국제사회와 더불어 살아가도록 하는 공동체적 가치를 중시하는 교과를 운영한다. 셋째, 모든 과정에 생활과 지식, 노동과 놀이, 학습과 진로를 엄격하게 구분하지 않고 통합적으로 운영하고 있다. 이 세 가지를 실현하기 위해 많은 학교에서 인턴십 과정, 주제 탐구 학습, 이동학습 등을 실시하고 있다.

공립형 대안학교와 대안교육특성화 학교들의 이러한 특성들을 반영한 자유학교의 목표와 비전은 다음과 같다.

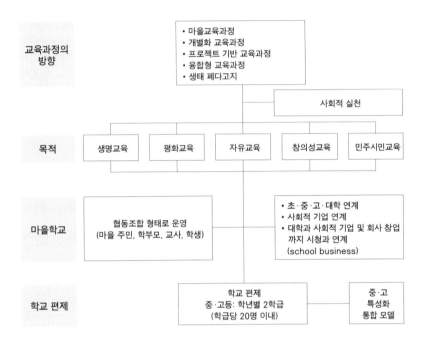

조직도에서도 볼 수 있듯 애초부터 자유학교는 마을학교를 지향하고 협동조합과 외부 사회적 기업, 착한 기업 등과 연계하는 네트워킹을 중시한다. 또한 사회적 실천을 기반으로 마을교육과정을 실현하는 그림을 그리고 있다. 즉 자유학교는 마을과 지역 자원을 활용한 인턴십 활동, 마을이동학습, 마을 관련 교과 융합 프로젝트 등 마을교육과정을 전면화는 것이다.

그러나 공립 대안학교의 경우 교장과 교사의 전출이 잦고 감독관청의 영향을 많이 받기에 고유한 전통과 정체성을 유지하기가 어려울 수 있다. 더욱이 우리나라의 경우 대안학교에 대한 교육 당국의 시각이 중도 탈락생을 위한 대안으로만 각인이 되어 있다. 1998년에 문을 연 경기 대명고등학교는 공립 대안학교의 효시인 셈인데, 뜻있는 교사들이 모였지만 교장 인선에서 대안성을 확보하지 못하고 있다. 이른바 문제 청소년들이 가는 학교로 인식되면서 십 년이 지나도록 대안학교로서 정체성을 제대로 세우지 못하고 있는 실정이다.

참고 문헌

- 강내영(2011), 「일본 중간지원조직의 운영현황과 시사점」, 『제3차 농어촌형 사회적 기업 활성화 포럼 자료집』, 지역재단.
- 강영택·김정숙(2012), 「학교와 지역사회의 파트너십에 대한 사례연구: 홍성군 홍동 지역을 중심으로」, 교육문제연구, 43, 27-49.
- 경기도교육감직인수위원회(2104), 「단 한 명의 아이도 포기하지 않는 교육」, 『제16대 (주민직선 3기) 인수위원회백서』.
- 김상태(2014), 「자유학기제, 중학생들의 쉴 틈이 될 수 있을까」, 격월간 『민들레』 vol. 96, 116.
- 김수영 외(2014), 「마을공동체 형성의 인과구조 분석」, 『한국지역사회복지학』, 49(1), 337-381.
- 김영선·이경란(2014), 『마을로 간 인문학: 도시마을 배움의 공동체를 꿈꾸다』, 서울: 당대.
- 김용련(2014), 「경기 마을교육공동체 구축을 위한 지원 방안」, 『2014 마을교육공동 체 토론회자료집』, 새로운학교경기네트워크.
- 김용련 외(2014), 「경기도 혁신교육지구사업 발전방향 연구」, 경기도교육청.
- 김종래(2013), 「지역공동체 발전을 위한 협동조합 활성화 방안」, 대진대학교 대학원 석사학위논문.
- 김찬호(2000), 「일본의 도시화 과정에서 마을만들기의 전개와 주민참여」, 한국도시 행정학회, 『도시행정학보』, 13(11), 95-115.
- 라미경(2009), 「거버넌스 연구의 현재적 쟁점」, 『한국거버넌스학회보』, 제16권 제3호.
- 민들레 편집실(2012. 11. 15), 「공교육의 대안은 '새로운 공교육'이다」, 인터넷신문 프 레시안.
- 박미호·이명우·임경수(2001), 「종합적 생태마을계획의 필요성」, 한국공원휴양학회 3(1): 36-46.
- 박원순(2011), 『마을, 생태가 답이다』, 서울: 검둥소.
- _____(2010), 『마을이 학교다』, 서울: 검둥소.
- 변종임 외(2006), 『지역혁신을 위한 평생학습도시 지원체제 구축 방안 연구』, 한국 교육개발원.
- 새로운학교경기네트워크·경기도교육연구원(2014), 『2014 마을교육공동체 토론회 자료집』, 새로운학교경기네트워크.
- 서근원(2013), 『공동체는 어디에 있을까?: 우리 시대의 삶과 문화와 교육 그리고 질 적 연구』, 교육과학사.
- 서용선(2014), 「혁신학교 운동의 방향과 과제」, 『혁신학교에 대한 교육학적 성찰』, 살 림터.

_____외(2014), 「교육과정, 수업, 평가혁신 연계 구축 방안」, 경기도교육연구원.

_____외(2013), 『혁신교육 미래를 말하다』, 맘에드림.

_____(2012), 『혁신교육 존 듀이에게 묻다』, 살림터.

• 서정민(2011), 「농어촌형 사회적 기업 중간지원조직의 현황과 과제」, 『제3차 농어촌형 사회적기업 활성화 포럼 자료집』, 지역재단.

• 서울시마을공동체종합지원센터(2013), 『2013 서울시마을공동체 종합지원센터 성과 자료집』, 서울시마을공동체종합지원센터.

• 소진광 외(2006), 『지역특성에 따른 사회적 자본 측정지표 개발』, 푸른솔.

• 손우정(2012), 『배움의 공동체』, 해냄.

• 신현석(2010), 「교육 거버넌스 갈등의 쟁점과 과제」, 『한국교육학연구』, 28(4), 351-380.

_____(2006), 「공교육 내실화를 위한 교육공동체 운영모형 개발」, 『한국교육학연구』, 12(1), 37-61.

_____(2004), 「교육공동체의 형성과 발전: 동·서양 공동체론으로부터의 시사」, 『교육행정학연구』, 22(1), 135-156.

• 양병찬(2014), 「지방자치단체 마을만들기 사업에서 '마을학교'의 평생교육적 의미: 서울시 마을공동체만들기 사업을 중심으로」, 『한국평생교육』, 2(1), 1-25.

• 양희창(2014), 「대안교육 지금의 과제는 무엇일까?」, 격월간 『민들레』 vol. 96, 64.

• 엄기호 외(2011), 『교육 불가능의 시대』, 교육공동체벗.

• 여태전(2014), 『공립형 대안학교, 태봉고 이야기』, 103-105.

• 오욱환(2013), 『사회자본의 교육적 해석과 활용』, 교육과학사.

• 오혁진(2006), 「지역공동체 평생교육의 개념과 성격에 관한 고찰」, 『평생교육학연구』, 12(1), 53-80.

• 임경수(2013), 「전라북도 중간지원조직의 광역시군간 역할분담 및 발전방향」

• 장원봉(2006), 『사회적 경제의 이론과 실제』, 나눔의집.

• 정영수(2004), 「미래 지향적 교육공동체 형성의 방향과 과제」, 『교육행정학연구』, 22(1), 111-134.

• 조용환·서근원(2004), 「지역사회 교육공동체 형성에 관한 연구: 산들초등학교 사례를 중심으로」, 『교육인류학연구』, 7(1), 211-244.

• 조한혜정(2007), 『다시 마을이다: 위험 사회에서 살아남기』, 서울: 또하나의문화.

• 주수원 외(2015), 『학교협동조합, 현장체험학습과 마을교육공동체를 잇다』, 서울: 살림터.

• 주철안(2001), 「학교공동체 이론의 탐색과 교육행정의 과제」, 『지방교육경영』, 6(2), 131-144.

• 최돈민(2013), 「학교와 지역사회의 네트워크 구축 방안」, 『교육종합연구』, 11(4), 269-291.

• 최승호(2009), 「지역 마을공동체 만들기 운동의 발전 방안 모색: 충남 홍성군 홍동

풀무마을을 중심으로」, 『한독사회과학논총』, 19(1), 237-268.

- 현병호(2013), 「마을운동과 교육운동」, 격월간 『민들레』 vol. 85, 18-19.
- 홍성태(2006), 「지역발전과 공동체의 가능성: 생태공동체와 교육공동체를 중심으로」, 『지역사회학』, 8(1), 93-122.
- 홍순명(2006), 『풀무학교 이야기』, 서울: 부키.

- 엔도 야스히로, 김찬호 옮김(1997), 『이런 마을에서 살고 싶다: 주민들이 직접 나서는 마을만들기』, 황금가지.
- 佐藤學, 손우정 옮김(2009), 『교육개혁을 디자인한다』, 학이시습.
- Agamben, G., 이경진 옮김(2014), 『도래하는 공동체』, 꾸리에.
- Ball, S.(2012), Networks, New Governance and Education, Bristol: Policy Press.
- Coleman, J. C.(1988), 'Social capital in the creation of human capital' American Journal of Sociology 94, pp.95-120.
- Davis, B., & Sumara, D.(2006), Complexity and Education: Inquires into Learning, Teaching, and Research., 현인철·서용선 옮김(2011), 『혁신교육, 철학을 만나다: 복잡성 이론과 실천교육의 뿌리를 찾아서』, 살림터.
- Dewey, J.(1902), Child and Curriculum., 박철홍 옮김(2002), 『아동과 교육과정』, 문음사.
  _____(1899), The School and Society, MW1: 1-112.
- Elmore, R.(2008), School Reform from the Inside Out: Policy, Practice, and Performance, Cambridge: Harvard Education Press.
- Epstein, J., et al.(2009), School, Family, and Community Partnerships: Your Handbook for Action, California: Corwin Press.
- Fiore, D.(2013), School-Community Relations, 3rd edition, New York: Routledge.
- Freire, P., 교육문화연구회 옮김(002), 『희망의 교육학』, 아침이슬.
- Fukuyama, F.(1999), The Great Disruption: Human Nature and the Reconstitution of Social Order, London: Profile Books.
- Hargreaves, A., & Shirley, D.(2009), The fourth way: the inspiring future for educational change, Thousand Oaks: Corwin Press.
- Karl, A.(2010)., 송순재·고병헌 옮김, 『위대한 평민을 기르는 덴마크 자유교육』, 민들레.
- Kalenze, E.(2014), Education Is Upside-Down: Reforming Reform to Focus on the Right Problems, Lanham: Rowman & Littlefield.
- Mehta, J., Schwartz, B., & Hess, F.(eds).(2012), The Futures of School Reform, Cambridge: Harvard Education Press.

- Moore. E., Bagin, D., & Gallagher, D.(2012), The School and Community Relations, 10th Edition, Boston: Pearson.
- Putnam, D.(1993), The prosperous community: social capital and public life, American Prospect, 4(13).
- Sergionanni, T.(1994), Building community in school, San Francisco: Jossey-Bass Publisher.
- Smith, G., & Sobel, D.(2010), Place-and Community-Based Education in Schools, New York: Routledge.
- Sullivan, J. (2009). Emergent Learning: Three Learning Communities as Complex Adaptive Systems., 현인철·서용선·류선옥 옮김(2013), 『세 학급이 들려주는 창조적 집단지성학습』, 서울: 씨아이알.

- 풀무학교, http://poolmoo.cnehs.kr
- 황윤길, http://www.band.us/#/band/50044092.
- OECD, http://www.oecd.org/pisa/35070367.pdf.

저자 소개

서용선 국회의원 보좌관 seoos@naver.com
교육을 가장 민주적이고 창조적인 일이라고 생각하는 교육자이자 교육운동가이다. 혁신학교인 의정부여중에서 혁신부장으로 활동했고, 한국교원대, 충북대, 서원대 강사와 상명대학교 교육대학원 겸임교수를 역임했다. 지금은 한국외대 교육대학원 외래교수로 민주주의와 교육, 복잡성교육철학, 마을교육공동체 등을 강의하고 있다. 경기도교육연구원에서는 혁신교육 연구와 마을교육공동체 연구를 깊게 탐구했다. 현재는 경기도교육청 마을교육공동체 기획단에서 장학사로 마을교육공동체를 일구고 있다.

김아영 김포 콩나물 뮤지컬 제작 꿈의학교 교장 knmdream@naver.com
작곡가, 작사가로 일하며 문화예술 분야의 사회적 역할에 대하여 고민하고 실천하는 소셜 아티스트로 활동 중이다. 현재는 김포를 중심으로 주부들의 아마추어 현악 앙상블 soul strings 단장과 콩나물 뮤지컬 제작 꿈의학교 교장으로 근무하고 있다. 음악으로 나와 이웃과 아이들을 건강하고 행복하게 하는 일, 나의 소박한 꿈을 현실로 만들어가는 공간이고 시간인 콩나물 뮤지컬 제작 꿈의학교를 운영하고 있다.

김용련 한국외국어대학교 교수 kim0904@hufs.ac.kr
현재 한국외국어대학교에서 교육행정을 비롯하여 교육 리더십, 학교혁신, 프로그램 평가론 등을 강의하고 있다. 마을교육공동체의 이론적 토대를 구축하기 위하여 생태학적 접근·사회적 자본·거버넌스의 개념을 접목시키고 있으며, 그 실천적 확산을 위하여 공동체적 연대와 학습 그리고 실천을 융합한 운동적 접근을 모색하고 있다.

서우철 의정부교육지원청 장학사 newopen@goe.go.kr
혁신학교 서정초를 거쳐 의정부 교육지원청 장학사로 혁신교육지구. 마을교육공동체 운영팀장을 맡고 있으며, 청소년이 스스로 만들어가는 프로젝트 마을학교인 '꿈이룸학교'의 학교장으로 주말마다 아이들을 만날 수 있는 것을 행복으로 느끼며 살고 있다. 여러 학교의 아이들을 품을 수 있는 마을학교이자 지역학교의 필요성을 절감하며, 지금은 경기북부 청소년들이 배움을 스스로 찾아가는 과정을 통해 꿈을 찾고 키우며 더불어 행복을 느끼는 배움터를 만들기 위해 꿈이룸학교 길잡이 샘들과 열심히 노력하고 있다.

안선영 시흥교육지원청 장학사 dduksun0@hanmail.net
아버지의 아버지의 아버지 이전부터 시흥에 터 잡고 살고 있는 시흥 토박이다. 이름 석 자보다 'OO집 막내딸'인 것이 때론 더 잘 통한다. 저놈이 뉘 집 자식인지 아는 동네! 지켜봐주는 어른이 있다는 것은 제약制約과 지원을 동시에 의미한다. 마을은 법보다 강력한 제약과 지원이 작동하는 곳이다. 마을교육공동체를 통해 염치廉恥 있는 사회를 희망한다.

이경석 양주 백석고등학교 교사 LKSDKU@hanmail.net
혁신학교 의정부여중, 경기도교육청 마을교육공동체 기획단에서 근무하고, 현재는 양주 백석고에 근무하고 있다. 대학에서부터 대동세상을 꿈꾸었고, 그 꿈을 학교에서 동료 교사, 학생들과 만들어가기 위해 노력하고 있다. 혁신학교 의정부여중에서 연구부장, 교무부장, 생태부장을 맡으며 학생중심교육과정을 고민하던 중에 학생중심교육과정은 학교 밖 마을과 같이해야 더욱 다양화되고 심화될 수 있음을 알게 되었다.

임경수 논산시 희망마을지원센터장 01048446865@naver.com
대학원에서 생태와 유기농업을 공부하고 호주의 생태마을에서 퍼머컬처Permaculture에서 영감을 얻어 지난 20년간 농촌에서 마을만들기, 지역공동체와 관련된 일을 했으며, 한겨레신문사에서 전문위원으로도 활동했다. 현재는 논산시 희망마을지원센터 센터장으로 일하고 있다.

최갑규 양평 옥천초등학교 교사 gabguc@gmail.com
어린 시절 시골 마을에서 자라면서 자연스럽게 터득한 삶에 대한 행동양식과 정서가 어른이 되어서도 큰 힘이 된다는 것을 느끼며 살고 있기에 혁신학교에 근무하면서도 마을학교에 대한 꿈을 지속적으로 키워왔다. 새로운학교네트워크에서 활동하던 중 도교육청 정책 과제인 마을교육공동체를 만나게 되어 연구에 함께 참여하게 되었다.

최탁 세종특별자치시교육청 장학사 tagi6806@daum.net
경기의 혁신학교 시작이자 모델이었던 조현초등학교에서 7년 근무 후 현재 세종특별자치시 장학사로 근무하고 있다. 모든 아이들이 어떻게 살 것인지 꿈을 꾸는 나라. 자신을 알고, 타인을 알고, 세상을 알아가는 일에 즐거움을 느끼며 자신을 튼튼하게 세우는 아이들. 미래 사회는 학교에서 고민을 시작해야 한다는 생각으로, 교사 개인보다는 학교가 나서야 한다는 생각으로 새로운학교운동을 시작한 지 10년. 꿈을 꾸는 아이들은 학교를 넘어 마을이, 지역이, 온 나라가 함께할 때보다 빠르게 보다 굳건하게 실현됨을 느끼고 있다.

홍섭근 용인 삼가초등학교 교사 knonoa@lycos.co.kr
우리 자녀들을 위한 교육에 대해 많은 고민을 하며 여러 가지 교육정책 연구에 참여하고 있다. 사랑하는 사람들의 미래가 교육에 달려 있다는 신조를 가슴에 품고 산다. 교육이 정치화되거나 권력화되는 것을 경계하며, 정책은 상상력이라는 생각으로 공교육을 개혁하기 위해 많은 노력을 한다. 전에 경기도교육연구원 정책개발팀 연구위원으로 교육정책을 만들고 시도교육정책 네트워크에도 참여하고 있다. 현재는 용인 삼가초등학교 교사로 재직 중이며 단국대학교 교육정책 박사과정에서 공부 중이다.

홍인기 고양 상탄초등학교 교사 hateduk@naver.com
혁신학교 상탄초등학교에 근무하며 동네에서 영주산마을공동체를 이루어 살고 있다. 좋은교사운동을 선배들과 만들어가면서 행복한 이삼십 대를 보냈고, 아내를 만나 공동육아와 이든혜움공동체를 하면서 공동체의 풍성함을 깨닫게 되었지만 여전히 힘들어하고 있다. 공동체 멤버들과 모여 살기로 한 영주산 마을에서 우연찮게 동네 사람들과 협동조합을 만들어 이웃들과 친하게 지내며 여러 가지 일을 만들어가고자 한다.

참된 삶과 교육에 관한
생각 줍기